USOS DA LINGUAGEM

USOS DA LINGUAGEM
Problemas e técnicas na produção oral e escrita

Francis Vanoye

Tradução
CLARISSE MADUREIRA SABÓIA
ESTER MIRIAM GEBARA
HAQUIRA OSAKABE
MICHEL LAHUD

Coordenação da edição brasileira
HAQUIRA OSAKABE

martins fontes
selo martins

© 2018 Livraria Martins Fontes Editora Ltda.,
São Paulo, para a presente edição.
© 1973, Librairie Armand Colin, Paris.
Esta obra foi publicada originalmente em francês com o título
Expression – Communication.

Publisher *Evandro Mendonça Martins Fontes*
Coordenação editorial *Vanessa Faleck*
Capa *Douglas Yoshida*
Revisão *Julio de Mattos*
Lucas Torrisi

Dados Internacionais de Catalogação na Publicação (CIP)
Andreia de Almeida CRB-8/7889

Vanoye, Francis.

Usos da linguagem : problemas e técnicas na produção oral e escrita / Francis Vanoye ; coordenação da edição brasileira Haquira Osakabe. Tradução e adaptação : Clarisse Madureira Sabóia , Ester Miriam Gebara , Haquira Osakabe e Michel Lahud. – 14. ed. – São Paulo : Martins Fontes – selo Martins, 2018.

Bibliografia
ISBN: 978-85-8063-319-1
Título original: Expression : communication.
Vários tradutores

1. Comunicação 2. Comunicação escrita 3. Linguística 4. Comunicação oral 4. Linguagem e línguas I. Título II. Osakabe, Haquira

18-0258 CDD-302.2

Índices para catálogo sistemático:
1. Linguagem : Comunicação

Todos os direitos desta edição reservados à
Martins Editora Livraria Ltda.
Av. Dr. Arnaldo, 2076
01255-000 São Paulo SP Brasil
Tel. (11) 3116 0000
info@emartinsfontes.com.br
www.emartinsfontes.com.br

Sumário

Apresentação XI
Introdução XV

1. **Linguagem e comunicação** 1
   1.1. ***Teoria da comunicação*** 1
   1.1.1. O esquema da comunicação 1
   1.1.2. Os elementos da comunicação 2
   1.1.3. Problemas gerais da comunicação 5
   1.1.4. Exemplos 9
   1.1.5. Exercícios 10
   1.2. ***Teoria da informação*** 13
   1.2.1. A palavra 13
   1.2.2. A teoria 14
   1.2.3. Aplicações 15
   1.2.4. Exercícios. 16
   1.3. ***Linguagem e comunicação problemas gerais*** 21
   1.3.1. Algumas definições 21
   1.3.2. Os níveis da linguagem 23
   1.3.3. O léxico 26
   1.3.4. Campos semânticos e campos lexicais 28
   1.3.5. Exercícios 30
   1.4. ***Língua escrita e língua falada*** 35
   1.4.1. Fonemas e letras 35
   1.4.2. Gramática 36

1.4.3.	Vocabulário: linguagem e situação	37
1.4.4.	Expressividade	37
1.4.5.	A expressividade na escrita	39
1.4.6.	Consequências 1: o escrito no falado	40
1.4.7.	Consequências 2: o falado no escrito	41
1.4.8.	Exercícios	42
1.5.	*A retórica*	47
1.5.1.	Organização do discurso	47
1.5.2.	As figuras	49
1.5.3.	A retórica na atualidade	51
1.5.4.	Retórica e técnicas de expressão	51
1.5.5.	Exercícios	52
1.6.	*As funções da linguagem na expressão e na comunicação*	54
1.6.1.	As seis funções da linguagem	54
1.6.2.	Observações sobre funções da linguagem	59
1.6.3.	Exemplos	60
1.6.4.	Exercícios	62

2.	**A expressão e a comunicação escritas**	**69**
2.1.	*A escrita*	69
2.1.1.	Definição. Origem	69
2.1.2.	Evolução	69
2.1.3.	Observações	70
2.1.4.	Exemplos	71
2.1.5.	Problemas gerais	71
2.1.6.	Documentos e exercícios	73
2.2.	*A classificação das mensagens escritas*	76
2.2.1.	A função referencial na mensagem escrita: "a informação bruta"	76
2.2.2.	Exemplo	77
2.2.3.	Função da linguagem e finalidade da mensagem	79
2.2.4.	Classificação das mensagens escritas	80
2.2.5.	Reservas	81
2.2.6.	Exercícios	81
2.3.	*Os tipos de mensagens escritas*	84
2.3.1.	A mensagem puramente referencial: informar	84

2.3.2.	A função fática nas mensagens escritas: facilitar a comunicação	101
2.3.3.	A função expressiva nas mensagens escritas	111
2.3.4.	A função conativa nas mensagens escritas	130
2.3.5.	A função metalinguística nas mensagens escritas: definir e explicar	151
2.3.6.	A função poética nas mensagens escritas	169
2.3.7.	Conclusão	177
2.4.	***A comunicação e a expressão literárias***	178
2.4.1.	Os elementos da comunicação literária	178
2.4.2.	Mensagem literária e referente	180
2.4.3.	A conotação	181
2.4.4.	A função poética, fundamentos da mensagem literária	183
2.4.5.	As outras funções da linguagem na mensagem literária	184
2.4.6.	O poema	186
2.4.7.	O problema da ruptura	187
2.4.8.	A narrativa	188
2.4.9.	O teatro	192
2.4.10.	Conclusão	196
2.4.11.	Exercícios	196
3.	**A expressão e a comunicação oral**	209
3.1.	***Elementos e características da comunicação oral***	209
3.1.1.	Condições físicas e psicológicas da comunicação oral	209
3.1.2.	O *feedback* (retroação)	210
3.1.3.	Tipos de comunicação oral	211
3.2.	***Comunicação oral com intercâmbio***	212
3.2.1.	O diálogo	212
3.2.2.	A entrevista	215
3.3.	***Os diferentes tipos de reuniões com intercâmbio***	218
3.3.1.	A reunião-discussão	218
3.3.2.	O *brainstorming* ("tempestade de ideias")	219
3.3.3.	O método de casos	220
3.3.4.	A exposição-participação	221

3.4.	**Tipos de comunicação oral sem intercâmbio** .	223
3.4.1.	O estilo da exposição oral	224
3.4.2.	O plano	224
3.4.3.	Conclusão	226
3.5.	***Exercícios***	226
3.5.1.	Treino da expressão e da argumentação	226
3.5.2.	Os diferentes tipos de comunicação oral	227
3.5.3.	O diálogo	228
3.5.4.	Reunião-discussão	233
3.5.5.	*Brainstorming*	233
3.5.6.	Exposição-participação	234
3.5.7.	Comunicações orais sem intercâmbio	234

4. A expressão verbal e suas relações com outros meios de expressão 237

4.1.	***Linguagem e música***	237
4.1.1.	Considerações gerais	237
4.1.2.	A canção	238
4.1.3.	Alguns exemplos	239
4.1.4.	Exercícios	240
4.2.	***Linguagem e expressão gráfica e pictórica***	240
4.2.1.	As palavras e a pintura	240
4.2.2.	O desenho humorístico	243
4.2.3.	As palavras nas histórias em quadrinhos	246
4.2.4.	Exercícios	249
4.3.	***Linguagem e fotografia***	254
4.3.1.	As palavras e a imagem	254
4.3.2.	A imagem fixa isolada: cartaz, fotografia de jornais etc.	256
4.3.3.	As imagens fixas sucessivas: montagens e fotonovelas	257
4.3.4.	As imagens em movimento: o cinema	258
4.3.5.	A televisão	259
4.3.6.	Exercícios	260

5. Os sistemas de significação 263

5.1.	***Expressões, comunicação e sociedade***	263

5.1.1.	Os *mass media*	264
5.1.2.	Os códigos sociais	267
5.1.3.	Códigos sociais e ideologias	268
5.1.4.	Exercícios	269
5.2.	***Expressão e personalidade***	**274**
5.2.1.	Obstáculos	274
5.2.2.	Linguagem e pensamento	276
5.2.3.	Livre expressão?	278
5.2.4.	A linguagem do inconsciente	279
5.2.5.	Exercícios	280

Apêndice 285
Bibliografia 319
Índice de palavras e técnicas 325

Apresentação

Criar um bom livro que satisfaça necessidades comuns de públicos distintos constitui, sem dúvida, uma das tarefas mais complicadas para um autor de obras didáticas. Daí, provavelmente, a raridade desse tipo de produção no contexto bibliográfico contemporâneo, sobretudo no campo da linguagem.

O texto original do presente volume é uma das raras amostras de como propor o exercício da linguagem e da língua materna para um público adulto, sobretudo aquele já assimilado pelos diferentes cursos de ensino superior. Dirigido ao universitário francês, o texto original foi plasmado dentro de um universo discursivo bastante específico: a exemplificação, os textos de ilustração, os exercícios foram sempre articulados com vistas a um perfil de estudante formado num ambiente cultural bastante flexível, com acesso a uma pluralidade invejável de informação.

Como orientar esse mesmo livro para o universitário brasileiro? Esta foi a questão que norteou e motivou o trabalho dos tradutores: seguindo a trilha do original, procurou-se, através do consenso da equipe, remontar o discurso original dentro de um contexto brasileiro, com ilustrações e exercícios moldados segundo esta nossa discutida e discutível realidade cultural. A fim de não restringir as referências a textos excessivamente desgastados pela sua utilização em manuais escolares, os tradutores fizeram o levantamento não só de textos de autores já consagrados na literatura contemporânea, como também de textos de periódicos (jornais e revistas) e de outras manifestações pouco prestigiadas no sistema escolar, como a música popular, o teatro e o cinema. Sobre esse material é que se moldou a tradução brasileira.

De acordo com o princípio assumido pelo autor francês, segundo o qual a linguagem se aprende pelo seu próprio uso e segundo o qual não existe apenas um uso para a linguagem, os tradutores procuraram, sempre que possível, pluralizar e diversificar suas referências. Com isso, acredita-se possibilitar ao universitário brasileiro não apenas o exercício da produção de textos, mas o do acesso a setores da cultura que lhe ampliam o universo de reflexão. Sob esse aspecto, é possível afirmar que o livro continua no cotidiano do próprio estudante, pelos jornais, pelo teatro, pela literatura, pela música, que ele deve incorporar sua própria vida...

O trabalho assim concebido oferece:

aos colegas professores

1) uma orientação teórica organizada com vistas a solidificar e justificar os trabalhos;

2) sugestões de exercícios, os quais poderão ser estendidos, modificados e adaptados segundo as necessidades específicas dos diferentes cursos e o nível médio das classes;

aos estudantes

1) uma base teórica de referência, formulada de modo acessível;

2) exercícios a serem realizados em grupo ou individualmente;

3) uma série de fragmentos de textos que podem servir como amostras de um universo cultural de que se deve participar e compreender.

A esta edição acrescentou-se ainda um Apêndice que pretende discutir e problematizar os conceitos que no livro aparecem de modo explicitamente didático. Esse Apêndice traz novas propostas de atividades e comentários específicos a cada um dos capítulos, que não pretendem, porém, dar conta de todos os tópicos ali discutidos. Pelo contrário, a nossa preocupação foi a de selecionar algum ponto especialmente polêmico e apresentá-lo sob uma luz diferente da que um livro didático obrigatoriamente exige.

Os tradutores

Introdução

I. Que vêm a ser as técnicas de expressão?

Trata-se de um conjunto de atividades que responde a uma velha necessidade sentida tanto por parte dos professores como dos estudantes.

Estes mostram-se frequentemente despreparados diante de trabalhos corriqueiros como o resumo, a exposição, o seminário, a análise de textos, o relatório, enfim, diante de uma gama variada de tarefas originadas da própria natureza do trabalho escolar. Os professores, por seu lado, mostram-se constantemente desconcertados frente a problemas de comunicação que surgem dentro de cada classe e em grupos de trabalho.

Em princípio, as técnicas de expressão devem conduzir ao conhecimento, ao domínio e à utilização consciente e refletida dos meios fornecidos pela linguagem, tanto para a autoexpressão quanto para a comunicação.

II. Como conduzir a aprendizagem das técnicas de expressão?

Nessa perspectiva duas vias se apresentam:
– uma primeira, de natureza prática, que reduz as técnicas de expressão à aquisição de um certo número de procedimentos diretamente relacionado às exigências da vida escolar ou profissional; esse caminho conduz ao estabelecimento e trans-

missão de um receituário, ou mesmo de atitudes padronizadas; trata-se de um caminho normativo e restritivo;

– uma outra via, de natureza teórica, conduz à reflexão sobre a linguagem, à análise dos diferentes fatores, de seus mecanismos, e de seu funcionamento. Em realidade, esta via é a da linguística, e ela pode nos desviar de uma verdadeira prática da linguagem.

III. Qual a via mais adequada?

Em vista das considerações precedentes está claro que o ideal é atingir uma via intermediária, concebida nos seguintes termos:

a. Assentar a conquista das técnicas de expressão sobre a compreensão dos mecanismos da comunicação.

b. Partir de um reconhecimento dos fenômenos expressivos e de comunicação (descrição que se apoia sobre uma teoria da comunicação, tal como a linguística moderna permite compreender), para se chegar a uma prática.

c. Nunca separar a prática de uma técnica de sua análise crítica; em outras palavras, tornar conscientes os limites, os valores, os papéis (práticos e ideológicos) dos meios de comunicação e de expressão (o desenvolvimento atual da semiologia pode ser útil nesse caso). Além disso, conduzir a uma tomada de consciência dos sistemas de comunicação, e, talvez, de sua interpretação.

Em resumo: recusar o ponto de vista normativo, adotando o descritivo e analítico, sem, no entanto, descuidar da necessidade de conduzir a uma prática dos meios de expressão.

d. Dispor essa descrição (teoria), essa análise e essa prática para todos os níveis. Partir do princípio de que não se está dirigindo a especialistas, mas a estudantes.

INTRODUÇÃO XVII

e. Estender o campo da análise para os domínios da vida cotidiana: técnicas de expressão utilizadas pela publicidade, rádio, televisão, jornais, quadrinhos etc.

f. Jamais separar a descrição da prática. Incluir, a cada momento do manual, exemplos concretos, ilustrações, exercícios.

IV. Consequências

Neste trabalho, serão encontrados conselhos práticos, diretamente utilizáveis, e, também, assim esperamos, os meios de se tomar uma consciência clara dos mecanismos da linguagem. E aqui, não são os "modelos" culturais que conduzirão à compreensão dos fatores da expressão; ao contrário, é refletir sobre tais fatores que permitirá analisar e interpretar os sistemas contemporâneos de expressão. Dessa forma é que se justifica o apelo feito a certas noções de linguística geral e de semiologia, campos de conhecimento que fornecem meios de análise rigorosos e simples e que constituem a única via de abordagem científica dos fatos de expressão e comunicação.

Pareceu-nos enriquecedor, nessa mesma linha de raciocínio, refletir sobre as técnicas de expressão, enquanto disciplina escolar, e seu vínculo com as formas de expressão social e individual (capítulo 5).

Ensinar a ler e escrever, entender (ouvir + compreender), falar: esses foram os objetivos almejados na elaboração do presente livro.

V. Limites

Devido à complexidade do problema e por razões práticas, limitamo-nos ao estudo da expressão e da comunicação verbais. Tentamos, no entanto, não negligenciar a ligação entre a linguagem oral e escrita e outros meios de expressão (música, desenho, fotografia) que formam o ambiente cultural contemporâneo (capítulo 4).

VI. Agradecimentos

Somos gratos aos colegas, amigos e parentes que nos auxiliaram com seus conselhos, com sua documentação e sobretudo com sua presença quando da elaboração desta obra.

O AUTOR

1. Linguagem e comunicação

1.1. TEORIA DA COMUNICAÇÃO

1.1.1. O esquema da comunicação

Existem vários tipos de comunicação: as pessoas podem comunicar-se pelo código Morse, pela escrita, por gestos, pelo telefone etc.; uma empresa, uma administração, até mesmo um Estado podem comunicar-se com seus membros por intermédio de circulares, cartazes, mensagens radiofônicas ou televisionadas etc.

Toda comunicação tem por objetivo a transmissão de uma mensagem, e se constitui por um certo número de elementos, indicados no esquema da Figura 1:

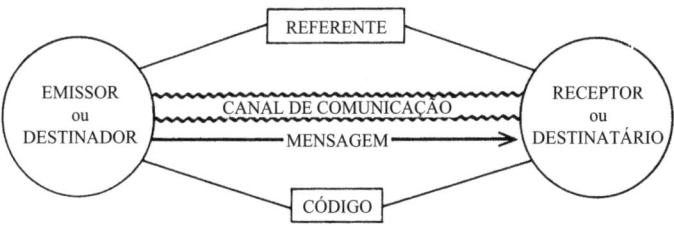

Fig.1. Esquema da comunicação

Estes elementos serão explicitados a seguir.

1.1.2. Os elementos da comunicação

a. O *emissor* ou *destinador* é o que emite a mensagem; pode ser um indivíduo ou um grupo (firma, organismo de difusão etc.).

b. O *receptor* ou *destinatário* é o que recebe a mensagem; pode ser um indivíduo, um grupo, ou mesmo um animal ou uma máquina (computador). Em todos estes casos, a comunicação só se realiza efetivamente se a recepção da mensagem tiver uma incidência observável sobre o comportamento do destinatário (o que não significa necessariamente que a mensagem tenha sido compreendida: é preciso distinguir cuidadosamente recepção de compreensão).

c. A *mensagem* é o objeto da comunicação; ela é constituída pelo conteúdo das informações transmitidas.

d. O *canal de comunicação* é a via de circulação das mensagens. Ele pode ser definido, de maneira geral, pelos meios técnicos aos quais o destinador tem acesso, a fim de assegurar o encaminhamento de sua mensagem para o destinatário:
 meios sonoros: voz, ondas sonoras, ouvido...
 meios visuais: excitação luminosa, percepção da retina...
De acordo com o canal de comunicação utilizado, pode-se empreender uma primeira classificação das mensagens:
– visuais: que recorrem à imagem (mensagens "icônicas": desenhos, fotografias) ou aos símbolos (mensagens simbólicas: a escrita ortográfica);
– sonoras: palavras, músicas, sons diversos;
– tácteis: pressões, choques, trepidações etc.;
– olfativas: perfumes, por exemplo;
– gustativas: tempero "quente" (apimentado) ou não...
Observação: um choque, um aperto de mão, um perfume só constituem mensagens se veicularem, por vontade do destinador, uma ou várias informações dirigidas a um destinatário.

A transmissão bem-sucedida de uma mensagem requer não só um canal físico, mas também um contato psicológico:

pronunciar uma frase em voz alta e inteligível não é suficiente para que um destinatário desatento a receba (cf. sobre este assunto 2.1 e 3.1).

e. O *código* é um conjunto de signos e regras de combinação destes signos; o destinador lança mão dele para elaborar sua mensagem (esta é a operação de *codificação*). O destinatário identificará este sistema de signos (operação de *decodificação*) se seu repertório for comum ao do emissor. Este processo pode se realizar de várias maneiras (representaremos por dois círculos os repertórios de signos do emissor e do receptor):

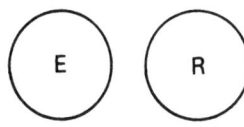

1º caso:

• a comunicação não se realizou; a mensagem é recebida, mas não compreendida: o emissor e o receptor não possuem nenhum signo em comum.

Exemplos:

– mensagem cifrada recebida por um receptor que ignora o código utilizado; neste caso, poderá haver uma operação de decodificação, mas ela será longa e incerta;
– conversa (?) entre um brasileiro e um alemão, em que um não fale a língua do outro.

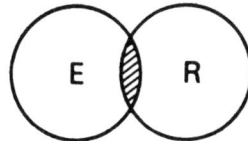

2º caso:

• a comunicação é restrita; são poucos os signos em comum.

Exemplo: conversa entre um inglês e um estudante brasileiro de 1º grau que estuda inglês há um ano.

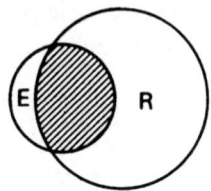

3º caso:
• a comunicação é mais ampla; entretanto, a inteligibilidade dos signos não é total: certos elementos da mensagem proveniente de E não serão compreendidos por R.

Exemplo: um curso de alto nível ministrado a alunos não preparados para recebê-lo.

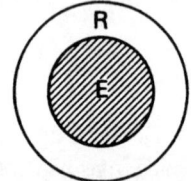

4º caso:
• a comunicação é perfeita; todos os signos emitidos por E são compreendidos por R (o inverso não é verdadeiro, mas estamos considerando o caso de uma comunicação unidirecional: ver mais adiante).

Não basta, no entanto, que o código seja comum para que se realize uma comunicação perfeita; por exemplo, dois brasileiros não possuem necessariamente a mesma riqueza de vocabulário, nem o mesmo domínio da sintaxe (cf. 1.3).

Finalmente, deve ser observado que certos tipos de comunicação podem recorrer simultaneamente à utilização de vários canais de comunicação e de vários códigos (exemplo: o cinema).

f. O *referente* é constituído pelo contexto, pela situação e pelos objetos reais aos quais a mensagem remete.

Há dois tipos de referentes:

– o *referente situacional*, constituído pelos elementos da situação do emissor e do receptor e pelas circunstâncias de transmissão da mensagem.

Assim é que quando uma professora dá a seguinte ordem a seus alunos: "coloquem o lápis sobre a carteira", sua mensagem remete a uma situação espacial, temporal e a objetos reais.

– o *referente textual*, constituído pelos elementos do contexto linguístico.

Assim, num romance, todos os referentes são textuais, pois o destinador (o romancista) não faz alusão – salvo raras exceções – à sua situação no momento da produção (da escrita) do romance, nem à do destinatário (seu futuro leitor). Os elementos de sua mensagem remetem a outros elementos do romance, definidos no seu próprio interior (por exemplo, em *O Cortiço*, de Aluísio Azevedo, João Romão não remete a um verdadeiro comerciante chamado João Romão, trata-se de um personagem do romance; o cortiço de São Romão não remete a um cortiço verdadeiro; é um "objeto textual").

Da mesma forma, comentando sobre nossas recentes férias na praia, num bate-papo com amigos, não remetemos, com a palavra "praia" ou com a palavra "areia", a realidades presentes no momento da comunicação.

1.1.3. Problemas gerais da comunicação

a. Tipos de comunicação

A comunicação unilateral é estabelecida de um emissor para um receptor, sem reciprocidade. Por exemplo, um professor durante uma aula expositiva, um aparelho de televisão, um cartaz numa parede *difundem* mensagens sem receber resposta.

Já a comunicação bilateral se estabelece quando o emissor e o receptor alternam seus papéis. É o que acontece durante uma conversa, um bate-papo, em que há *intercâmbio* de mensagens.

Certos organismos, limitados, pela própria essência, à difusão (jornais, rádio, televisão, por exemplo), tentam às vezes estabelecer intercâmbio de mensagens com os destinatários, mas isto só lhes é possível por intermédio de um novo canal de comunicação: correio ou telefone (por exemplo, a rubrica "cartas dos leitores" nos jornais ou revistas, ou as perguntas feitas por telefone durante certos programas radiofônicos).

Cabe dizer, também, que a mensagem proveniente de um emissor pode ser recebida por diferentes receptores e, para cada um deles, tomar um sentido ou um valor diferente, de acordo com suas respectivas situações. Como exemplo, transcrevemos um trecho da cena VI, do ato III, da peça *O Noviço*, de Martins Pena. (Antecedentes da cena: Tendo fugido novamente do convento, o noviço Carlos dirige-se para seu quarto, na casa de sua tia Florência. Lá chegando, encontra a tia enferma, deitada na cama dele. Neste momento, chega o Padre-Mestre, em busca do noviço fugido. Carlos esconde-se embaixo da cama de modo a ouvir o que Florência, a prima Emília e o Padre-Mestre conversam, a fim de se colocar a par dos últimos acontecimentos.)

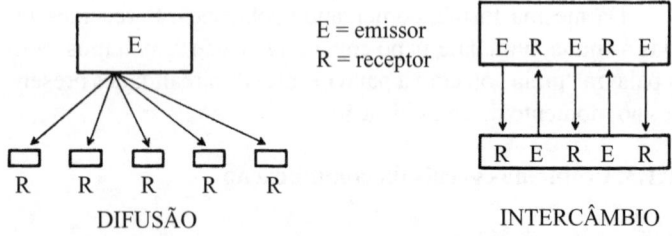

Fig. 3

O NOVIÇO

Entra Emília com o Sr. Padre-Mestre

EMÍLIA – Minha mãe, é o Padre-Mestre. *(À parte)* Ave de agouro!
FLORÊNCIA – Ah!
MESTRE – Desculpe-me, minha senhora.
FLORÊNCIA – O Padre-Mestre é que me há-de desculpar se assim o recebo. *(Senta-se na cama.)*
MESTRE – Oh, esteja a seu gosto. Já por lá sabe-se dos seus incômodos. Toda a cidade o sabe. Tribulações deste mundo.
FLORÊNCIA – O Padre-Mestre veio falar comigo por mandado do Sr. Abade?
[...]

MESTRE – Aqui venho pelo mesmo motivo que já vim duas vezes.
FLORÊNCIA – Como assim?
MESTRE – Em procura do noviço Carlos. Ah, que rapaz!
FLORÊNCIA – Pois tornou a fugir?
MESTRE – Se tornou! É indomável! Foi metido no cárcere a pão e água.
EMÍLIA – Desgraçado!
MESTRE – Ah, a menina lastima-o? Já não me admira que ele faça o que faz.
FLORÊNCIA – O Padre-Mestre dizia...
MESTRE – Que estava no cárcere a pão e água, mas o endemoninhado arrombou as grades, saltou na horta, vingou o muro da cerca que deita para a rua e pôs-se a panos.
FLORÊNCIA – E para onde foi?
MESTRE – Não sabemos, mas julgamos que para aqui se dirigiu.
FLORÊNCIA – Posso afiançar a Vossa Reverendíssima que por cá não apareceu. *(Carlos bota a cabeça para fora e puxa pelo vestido de Emília.)*
EMÍLIA *(assustando-se)* – Ai!
FLORÊNCIA – O que é, menina?
MESTRE *(levantando-se)* – O que foi?
EMÍLIA *(vendo Carlos)* – Não foi nada, não, senhora... Um jeito que dei no pé.
FLORÊNCIA – Tem cuidado. Assente-se, Reverendíssimo. Mas como lhe dizia, o meu sobrinho cá não apareceu; desde o dia que o Padre-Mestre o levou preso ainda não o vi.
    PENA, L. C. Martins. "O noviço." In: DAMASCENO, Darcy (ed. crítica), *Teatro de Martins Pena – Comédias*. Instituto Nacional do Livro, Rio de Janeiro, 1956, pp. 324-5.

Neste trecho, Florência e o Padre-Mestre trocam mensagens que são igualmente recebidas por Emília, por Carlos e pelo público, uma vez que a cena se desenrola no teatro. Nota-se que o sentido do sobressalto de Emília, causado pelo puxão na saia que Carlos lhe dá, é diferente para Florência e para o Padre-Mestre (que acreditam na versão que Emília lhes dá: um mau jeito no pé), para o espectador (que vê nele uma mensagem tátil de Carlos dirigida a Emília), e para a própria Emília (que o interpreta como um aviso de que o primo Carlos ali se encontrava, mensagem à qual, no momento, ela não tem condições de responder).

É necessário, portanto, determinar o sentido de uma mensagem conforme o tipo de comunicação utilizada e segundo o alvo e a finalidade desta comunicação. Assim, na comédia de costumes, a tradicional confusão estabelecida em cena não é outra coisa senão uma exploração cômica dos fenômenos de interferências ou de telescopagens entre mensagens, emissores e receptores.

b. Ruído e redundância

Pelo termo *ruído* designa-se tudo o que afeta, em graus diversos, a transmissão da mensagem: voz muito baixa ou encoberta pela música, falta de atenção do receptor, erros de codificação etc. O termo *ruído* não se refere apenas a uma perturbação de ordem sonora, aplicando-se tanto à comunicação visual (uma mancha numa folha de papel ou numa tela, um erro datilográfico são "ruídos") quanto aos outros tipos de comunicação. Um ruído, no sentido corrente do termo, pode também não ser uma perturbação, mas constituir em si mesmo uma mensagem (aplausos).

O ruído pode provir:
– do canal de comunicação ("parasitas" em geral);
– do emissor ou do receptor;
– da mensagem (insuficientemente clara) ou do código (mal adaptado à mensagem).

Para combater os riscos de perturbação na transmissão das mensagens faladas ou escritas, a língua tem mecanismos paliativos – as *redundâncias*. Considera-se como redundante todo elemento da mensagem que não traz nenhuma informação nova. Por exemplo, o texto de um telegrama é despojado de toda informação supérflua (exemplo: em "enviamos remessa imediatamente", acrescentar "nós" seria redundante, uma vez que a primeira pessoa do plural já está indicada na terminação *-amos* do verbo). A economia da mensagem exige a supressão das redundâncias. No entanto, uma mensagem sem redundância torna-se muito densa para ser recebida e compreendida. Avalia-se em 50% a porcentagem média de redundância das línguas: vale dizer, numa mensagem, 50% das informações são inúteis, mas estas redundâncias compensam as perdas de informações causadas pelos ruídos (por exemplo, um emissor compensará a surdez parcial de seu interlocutor – o que constitui um "ruído" – levantando a voz – o que constitui uma redundância sonora).

A redundância se manifesta de diversas formas:
– sintáticas (*"nós chegamos"*: redundância da marca de pessoa);
– gestuais (é redundante unir o gesto à palavra);
– tonais (uma entonação característica acompanhando uma frase exagerada, como: "ele está morto de fome!" é redundante) etc.

A redundância é necessária à clareza e à inteligibilidade das mensagens (cf. 1.3 e 1.4).

1.1.4. Exemplos

Exemplo 1: A comunicação telefônica

Ela se desenrola em duas etapas:
– na primeira etapa, o destinador tira o fone do gancho e disca um número; fazendo isto, ele transmite uma mensagem codificada por impulsos a uma central telefônica que faz a triagem dos chamados; assim, os elementos da primeira parte desta comunicação definem-se do seguinte modo:

    destinador: um indivíduo;
    destinatário: central telefônica;
    mensagem: número discado;
    código: impulsos elétricos codificados;
    referente: situação espacial do destinador;
    canal de comunicação: o fio que liga o fone à central.

Desde esta primeira etapa, numerosos "ruídos" podem, infelizmente, entravar a comunicação (interferências, "parasitas", linhas cruzadas ou cortadas).

A comunicação se estabelece quando o telefone toca.

– na segunda etapa, instaura-se a comunicação entre o destinador e seu destinatário:

quer unilateralmente (por exemplo, informações sobre o horário, gravadas, fornecidas automaticamente pelo telefone), quer bilateralmente.

A mensagem, o código e o(s) referente(s) são agora diferentes.

Exemplo 2: O telégrafo

Da emissão ao recebimento de um telegrama, ocorre um certo número de operações, durante as quais o emissor, o receptor, o canal e o código variam.

1ª operação: o emissor (autor do texto) entrega o telegrama a um receptor (empregado do Correio): o canal é visual, o código é a língua escrita.

2ª operação: o texto escrito é traduzido para o código Morse: mudança de código.

3ª operação: a mensagem é transmitida sob a forma de impulsos elétricos: mudança de canal e de receptor.

4ª operação: a mensagem é novamente transposta para a forma escrita e enviada ao destinatário por um carteiro ou por telefone: mudança de código e de canal.

N.B. – Hoje em dia, o Morse foi substituído pelo sistema Baudot, que por sua vez está sendo substituído por teletipos e pelo sistema de máquina paginadora.

1.1.5. Exercícios

1

A partir da análise dos elementos constitutivos da comunicação telegráfica, determinar os tipos de ruídos que poderiam prejudicá-la.

2

Quais são os diferentes canais de comunicação utilizados para a transmissão de mensagens publicitárias?

3   Determinar as características da comunicação cinematográfica (tipo de comunicação, elementos componentes).

4   Que tipos de comunicação podem entrar em jogo no processo pedagógico? Exemplifique.

5   Dê alguns exemplos de redundância durante uma conversa.

6
NOVIDADES PETROLÍFERAS

O ministro Shigeaki Ueki, afinal, fez o possível. Diante de jornalistas que passaram três horas tostando ao sol do aeroporto de Santa Maria, em Aracaju, na última quinta-feira, sem cadeiras que lhes fossem oferecidas, ele lembrou aos diretores da Petrobrás em Sergipe – cuja plataforma marítima é a maior produtora de petróleo no Brasil, com 3.600.000 barris anuais – que a imprensa deveria ser tratada "com carinho, senão vocês ficam reclamando da má imagem da empresa". Depois de oferecer cafezinhos aos repórteres, Ueki passou a palavra ao diretor de Produção da Petrobrás, engenheiro Francisco de Paula Medeiros, que travou o seguinte diálogo com a imprensa:
P – Qual a finalidade de sua visita a Aracaju?
R – Que pergunta besta. Rotina.
P – Que poderia informar sobre a implantação de unidades de amônia e ureia em Sergipe?
R – Não é da minha área.
P – Quais as perspectivas de aumento da produção petrolífera no Estado?
R – Não sou computador.
P – Qual o montante de investimentos que a Petrobrás aplicará este ano em Sergipe?
R – Não posso ter na cabeça.
P – Qual a atual produção de Sergipe em terra e no mar?
R – Vocês não sabem? Vocês entendem de metros cúbicos?
P – Foram localizadas novas jazidas de gás natural?
R – (Silêncio).

A entrevista se encerrou com um grito de advertência do engenheiro Medeiros aos câmeras da Televisão Atalaia que pretendiam, não se sabe por quê, filmá-lo: "Não sou artista para aparecer em televisão".

Veja, 26/1/77. p. 12.

Analise, neste texto, os problemas próprios da comunicação: o que aconteceu no transcurso desta entrevista? Que informação se obteve através dela? Tente deduzir quais os fatores que intervêm para o sucesso ou o fracasso de um diálogo.

7

Os trechos a seguir foram extraídos de *São Bernardo*, de Graciliano Ramos. O narrador, Paulo Honório, alimenta um ciúme mórbido por sua mulher, Madalena.

Defronte do escritório descobri no chão uma folha de prosa, com certeza trazida pelo vento. Apanheia-a e corri a vista, sem interesse, pela bonita letra redonda de Madalena. Francamente, não entendi. Encontrei diversas palavras desconhecidas, outras conhecidas de vista, e a disposição delas, terrivelmente atrapalhada, muito me dificultava a compreensão. Talvez aquilo fosse bem feito, pois minha mulher sabia gramática por baixo da água e era fecunda em riscos e entrelinhas, mas estavam riscados períodos certos, e em vão tentei justificar as emendas:
– Ocultar com artifícios o que deve ser evidente!
Passeando entre as laranjeiras, esqueci a poda, reli o papel e agadanhei ideias indefinidas que se baralharam, mas que me trouxeram um arrepio. Diabo! Aquilo era trecho de carta, e de carta a homem. Não estava lá o nome do destinatário, faltava o princípio, mas era carta a homem, sem dúvida.
Li a folha pela terceira vez, atordoado, detendo-me nas expressões claras e procurando adivinhar a significação dos termos obscuros.

....

Sobre a banca de Madalena estava o envelope de que ela me havia falado. Abri-o. Era uma carta extensa em que se despedia de mim. Li-a, saltando pedaços e naturalmente compreendendo pela metade, porque topava a cada passo aqueles palavrões que a minha ignorância evita. Faltava uma página: exatamente a que eu trazia na carteira, entre faturas de cimento e orações contra maleitas que a Rosa anos atrás me havia oferecido.

Livraria Martins Editora, São Paulo, 1975. pp. 181-91.

Lançando mão dos esquemas de comunicação, analise o fenômeno descrito nesse texto.

8

CHAPEUZINHO VERMELHO

Chapeuzinho Vermelho chega à casa da vovozinha. O Lobo Mau lá se encontra, deitado na cama, à espera de Chapeuzinho, disfarçado com as roupas da Vovó, que acabara de devorar.

CHAPEUZINHO *(batendo à porta)* – Vovó! Vovó! Vovozinha!
LOBO *(disfarçando a voz)* – Quem bate sem ordem minha?
CHAPEUZINHO – Sou eu, vovó, Chapeuzinho.
LOBO – Hmm. Pode entrar, minha netinha.
CHAPEUZINHO – Bom dia, vovó.
LOBO – Bom dia! Chega aqui na minha frente.
CHAPEUZINHO – A vovozinha hoje está com uma voz tão diferente!
LOBO – Não é nada, minha filha, acordei um pouco rouca. À noite fez muito frio, e eu fui lá fora sem touca.
CHAPEUZINHO – Vovozinha, vovozinha, você não vai se zangar, mas pra que são estes olhos tão grandes?
LOBO – Pra te espiar.
CHAPEUZINHO – E este nariz, tão comprido, tão feio?
LOBO – Pra te cheirar.
CHAPEUZINHO – E esta boca, vovozinha, tão grande?
LOBO – Queres saber? Ah, ah, ah. Queres mesmo? Então é pra te comer.
CHAPEUZINHO – Uai! Uai! Uai! Mamãe! Vovozinha! O lobo!

Chapeuzinho Vermelho, n° 14-201-006-B, Gravações Elétricas S/A, 1960.

Estude os incidentes decorrentes da situação das personagens, do ponto de vista dos elementos da comunicação (destinatário, destinador, código e referente).

1.2. TEORIA DA INFORMAÇÃO

1.2.1. A palavra

O termo *informação*, no seu sentido comum, designa um conjunto de indicações relativas a fatos, pessoas etc. Em geral, é desta maneira que empregamos a palavra neste livro. Entretanto, a teoria da informação imprimiu a este termo um sentido bem mais restrito e bem mais rigoroso.

1.2.2. A teoria

Foi Shannon quem exprimiu matematicamente a quantidade de informação transmitida por uma mensagem.

De fato, pode-se medir a quantidade de uma informação independentemente de seu sentido. Assim, tomar conhecimento pelo jornal de que Paris é a capital da França é uma informação nula para um francês; no entanto, se os jornais dissessem que a capital da França é Lyon ou Grenoble, a informação seria quantitativamente expressiva por ser absolutamente inesperada.

Em outras palavras, a medida da originalidade da mensagem é a seguinte: *a quantidade da informação é função de sua probabilidade*. Quanto mais imprevisível for a mensagem, maior será a informação.

Do ponto de vista prático, o receptor de uma mensagem identifica os signos da mensagem com os signos de seu código. Se os signos da mensagem forem facilmente identificáveis, se seu grau de probabilidade for grande, a identificação será fácil, rápida, e a informação, pequena.

Exemplo: "Paris é a capital da."

Dentro de um código mais geral, a expectativa é de que o último termo (cujo grau de probabilidade é o maior) seja França. Neste caso, a identificação da mensagem é rápida, mas a informação é nula. Se o último termo da mensagem fosse "do universo", a informação seria maior, a mensagem mais original, mas a probabilidade de aparição de *o universo* não seria nula, tendo-se em vista a celebridade de Paris (celebridade codificada, é bem verdade). Enfim, se este último termo fosse o México, a informação seria muito grande e a mensagem... surpreendente, mas a probabilidade de sua aparição é quase nula!

Consequentemente, a mensagem mais econômica é a que veicula o maior número de informações com o menor número de signos (*exemplo:* o telegrama) e cujas informações comportam o máximo de originalidade. Esta economia se efetua em transmissões que utilizam o intercâmbio entre máquinas. O cálculo do custo da informação lança mão de logaritmos, e seu estudo fica por conta do leitor.

No entanto, nas comunicações interpessoais, uma mensagem muito "econômica" seria intransmissível: o locutor teria muita dificuldade em identificar signos densos e inesperados. O objetivo da comunicação não está na economia, mas na boa recepção da mensagem.

1.2.3. Aplicações

A teoria da informação aplica-se a vários domínios:
– das telecomunicações (de um transmissor telegráfico a outro, por exemplo, as informações se reduzem ao mínimo);
– da informática (a partir de um certo número de "dados", um computador constrói uma decisão: a transmissão destes dados se opera a partir do sistema binário);
– da linguística. Letras, sons, palavras, categorias gramaticais repetem-se na língua com uma frequência estável. São previsíveis. Existe uma estatística da linguagem, leis que regem a distribuição das palavras num texto, relações entre a frequência de emprego de uma palavra e seu comprimento, sua estrutura fônica ou seu sentido. Estas observações levaram a aplicações no domínio da legibilidade (cf. 2.3.2). Elas permitiram estabelecer os vocábulos mínimos constituídos por palavras mais frequentes, medir a quantidade de informações contidas em certos textos (político, publicitário, pedagógico etc.).

Para finalizar, a medida de informação varia conforme o receptor e, portanto, entram em cena fatores culturais e psicológicos. Explicar que dois e dois são quatro é uma informação nula para um aluno do terceiro ano do ensino fundamental, e muito grande para uma criança em início de escolarização. A novidade da informação é relativa, variando conforme a idade, os conhecimentos, a experiência, o ambiente geográfico etc.

1.2.4. Exercícios

1

Um texto é lido em voz alta, saltando-se uma palavra. Tente adivinhá-la, escrevendo-a no papel. Confronte-a com a palavra que efetivamente figura no texto. Estude a evolução da probabilidade de encontrar a palavra exata, ou pelo menos, uma palavra bastante próxima (sinônima). Você pode também comparar as probabilidades com textos de natureza diferente.

Exemplos
• Tente adivinhar os verbos de um texto. Escolha, de preferência, uma narrativa:
– um acontecimento policial num jornal;
– uma narrativa simples, infantil (primeira página de um romance de literatura infantil de Monteiro Lobato);
– uma narrativa "literária", mais rebuscada (primeira página de um conto de Machado de Assis ou Eça de Queirós).
• Tente adivinhar os substantivos de um texto (narrativa, poema, texto teórico).
Você pode proceder de dois modos:
– depois de ter anotado a palavra proposta, confrontar com a palavra do texto, reler a frase tal como no texto original e continuar;
– anotar a palavra proposta, reler a frase com esta palavra, não confrontar com a palavra do texto original e continuar. Procedendo deste modo é possível que se venha a obter um outro texto.
• Tente adivinhar a classe gramatical das palavras omitidas (substantivo, adjetivo, advérbio, artigo, preposição etc.).
Você pode, também, estudar as diferenças de probabilidade entre um texto em prosa e um texto em verso.

2

A partir de um tema de sua escolha (um incidente que se vai relatar, uma novidade que se vai transmitir), redija um telegrama de 20 palavras no máximo, esforçando-se para reduzir o custo da informação.

3 A partir de um noticiário policial, de um acontecimento político ou esportivo narrados por um jornal ou revista, redija um telegrama de 40 palavras, depois um outro de 25 palavras, depois um terceiro de 10 palavras.

4 Nas frases seguintes, foram deixados espaços em branco.

• Preencha-os de acordo com as informações mais prováveis.
– do ponto de vista gramatical (verbo, substantivo, adjetivo, advérbio);
– do ponto de vista do sentido.
Vestiu uma calça.................. e foi dançar.
"Zé Maria.................. esperava voltar tão rapidamente a ser.................. da Seleção Brasileira." *(Jornal da Tarde)*
"O que aquela criança.................. vendo num sujeito como eu, enorme,.................. com dois metros, com vinte anos de janela,.................. cabelos pintando de ....?" *(João Antonio)*

5 O exercício abaixo, comum nas gramáticas normativas, consiste em preencher lacunas a partir da escolha de uma palavra entre uma lista de palavras indicadas. Avalie a probabilidade de encontrar a resposta adequada.

A relação que se segue inclui palavras que encerram a ideia geral de ordem, imposição, comando ou apelo; preencha com elas as lacunas das frases abaixo:
(regimentos – estatutos – injunções – ultimato – prescrições – dracominas – mandato – força – ditadura – tirania – dogmas).
1. A China enviou à Índia um.................. para retirada de suas tropas da zona fronteiriça. 2. As.................. médicas devem ser cum-

pridas rigorosamente. 3. Por .... das circunstâncias, ele teve de abrir mão de certos privilégios. 4. É nos seus .... ou .... que instituições ou associações estabelecem normas gerais de seu funcionamento. 5. Muitos parlamentares tiveram seu .... cassado por .... de ordem política. 6. Questões fundamentais e indiscutíveis de uma doutrina religiosa ou sistema filosófico chama-se .... 7. A .... é uma forma de governo autoritário e discricionário, ao passo que a .... é, além disso, opressora, cruel e violenta. 8. Dizem-se .... as leis excessivamente severas.

GARCIA, Othon M. *Comunicação em prosa moderna.* 4ª ed. Rio de Janeiro, Editora da Fundação Getúlio Vargas, 1976, pp. 438-9.

6
Avalie as informações fornecidas nos textos abaixo. Elas são numerosas? São previsíveis ou imprevisíveis e em quê? Estes textos são fácil ou dificilmente decifráveis? Destaque os exemplos de redundâncias que facilitam a leitura.

a.

A REAÇÃO DAS FERRARI

A Ferrari voava, varando o calor de Interlagos a 300 quilômetros por hora. E o argentino Carlos Reutemann, piloto da Cinzano, não fazia mais do que controlá-la, levando-a pelos melhores caminhos, orientando-a nas curvas mais difíceis, acelerando, a cada volta, à conquista do Grande Prêmio Brasil de Fórmula-1, uma corrida de emoções raras e diferentes. Raras, pela sucessão de acidentes, graças a Deus nenhum fatal. Diferentes, porque venceram os mais resistentes e não os mais velozes: Reutemann e a sua Ferrari vermelha; Hunt e a Marlboro-McLaren alaranjada; Lauda com outra Ferrari e Emerson Fittipaldi com o seu Copersúcar, camisa 28 da seleção.

Manchete, 5/2/77. p. 142.

b.

QUE SÃO HORMONIOS?

Modernamente ouve-se falar muito em hormonios mas nem todos sabem o que significa este termo.

HORMONIOS são principios activos de certos orgãos que agem no organismo mantendo a normalidade do seu funccionamento e, portanto, a saude.
Faltando um hormonio, apparece logo a perturbação, a doença. Assim por exemplo, o ovario é um orgão importantissimo para a saude das senhoras. Qualquer deficiencia desse orgão traz logo os disturbios que tanto fazem soffrer as mulheres: atrazos, colicas, hemorrhagias, nervosismo etc.
Desde que a doente tome, porém, um medicamento contendo o hormonio a saude volta como por encanto.
OVARIUTERAN é a medicação ideal porque contém o hormonio ovariano em estado de grande pureza e concentração.
OVARIUTERAN é o regulador ideal: cura radicalmente, não se limita a proporcionar um allivio temporario.
Com o uso de OVARIUTERAN desapparecerá o máo estar, a physionomia cansada, a velhice precoce e se tornará mais bella, sadia, alegre e risonha.
Em drageas e liquidos

Pan, 20/8/36. p. 25.

c.

PORTO SAÍDO

Barracões de zinco das docas retas no sol pregaram-me como um rótulo no bulício de carregadores e curiosos pois o Marta largaria só noite tropical.
A tarde mergulhava de altura na palidez canalizada por trampolins de colinas e um forte velho. E brutos carregavam o navio sob sacos em fila.
Marinheiros dos porões fecharam os mastros guindastes e calmos oficiais lembrando ombros retardatários.
A barriga tesa da escada exteriorizou os lentos visitantes para ficar suspensa ao longo dos marujos louros.
Grupos apinharam o cais parado.

ANDRADE, Oswald de. *Memórias sentimentais de João Miramar*. Editora Civilização Brasileira, Livraria José Olympio Editora – Editora Três, coedição, 1973.

7
INFORMAÇÃO E REDUNDÂNCIA NA MÚSICA POPULAR

Condicionada fundamentalmente pelos veículos de massa, que a coagem a respeitar o "código" de convenções do ouvinte, a música popular não apresenta, senão em grau atenuado, e contraditório entre informação e redundância, produção e consumo. Desse modo, ela se encaminha para o que Umberto Eco denomina de música "gastronômica": um produto industrial que não persegue nenhum objetivo artístico, mas, ao contrário, tende a satisfazer as exigências do mercado, e que tem, como característica principal, não acrescentar nada de novo, redizendo sempre aquilo que o auditório já sabe e espera ansiosamente ver repetido. Em suma: o servilismo ao "código" apriorístico – assegurando a comunicação imediata com o público – é o critério básico de sua confecção. "A mesma praça. O mesmo banco. As mesmas flores, o mesmo jardim." O mesmismo. Todo mundo fica satisfeito. O público. A TV. Os anunciantes. As casas de disco. A crítica. E, obviamente, o autor. Alguns ganham com isso (financeiramente falando). Só o ouvinte-receptor não "ganha" nada. Seu repertório de informações permanece, mesmissimamente, o mesmo.

Mas nem tudo é redundância na música popular. É possível discernir no seu percurso momentos de rebeldia contra a estandartização e o consumismo. Assim foi com o Jazz Moderno e a Bossa Nova.

....

Pode-se dizer, pois, que há uma certa simetria entre os movimentos de vanguarda que, no âmbito da música erudita, trabalham preferencial ou exclusivamente, com a informatividade e os movimentos como o *be-bop* e a bossa nova, que dentro da área de alta redundância da música popular, procuram transcender a banalidade, romper os limites ingênuos do mero entretenimento e perturbar o código morigerado de convenções desse tipo de música.

> CAMPOS, Augusto de. *Balanço da bossa e outras bossas.* São Paulo, Editora Perspectiva, Col. Debates, 1974. pp. 183-4.

Segundo Augusto de Campos, que distinção se pode estabelecer entre música popular convencional e movimentos musicais vanguardistas, como a bossa nova, em termos de teoria da informação? Que papel exerce a redundância no condicionamento musical do ouvinte receptor? Tente encontrar, na música popular brasileira, exemplos ilustrativos de redundância e de informação.

1.3. LINGUAGEM E COMUNICAÇÃO: PROBLEMAS GERAIS

1.3.1. Algumas definições

Linguagem

A linguagem, segundo definição de Émile Benveniste, é um sistema de signos socializado. "Socializado" remete claramente à função de comunicação da linguagem. A expressão "sistema de signos" é empregada para definir a linguagem como um conjunto cujos elementos se determinam em suas inter-relações, ou seja, um conjunto no qual nada significa por si, mas tudo significa em função dos outros elementos. Em outras palavras, o sentido de um termo, bem como o de um enunciado, é função do contexto em que ele ocorre.

Línguas/linguagem

As línguas são casos particulares de um fenômeno geral, a linguagem, que é estudado pela linguística geral. Ainda que não exista a linguagem verbal universal, a linguística geral esforça-se no sentido de isolar e estudar as características comuns constitutivas das diferentes línguas (por exemplo, a estruturação fônica, a economia da língua etc.).

Signo

Significante, significado, referente. A noção de signo é básica na linguística. Signo é a menor unidade dotada de sentido num código dado. Decompõe-se num elemento material, perceptível, o *significante*, e num elemento conceptual, não perceptível, o *significado* (por exemplo, a palavra *mesa* pode ser ouvida ou vista, conforme seja pronunciada ou escrita: o som "mesa" e a forma gráfica "mesa" são significantes que remetem ao mesmo significado, o conceito de mesa, "objeto constituído por uma superfície plana sustentada por um ou mais pés"). O *referente* é o objeto real ao qual remete o signo numa instância de enunciação: *Esta* mesa de jantar, *esta* mesa de jogo.

Assim, no caso do signo *mesa*, diversos significantes (um som, ou melhor, uma combinação de sons ou uma combinação gráfica etc.) correspondem a um significado (o conceito de mesa) que, por sua vez, designa uma classe de referentes (mesa de um só pé, mesa redonda, mesa baixa etc.). Em outros casos, um mesmo significante pode remeter a vários significados (por exemplo, o significante *folha* remete aos significados "folha de árvore" e "folha de papel"); é o contexto que elimina a ambiguidade.

O signo é convencional. Entre o significante e o significado não há outro liame senão o proveniente de um acordo implícito ou explícito entre os usuários de uma mesma língua. A maior parte dos signos linguísticos é arbitrária (não há qualquer relação entre a representação gráfica "mesa" e o objeto designado); alguns são relativamente motivados (as onomatopeias: cocorocó "imita" o canto do galo em português). A significação é o liame que une o significante, o significado e o referente, isto é, o elemento material aos elementos conceptuais e reais.

Código/linguagem

Um código é um conjunto de regras que permite a construção e a compreensão de mensagens. É, portanto, um sistema de signos. A linguagem é, por conseguinte, um dentre outros códigos (código marítimo, código rodoviário). E a linguagem verbal é o único deles:
– que pode falar dos próprios signos que o constituem ou de outros signos;
– que faz "jogos" com seus signos e a significação deles (ficções, metáforas). É nisto que se pensa quando se fala em "flexibilidade" da linguagem verbal.

Denotação/conotação

Estas noções dizem respeito ao sentido das palavras da língua. Denotação é a simples designação do objeto ao qual remete o significante. Conotação designa tudo que um termo possa evocar, sugerir, clara ou vagamente. O sentido denotado de um termo é, em linhas gerais, aquele dado nos dicionários. O sentido conotado varia de pessoa para pessoa, de época para época etc.

Assim, o adjetivo "capitalista" designa (sentido denotado) um sistema econômico e social específico; adquire, porém, conotações pejorativas ao ser empregado por pessoas que se opõem a tal tipo de regime.

1.3.2. Os níveis da linguagem

Como foi mencionado anteriormente, para que se efetue a comunicação é necessário haver um código comum. Diz-se, em termos mais gerais, que é preciso "falar a mesma língua": o português, por exemplo, que é a língua que utilizamos. Mas trata-se de uma língua portuguesa ou de várias línguas portuguesas? O português da Bahia é o mesmo português do Rio Grande do Sul? Não está cada um deles sujeito a influências diferentes – linguísticas, climáticas, ambientais? O português de um médico é igual ao de seu cliente? O ambiente social e cultural não determinam a língua? Estas questões levam à constatação de que existem *níveis de linguagem*. O vocabulário, a sintaxe e mesmo a pronúncia variam segundo esses níveis.

Começaremos por distinguir a língua escrita da língua falada (ver em 1.4 a justificativa e as consequências dessa distinção). Admitem os linguistas que no interior da língua falada existe uma *língua comum*, conjunto de palavras, expressões e construções mais usuais, língua tida geralmente como simples, mas correta. A partir desse nível têm-se, em ordem crescente do ponto de vista da elaboração, a *linguagem cuidada* (ou *tensa*) e a *linguagem oratória*. E no sentido contrário, da informalidade, têm-se a *linguagem familiar* e a *linguagem informal* ou "popular".

	língua falada	língua escrita
linguagem oratória	discursos, sermões	linguagem literária, cartas e documentos oficiais
linguagem cuidada	cursos, comunicações orais	
linguagem comum	conversação, rádio, televisão	comunicações escritas comuns
linguagem familiar	conversação informal, não "elaborada"	linguagem descuidada, incorreta, linguagem literária que procura imitar a língua falada

Essas distinções são um pouco fluidas, uma vez que se estabelecem segundo critérios heterogêneos. A distinção linguagem popular/linguagem cuidada, por exemplo, apoia-se num critério sociocultural, ao passo que a distinção linguagem informal/linguagem oratória se apoia sobretudo numa diferença de situação (o mesmo indivíduo não empregará a mesma linguagem ao fazer um discurso e ao conversar com os amigos num bar).

Ademais, na expressão oral, as incorreções gramaticais são geralmente função de restrições materiais: dificilmente poderá um comentarista esportivo manter uma linguagem cuidada ao descrever e comentar uma partida ao vivo.

De modo geral, a linguagem cuidada emprega um vocabulário mais preciso, mais raro, e uma sintaxe mais elaborada que a da linguagem comum. A linguagem oratória cultiva os efeitos sintáticos, rítmicos e sonoros, e utiliza imagens.

As linguagens familiar e popular recorrem às expressões pitorescas, à gíria, e muitas de suas construções são tidas como "incorreções graves" nos níveis de maior formalidade.

A língua escrita é, geralmente, mais elaborada que a língua falada (veremos com efeito que se trata de uma outra língua). Aí os níveis são menos numerosos e diretamente relacionados com o condicionamento sociocultural.

Os vocabulários próprios de determinadas regiões, determinadas profissões, ciências ou técnicas levam ainda à definição de outros níveis, segundo critérios diferentes. Vê-se, então, que a noção não é muito precisa. O essencial é ter-se consciência desses níveis de linguagem na medida em que determinam o bom funcionamento da comunicação. Tentar adaptar a própria linguagem à do interlocutor já é efetuar um ato de comunicação. É difícil imaginar como um professor daria suas aulas, se não empregasse uma linguagem acessível às crianças; entretanto, a preocupação de levar os alunos à utilização da linguagem comum obriga o mestre a recorrer a uma linguagem um pouco mais trabalhada que a de seus ouvintes, tanto no vocabulário quanto na sintaxe. A comunicação envolve, neste caso, uma reelaboração.

Esse trabalho do professor supõe a existência de uma norma linguística, ou seja, de um modo "certo" de falar (e/ou escrever) que rejeitaria as incorreções, as impurezas, as vulgaridades, os erros de pronúncia etc. Haveria uma linguagem boa e uma linguagem ruim. O nível "comum" e, sobretudo, o nível "cuidado" da língua seriam privilegiados, em detrimento do nível familiar. Ora, o nível familiar é:
– por um lado, menos incorreto do que parece;
– por outro, mais vivo do que o nível cuidado.

Menos incorreto do que parece: existe uma "gramática dos erros"; as pessoas não cometem erros de linguagem anarquicamente; sem o saber, procedem a analogias com a linguagem dita correta (por exemplo, para uma criança o particípio do verbo *fazer* será *fazido*, por analogia com o paradigma de *bebido, comido, vendido* etc.).

Mais vivo que o nível cuidado: a linguagem correta, aquela recomendada pela Academia Brasileira de Letras e pelas gramáticas normativas adotadas nas escolas, é estática; as ousadias, as inovações, as criações (sejam elas enriquecedoras ou simplificantes: que não se esqueça a lei do menor esforço!) vêm da linguagem popular e da linguagem literária; em outras palavras, a evolução da língua é feita pelo povo e pelos poetas (ver em 2.3.5, texto de *B*.

Cendrars). Quer dizer, então, que é preciso deixar a língua seguir seu próprio caminho? Que não se deve intervir nos erros que se cometem? Não; se se quer preservar a função principal da linguagem, a comunicação, a resposta será não. Não se deve esquecer que a multiplicação de línguas em nada favorece o entendimento, a compreensão entre os indivíduos e entre os povos. Sabe-se, também, que as gírias e os jargões são, na origem, códigos que servem para a comunicação entre membros de grupos fechados. Toma-se, então, por norma aquela parte da língua que permite a expressão clara e precisa, favorecendo a comunicação. É aqui, então, que se coloca a importância da situação em que se desenvolve o discurso (personalidade dos interlocutores, tipo de relacionamento que existe entre eles, situação ambiental, social e circunstancial): a norma linguística varia de acordo com a situação (o emprego de uma linguagem oratória numa conversação informal será considerado "precioso" ou pedante; o emprego de uma linguagem familiar numa situação de formalidade será considerado grosseiro). Nesse plano bastante prático, que é o da comunicação, pode-se dizer que o nível da linguagem deve se adaptar à situação, a qual se definirá por seus traços distintivos. Isto implica:
– uma avaliação precisa da situação e dos elementos linguísticos correspondentes;
– aquisição e aprendizagem de tais elementos.

1.3.3. O léxico

O *léxico* é o conjunto de palavras de uma língua. Emprega-se também esse termo para designar o conjunto de palavras de uma língua peculiar a um grupo social ou a um indivíduo (fala-se do léxico da construção civil, do léxico de Drummond de Andrade etc.). O léxico da língua portuguesa constitui, então, um conjunto em que se incluem os léxicos particulares.

O léxico de uma língua é teoricamente ilimitado: no *Novo Dicionário Aurélio* (1975) estão arrolados, aproximadamente, 120 mil verbetes independentes e 30 mil locuções. Na prática, o indivíduo conhece somente uma pequena parte desse vasto conjunto, e, ao falar ou escrever, emprega apenas uma fração do que conhece.

De que modo o indivíduo adquire as palavras que compõem seu léxico? De que modo pode ele aumentar o número de tais palavras? Que relações existem entre o léxico de uma língua e o léxico de um indivíduo? São estas as principais questões que a *lexicologia*, o estudo científico do léxico, procura responder. Os progressos obtidos, nos últimos anos, pela *estatística linguística* permitem uma colocação bastante precisa desses problemas, que continuam em estudo.

O estudo do sentido das palavras é feito pela *semântica*. Os semanticistas distinguem diversos aspectos do sentido de uma palavra; por exemplo, o aspecto *cognitivo* (baseado no conhecimento objetivo) e o aspecto *afetivo* (baseado na experiência e nos sentimentos pessoais), a *denotação* e a *conotação* (ver 1.3.2.) etc. Todos reconhecem a dificuldade de definir e de comunicar o sentido de uma palavra, pois esse sentido depende frequentemente de fatores pessoais e sua transmissão necessita de outras palavras (sinônimos ou definições) que, por sua vez, têm sentidos diferentes de pessoa para pessoa.

A comunicação pressupõe que os indivíduos têm um repertório de palavras em comum e compreendem tais palavras do mesmo modo. Entretanto, se a rigor é possível chegar a um entendimento sobre as palavras concretas, não se dá o mesmo em relação às palavras abstratas, de significado mais frouxo e mais disperso. A compreensão só pode ocorrer na medida em que uma palavra apresenta para vários indivíduos um certo grau de uniformidade, fixado pelo uso da língua. Em outras palavras, não existe um sentido comum genuíno, mas sim uma espécie de acordo implícito sobre o uso e a aplicação das palavras. Além disso, certos comportamentos não verbais podem transformar o sentido de uma palavra: expressão fisionômica, gestos, tom de voz etc.

Definir uma palavra consiste em fazer esse acordo e é a isto que se aplicam os dicionários (ver 2.3.5).

As dificuldades representadas pelos homônimos são superadas pela distinção cuidadosa dos usos particulares dos primeiros em contextos diferentes e das convergências e divergências de sentido dos segundos.

1.3.4. Campos semânticos e campos lexicais

Estas duas noções permitem que se estude o vocabulário de um autor ou de um gênero determinado.

Campo semântico é o conjunto das significações assumidas por uma palavra num certo enunciado. Após determinar a época de uso da palavra, faz-se o levantamento de todos os exemplos, tomando-se o cuidado de não separar a palavra do seu contexto, e estuda-se o material assim obtido. Os enunciados sob análise podem ser mais ou menos longos. Estudar-se-á, assim, o campo semântico da palavra *revolução* num artigo jornalístico ou na obra completa de Marx. Seja qual for o caso, procurar-se-á definir os empregos da palavra e fazer o levantamento dos termos aos quais esta se associa ou se opõe. Deduzir-se-á, então, o sentido da palavra no enunciado. Este tipo de pesquisa é essencialmente fértil no domínio estético, pois os autores geralmente dão às palavras sentidos singulares, desconhecidos, desconcertantes, realmente novos (por exemplo, em *Januária* e em *Carolina*, de Chico Buarque, *estar à janela* tem o sentido de "fugir às emoções da vida"). Trata-se aqui de determinar a significação particular da palavra, levando-se em conta seus empregos, seu sentido denotativo e suas conotações no enunciado.

Campo lexical é o conjunto de palavras empregadas para designar, qualificar, caracterizar, significar uma noção, uma atividade, uma técnica, uma pessoa. A partir de um texto ou de um conjunto de textos, faz-se o levantamento de todas as palavras ligadas a uma noção, estudando-se depois o material obtido. Pelo reagrupamento das palavras (opostas, sinônimas, associadas etc.), obtém-se uma definição bastante precisa da noção dentro do texto considerado. Como exemplo desse tipo de estudo, pode-se mencionar o trabalho de Carlos R. Lessa, *Vocabulário de Caça,* São Paulo, Cia. Ed. Nacional, 1944). Poder-se-ia, do mesmo modo, estudar o campo lexical da amizade ou do amor na obra de um determinado autor. Ou, num procedimento inverso, determinar num texto os campos lexicais dominantes, estudar suas inter-relações, verificar se um dado termo pertence a vários campos (nesse caso o estudo dos campos lexicais confunde-se com o do campo semântico).

Exemplo
>Recendia por toda a catedral um aroma agreste de pitangueira e trevo cheiroso. Pela porta da sacristia lobrigavam-se de relance padrecas apressados, que iam e vinham na carreira, vestindo as suas sobrepelizes dos dias de cerimônia. Havia na multidão um rumor impaciente de plateia de teatro. O sacristão, cuidando dos pertences da missa, andava de um para o outro lado, ativo como um contrarregra quando o pano de boca vai subir.
>
>Afinal, à deixa fanhosa de um padre muito magro que aos pés do altar desafinava uns salmos de ocasião, a orquestra tocou a sinfonia e começou o espetáculo. Correu logo o surdo rumor dos corpos que se ajoelhavam; todas as vistas convergiram para a porta da sacristia; fez-se um sussurro de curiosidade, em que se destacavam ligeiras tosses e espirros, e o cônego Diogo apareceu, como se entrasse em cena, radiante, altivo, senhor do seu papel e acompanhado de acólito que dava voltas frenéticas a um turíbulo de metal branco.
>
>E o velho artista, entre uma nuvem de incenso, que nem um deus de mágica, e coberto de galões e lantejoulas, como um rei de feira, lançou, do alto da sua solenidade, um olhar curioso e rápido sobre o público, irradiando-lhe na cara esse vitorioso sorriso dos grandes atores nunca traídos pelo sucesso.
>
>>AZEVEDO, Aluísio. *O mulato*. Ed. Tecnoprint, Ed. de Ouro. p. 284.

Nesta passagem diversos campos lexicais aparecem inter-relacionados. Três deles poderiam ser ditos principais:

– o da liturgia: *catedral, sacristia, sobrepelizes, cerimônia, sacristão, missa, padre, altar, salmos, cônego, acólito, turíbulo, incenso;*
– o do espetáculo, que pode ser subdividido em:
   – teatral: *plateia, teatro, pano de boca, deixa, orquestra, sinfonia, espetáculo, entrar em cena, papel, artista, público, atores, sucesso;*
   – circense: *deus de mágica, galões e lantejoulas, rei de feira, nuvem de incenso;*

– o das palavras de carga pejorativa: *padrecas, fanhosa, desafinava, frenéticas, cara, velho* (artista).

Estes campos lexicais interpenetram-se e completam-se na descrição. Assim, a palavra *cerimônia* pode ser incluída no campo lexical da liturgia, mas as comparações do autor fazem dela um sinônimo de *espetáculo*, adiante especificado como espetáculo barato. A associação desses campos lexicais faz daquela cerimônia religiosa o equivalente de um espetáculo de má-qualidade. O campo lexical da igreja é espelhado, via comparação e metáfora, no campo lexical do espetáculo. O *sacristão* é um *contrarregra*, os fiéis são uma *plateia impaciente*. No último parágrafo, o espetáculo se caracteriza como circense: os paramentos são *galões e lantejoulas*; o *cônego, um rei de feira*. Através do texto todo, os elementos do conjunto de carga pejorativa fazem a ligação mais concreta entre as ideias de cerimônia – espetáculo – espetáculo barato.

1.3.5. Exercícios

1

A "linguagem" das abelhas é um código comparável à linguagem humana? Consulte É. Benveniste, "Comunicação Animal e Linguagem Humana". In: *Problemas de linguística geral*. São Paulo, Ed. Nacional – Ed. da USP, 1976.

2

No texto de Aluísio Azevedo transcrito acima, estabeleça sentidos denotados e conotados para as seguintes palavras:

artista, lantejoulas, desafinava.

3

Que conotações você associa aos termos abaixo? Procure determinar a origem dessas associações.

pinheiro, sabiá, padre, rei, ideal, americano, tuberculose, ouro, juiz, férias.

4

O exercício anterior pode ser feito em grupo da seguinte maneira:
Alguém anuncia a palavra e os participantes escrevem numa folha de papel três ou mais adjetivos ou substantivos que lhes são evocados pela palavra; em seguida, faz-se a contagem das respostas e a apreciação e discussão dos resultados (quais as conotações dominantes? Por quê?).

5

Determine os níveis de linguagem nos textos que se seguem. Justifique sua resposta a partir da análise da sintaxe e do vocabulário da passagem em questão.

a.

Havia frei Ambrósio, encarregado da disciplina. Lá está ele no canto direito do retrato, ocupando espaço de três ou quatro com seu corpo mais de montanha do que de gente. Frei Ambrósio de inesquecível memória. Estranhos processos de catequese gostava de usar o infeliz. Aos ensinamentos de Cristo, com que procurava trazer as ovelhas rebeldes ao caminho da moderação e vida limpa, se comprazia em agregar cascudos doloridíssimos, capazes de matar de inveja o próprio Torquemada, tão tecnicamente os aplicava.

LAGO, Mário. *Na rolança do tempo*. Rio de Janeiro, Civilização Brasileira, 1976. p. 92.

b.

Não ia nunca saber o nome daquele cachorro, carecia nomeá-lo. Se o tratasse com jeito, muito carinho, se o nome fosse bom, o nome pegava. Nome bom a gente sabe é depois. Mas não queria um desses nomes comuns de cachorro da roça, que todo cachorro se chama. Queria um nome novo, bem novo, inventado agora, que fosse só dele. Todo mundo assim se lembraria. Ia dormir com um nome, só nome com que a gente dorme é que pega.

DOURADO, Autran. *Uma vida em segredo*. Rio de Janeiro, Expressão e Cultura, 1975. p. 147.

c.

Rigorosamente eram quatro os que falavam; mas, além deles, havia na sala um quinto personagem, calado, pensando, cochilando, cuja espórtula no debate não passava de um ou outro resmungo de aprovação. Esse homem tinha a mesma idade dos companheiros, entre quarenta e cinquenta anos, era provinciano, capitalista, inteligente, não sem instrução, e, ao que parece, astuto e cáustico. Não discutia nunca; e defendia-se da abstenção com um paradoxo, dizendo que a discussão é a forma polida do instinto batalhador, que jaz no homem, como uma herança bestial; e acrescentava que os serafins e os querubins não controvertiam nada, e, aliás, eram a perfeição espiritual e eterna.

ASSIS, Machado de. "O espelho." In: __. *Contos.* São Paulo, Melhoramentos, 1963. p. 97.

6

Faça apreciações sobre os níveis de linguagem dos textos citados em 1.4.8 (9, 10 e 11a).

7

Nos textos que se seguem, determine os principais campos lexicais e examine suas inter-relações.

a.

TEMPO AO SOL

Sentados à soleira tomam sol
velhos negociantes sem fregueses.
É um sol para eles: mitigado,
sem pressa de queimar. O sol dos velhos.

Não entra mais ninguém na loja escura
ou se entra não compra. É tudo caro
ou as mercadorias se esqueceram
de mostrar-se. Os velhos negociantes
já não querem vendê-las? Uma aranha
começa a tecelar sobre o relógio
de parede. E o sagrado pó nas prateleiras.

O sol vem visitá-los. De chapéu
na cabeça o recebem. Se surgisse
um comprador incostumeiro, que maçada.
Ter de levantar, pegar o metro,
a tesoura, mostrar a peça de morim,
responder, informar, gabar o pano.

Sentados à soleira, estátuas simples,
de chinelos e barba por fazer,
a alva cabeça movem lentamente
se passa um conhecido. Que não pare
a conversar coisas do tempo. O tempo
é uma cadeira ao sol, e nada mais.

ANDRADE, Carlos Drummond de. *Menino antigo.*
2ª. ed. Rio de Janeiro, José Olympio, 1974. p. 65.

b. Publicidade

EM 28 ANOS, O BNB CONSEGUIU
DEIXAR AS COISAS BEM MELHORES.
PARA TODOS OS SANTOS.

Até 1952 Padre Cícero era, praticamente, o único agente de desenvolvimento do Nordeste.

A ele se recorria para arranjar emprego, casar a filha, garantir o inverno, curar doenças, erradicar endemias, abrir caminhos, mostrar soluções.

Hoje, as coisas mudaram.

Pede-se aos santos, mas espera-se que as soluções venham pelo esforço e ação das instituições humanas.

Como, por exemplo, o BNB, que responde ao desemprego com crédito industrial; ao drama da seca com pesquisa técnico-científica e financiamento de projetos de açudagem e irrigação; à baixa produtividade agrícola com apoio técnico e crédito rural; aos problemas das áreas metropolitanas com investimentos em infraestrutura urbana.

Com o apoio e a participação, é claro, de toda a comunidade nordestina.

Pois os milagres, hoje, nascem sempre das mãos, do coração e da mente de todos os santos de casa.

Banco do Nordeste do Brasil S.A.
O banco de 35 milhões de brasileiros.

IstoÉ, nº 161, 23/1/80. p. 33.

c.

EXCERTO DE DISCURSO PROFERIDO POR GETÚLIO VARGAS
EM BELO HORIZONTE, NO BANQUETE OFERECIDO PELO
GOVERNO DO ESTADO EM 23 DE FEVEREIRO DE 1931.

Era meu desejo, logo que assumi o Governo da República, visitar os Estados de Minas Gerais e Paraíba, expressões simbólicas, no Centro e Norte do país, das nossas reivindicações liberais. Circunstâncias estranhas à minha vontade, ampliadas no correr dos dias, com as necessidades imperiosas da alta administração, retardaram a realização desse desejo, que, além de um dever cívico, seria motivo de íntima satisfação. Venho, agora, realizar a primeira dessas aspirações.

Queria expressar-vos pessoalmente o meu profundo reconhecimento pela espontaneidade e entusiasmo com que o povo mineiro aceitou a minha candidatura, sugerida pela palavra, nesse tempo precursora, de Antônio Carlos, o primeiro que, numa clarividente certeza, vislumbrou, na curva longínqua do horizonte, a borrasca revolucionária. Precisava manifestar-vos, de viva voz, a minha admiração pelo ardor cívico, pela energia, pela constância e dignidade com que, escudados e fortalecidos nas vossas tradições de liberalismo, sustentastes, com denodo, a campanha da sucessão presidencial.

Recordo, senhores, com respeito, a firmeza de Minas nessa luta sem tréguas contra o poder pessoal do homem que, na chefia da Nação, se desmandou no emprego de todos os processos de violência, extremados entre a corrupção e a força, para abater o adversário altivo, fechando-lhe, finalmente, numa última afronta, o recurso derradeiro das urnas livres. Era meu dever, por isso, trazer o testemunho pessoal do meu aplauso à bravura e ao desassombro dos heroicos filhos desta terra lendária, que, vilipendiados nos seus direitos, espoliados na escolha dos mandatários da sua soberania, se ergueram em armas, para lutar contra o Governo, que se pusera fora da lei e tentava, por todos os meios, o desprestígio da própria nacionalidade.

Fora da lei os opressores, mas, ao alcance das armas os oprimidos, lançastes mão do único recurso que vos restava para evitar a ruína da Pátria.

Ainda não surgiu o historiador que descreverá com verdade a epopeia da vossa bravura e a audácia do vosso gesto, atirando-vos à pugna, com nobre desinteresse, dispostos aos maiores sacrifícios.

Para que o povo mineiro, pacífico por índole, que durante quase um século viveu entregue ao seu labor fecundo, isento de convulsões, sendo, por várias vezes, o asilo respeitado onde se refugiavam os perseguidos políticos de qualquer credo e que dentro dos seus limites não sentira jamais os efeitos de um estado de sítio, para que esse povo se levantasse em armas, vibrante de ardor cívico, tendo à sua frente a figura prestigiosa e veneranda de seu grande presidente Olegário Maciel, era preciso que estivessem esgotadas, como de fato o foram, todas as reservas da sua proverbial serenidade e que um alto sentimento, misto de dignidade ofendida e exaltação patriótica, o dominasse, arremessando-o ao fragor das lutas armadas.

VARGAS, Getúlio. *A nova política do Brasil.* Rio de Janeiro, José Olympio, 1938. pp. 93-4.

8
    Estude o campo semântico da palavra *sol* no texto 7a.

9
    Estude o campo semântico de *povo mineiro* no texto 7c.

1.4. LÍNGUA ESCRITA E LÍNGUA FALADA

1.4.0.

A língua portuguesa comporta duas modalidades: o *português escrito* e o *português falado*. Num mesmo nível, as duas não têm as mesmas formas, nem a mesma gramática, nem os mesmos "recursos expressivos". Para a compreensão dos problemas da expressão e da comunicação verbais, é fundamental pôr em evidência esta distinção.

1.4.1. Fonemas e letras

Na língua falada, o significante é formado por *fonemas**. Na língua escrita, por *signos gráficos* ou *grafemas* (no caso do português escrito, as *letras* do alfabeto).

Não há correspondência estrita entre o número de *fonemas* e o número de *grafemas* de uma mesma palavra. Assim é que a palavra *choque,* por exemplo, se compõe de seis grafemas na língua escrita, ao passo que na língua falada se compõe em quatro fonemas. Os grafemas *ch* e *qu* representam, cada par, um fonema que em outras palavras pode ser representado por um único grafema (por exemplo, *x*ícara e *c*asa).

Um rápido exame das *Instruções para a organização do vocabulário ortográfico da língua portuguesa* (transcritas no

---

* Segundo definição de Mattoso Câmara Jr., no *Dicionário de Filologia e Gramática* (2ª ed.; São Paulo, J. Ozon Ed., 1964. p. 148), *fonema* é o "conjunto de articulações dos órgãos fonadores, cujo efeito acústico estrutura as formas linguísticas e constitui numa enunciação o mínimo segmento distinto". (N. T.)

Novo Dicionário Aurélio; Rio de Janeiro, Nova Fronteira, 1975. pp. VIII-XIII) é suficiente para que se observem alguns exemplos das relações não unívocas entre fonemas e grafemas. Dentre eles podem-se citar:

– o uso da letra *h* em princípio de palavras por razões etimológicas;

– as letras dobradas *rr* e *ss* para representar, no meio de palavras, o mesmo som que no início de palavras é representado por uma letra apenas;

– os casos de letras que representam mais de um som (por exemplo, e*x*ame, en*x*ame, o*x*ítona; *g*ato, *g*ia etc.);

– os casos em que mais de uma letra representa o mesmo som (por exemplo, *c*enso, *s*enso, canali*z*ar, e*x*aminar etc.).

1.4.2. Gramática

As duas línguas, escrita e falada, não marcam, do mesmo modo, certos traços gramaticais. A gramática do português falado apresenta características específicas identificáveis através de estudos estatísticos. Com efeito, o exame de gravações de língua oral permite constatar que a frequência de emprego de certas formas ou construções gramaticais é bem maior na língua falada do que na escrita. Por exemplo:

– a língua falada recorre mais às onomatopeias, às exclamações;

– na língua falada é abundante a repetição de palavras;

– na língua falada é grande a ocorrência de anacolutos ou rupturas de construção: a frase desvia-se de sua trajetória, o complemento esperado não aparece, a frase parte em outra direção;

– na língua falada são muitas as frases inacabadas;

– a língua falada emprega formas contraídas ou omite termos no interior das frases;

– a fala emprega pouco – ou não emprega – certos tempos verbais (o mais-que-perfeito, por exemplo);

– a fala suprime, de modo geral, certas construções (relativas com *cujo*, por exemplo).

Propõem-se como exemplos a serem estudados os textos apresentados em 1.3.5 (5) e 1.4.8 (10).

1.4.3. Vocabulário: linguagem e situação

Sem falar no vocabulário familiar ou informal, próprio de determinado nível de linguagem e relativamente raro na escrita (salvo quando se quer causar um efeito especial), é preciso chamar a atenção para outra diferença na frequência de emprego de certas palavras na linguagem escrita e na oral. Esta diferença deve-se essencialmente às situações nas quais se desenvolvem as mensagens escritas e faladas.

No decorrer de uma comunicação oral, os interlocutores estão em presença, num lugar e num tempo conhecidos por eles (considera-se aqui o caso mais comum da conversação e deixa-se à parte por ora o caso da comunicação oral à distância e indireta); trocam observações a respeito de um determinado assunto. Esta situação reflete-se na forma e no conteúdo da mensagem; à medida que os elementos constitutivos da situação (identidade dos personagens, lugar, data, hora, assunto) são conhecidos, o vocabulário empregado refere-se a eles apenas por alusões (*você* designa o receptor; *eu*, o emissor; *aqui*, o lugar; *agora,* o tempo; *isto,* o assunto da comunicação).

A comunicação escrita é menos "econômica" e força o emissor a fazer referências mais precisas sobre a situação. Por exemplo, num romance o leitor está fora da situação e o autor se vê forçado a dar-lhe com precisão seus elementos (lugar, nome dos personagens, datas etc.); trata-se, então, apenas da situação dos personagens e raramente se fará alusão à situação do romancista no ato de escrever, ou do leitor no ato de ler, uma vez que estas duas operações estão distanciadas no tempo e no espaço.

A língua escrita é, então, geralmente mais precisa, menos alusiva, que a língua falada.

1.4.4. Expressividade

A língua falada possui recursos expressivos específicos: acentuação, entonação, pausas, fluência...

A *acentuação* é o recurso que põe em relevo uma sílaba ou um grupo de sílabas. Juntamente com as *pausas* – intervalos que recortam a fluidez do discurso – ela determina a compreensão da mensagem, na medida em que a recorta em grupos de sons identificáveis. Uma mensagem mal recortada é incompreensível. Veja-se o exemplo a seguir, em que se sublinharam as sílabas acentuadas.

Exemplo: "Você já me mostrou o livro" pode recortar-se da seguinte maneira: [vo*cê*/*já*/me mos*trou*/o *li*vro]. Observe-se que a cada divisão corresponde uma sílaba acentuada. Recortada assim: [vo/*cê já* me/mos/*trou* o *li*/vro], torna-se incompreensível.

Por outro lado, tanto a acentuação quanto a pausa contribuem para dar relevo expressivo a certos aspectos da mensagem (uma palavra, uma sílaba), de modo a traduzir uma emoção ou o desejo de salientar um ponto importante. E, por fim, a *entonação*, que é a melodia da frase, impõe com sua curva ascendente ou descendente nuances ou sentidos especiais à mensagem.

Exemplo: "Seu irmão saiu muito cedo."

1º caso: acento mais forte sobre *seu*, opondo o *irmão* em questão ao irmão de outra pessoa; a entonação descendente caracteriza uma afirmação.

[*seu* irmão saiu muito cedo]

2º caso: com o acento mais forte, a palavra *muito* ganha ênfase.

[seu irmão saiu *muito* cedo]

3º caso: o acento sobre *saiu* coloca a palavra em questão em foco, opondo-a, por exemplo, a *chegou, voltou* etc.; a entonação ascendente caracteriza uma interrogação.

[seu irmão *saiu* muito cedo]

Cabe acrescentar que na mensagem falada, por estarem os interlocutores em presença, atuam também significações não verbais suplementares: *mímica, gestos* e outros comportamentos.

1.4.5. A expressividade na escrita

Como traduzir uma mensagem oral em língua escrita? Pela representação aproximada do que foi pronunciado. O emprego do *estilo direto* atende a essa exigência. O diálogo escrito repete um discurso real ou apresentado como real, no caso do romance. Entretanto, as características específicas da língua falada exigem recurso a certos procedimentos especiais de transcrição. Assim é que a falta de referências à situação dos interlocutores deve ser contornada por indicações suplementares (por exemplo, a identidade dos interlocutores é mencionada no início da mensagem:

Sra. X – Eu...
Sr. Y – Sim, mas...

ou por expressões como *disse ele, disse ela, respondeu ele, exclamou ela* etc.).

Os acentos de intensidade, as pausas, as mímicas, os gestos serão explicitados ou descritos.

Exemplo: "Não!", exclamou ele *batendo com os punhos na mesa...*
"Não!", disse *com uma voz fraca...*
"Não!", disse ele *após um minuto de silêncio...*
"Não!", disse ele *empalidecendo...* ou *ajoelhando-se...*

A língua escrita é menos "econômica" do que a língua falada. Ela dispõe, contudo, de outro recurso para transcrever certas características da língua falada: a *pontuação*.

A pontuação tem uma função lógica; ela recorta o discurso em grupos de palavras e evita, deste modo, os erros de interpretação. Nesse sentido ela é essencial à boa compreensão das mensagens escritas e nunca seria demais insistir sobre o cuidado que se deve ter em relação a ela, tanto no ato de escrever como na leitura. A mudança de sentido que acompanha a variação, no exemplo que se segue, ilustra bem este ponto.

| Este aluno disse o professor é um incompetente | { Este aluno disse: "O professor é um incompetente".
"Este aluno", disse o professor, "é um incompetente". |

A pontuação indica as pausas, a entonação, a melodia da frase, mas pode ter também uma função expressiva (interrogação, exclamação, reticências etc.). Os autores modernos têm aproveitado habilmente os recursos da pontuação e da tipografia para obter efeitos expressivos. Isso, algumas vezes, através da utilização de vários tipos de pontos, de parênteses, travessão, aspas, de tipos itálicos ou de maiúsculas, de espaços etc. Outras vezes, suprimem a pontuação por considerá-la muito restritiva, alegando que quebra o ritmo poético ou dramático de um texto.

Seja como for, os sinais de pontuação, mesmo combinados (!!?...), têm possibilidades expressivas limitadas. As histórias em quadrinhos conseguiram ampliá-las um pouco (ver 4.2), mas é preciso admitir que, a esse respeito, a língua escrita é mais pobre e menos flexível do que a falada.

1.4.6. Consequências 1: o escrito no falado

A distinção entre língua escrita e língua falada leva a reconsiderar a aprendizagem do português. Trata-se, na verdade, de aprender duas línguas. Ora, a língua falada é geralmente ensinada, corrigida, retificada com base na escrita, o que vem a negar suas características específicas. Apresentam-se, assim, exercícios, escolares ou não, visando à produção de mensagens mistas ou espúrias – orais na emissão e escritas na estrutura sintática e lexical. Implicitamente, considera-se inferior a língua falada e faz-se do bom domínio da língua escrita um critério de superioridade cultural.

Depois de Louis Ferdinand de Saussure, alguns linguistas se insurgiram contra esta preeminência da escrita. Atualmente, a tendência é distinguir a aprendizagem oral da escrita. O treinamento nas técnicas de expressão oral assemelha-se à aprendizagem de uma língua estrangeira (utilização de laboratórios).

Tem-se procurado dar a mesma atenção e consagrar o mesmo tempo à pronúncia, à fluência, à clareza, à expressividade da linguagem oral e à linguagem escrita. Pelo esforço para chegar a um controle cômodo e correto e a um nível cuidado da língua falada, busca-se reduzir o imperialismo do escrito nessa área.

1.4.7. Consequências 2: o falado no escrito

Como reação a esse imperialismo alguns linguistas e escritores vêm propondo que se tire partido, na escrita, dos recursos expressivos da língua falada. Além disso, considerando que a língua falada é a um só tempo mais econômica e mais viva que a escrita, preconizam uma transformação desta, uma transformação que afetaria especialmente a ortografia e a sintaxe.

Assim é que [referindo-se ao francês] Vendryès escreve em *Le Langage*: "Escrevemos numa língua morta... Se empreendêssemos uma reforma completa da ortografia, a diferença entre as duas línguas francesas saltaria a todos os olhos".

Para revigorar a língua escrita, seria preciso injetar-lhe os elementos vivos da língua falada: o vocabulário da linguagem popular, uma sintaxe mais expressiva em lugar de uma sintaxe determinada rigidamente (a ordem das palavras não mais comandada pelas regras da gramática normativa, e sim pelo desejo de pôr em relevo aquilo que é importante), simplificação da ortografia (escrever aquilo que é realmente pronunciado: *vô mimbora* e não *vou-me embora*).

As reformas ortográficas já têm suscitado muitas discussões. Sem negar a necessidade de simplificação, vale de qualquer modo ressaltar que:

– não se pode perturbar a estrutura de uma língua de um dia para o outro sem confundir seus usuários e sem provocar um longo e penoso período de readaptação;

– a ortografia promove uma certa coesão das mensagens escritas; se por um lado ela é, às vezes, pouco justificável e inutilmente complicada, por outro, dá forma e clareza ao discurso escrito.

Encontrar-se-ão, nos exercícios, alguns exemplos de emprego da língua falada na escrita. Observem-se aí as convenções utilizadas e as limitações do procedimento.

1.4.8. Exercícios

1

No artigo "Linguística e Poética" (*Linguística e Comunicação*. São Paulo, Cultrix, 1970. p. 125), Roman Jakobson fala de um ator do Teatro Stanislavski de Moscou que foi capaz de sugerir 50 situações emocionais diferentes, pronunciando a frase "esta noite". Experimente, recorrendo às variações de acento, pausa, entonação, mímica etc., obter tantas mensagens diferentes quantas puder, trabalhando com as seguintes frases:

"Ser ou não ser, eis a questão."
"São cinco horas."
"Fogo."
"Você já foi à Bahia? Não? Então vá."

2

Procure representar na escrita, usando os recursos que são próprios a ela, os vários sentidos dados às frases acima em linguagem oral.

3

Observe as gravações de linguagem oral transcritas em 1.6.4 (II) e em 3.2.1 e destaque aquilo que é específico da linguagem oral. Tente, também, identificar o nível de linguagem em cada caso.

4

Observe os textos de 1.5.5 e 2.3.4, e destaque de cada um deles os elementos característicos de linguagem falada.

5

Faça o mesmo em relação ao texto seguinte:

Sr. S. – Bem, não... mas... assim, entende, a situação não está tão ruim. Até que... até que está bem melhor do que eu pensava, porque, quando eu cheguei lá, ele estava quase desistindo... Pois agora, em menos de um mês, veja você, ele já está falando em, quer dizer, até insistindo em abrir de novo a loja. Será que foi por causa daquele tratamento, sabe, o repouso e tudo o mais? Bom, o fato é que agora o pessoal tá mais calmo, né, porque... Sei lá, todo mundo tava tão nervoso! Enfim, é como eu disse, né, a situação podia estar melhor, mas também podia estar bem pior...

6

Examine as duas primeiras páginas de vários romances ou contos. Destaque as referências à situação dos personagens. São numerosas? São precisas? Qual sua função?

7

[Capitão (entrando)]

– Não há ninguém em casa? Ou estão todos surdos? (entra) Assentar-me-ei e esperarei que venham.

[Dirige-se para junto da mesa, tira a barretina, põe sobre a mesa, e se assenta, quando, por acaso, voltando a cabeça, dá com o Judas; supondo ser um homem, ergue-se repentinamente e o cumprimenta; conhecendo, porém, o engano, desata a rir-se.] – É boa! E eu não me enganei com o Judas, pensando que era um homem?!... Ah! Ah!... Está um figurão! E o mais é que a máscara parece viva! [Diz estas palavras já sentado e olhando para o Judas] – Aonde estará esta gente? Preciso muito falar com o Cabo Pimenta [bate sobre a mesa] e ver a filha – mas não seria mau que ele não estivesse em casa; desejo ter certa explicação com a Maricota.

> PENA, L. C. Martins. "O judas no sábado de aleluia." In: *O juiz de paz na roça e O judas no sábado de aleluia*; estabelecimento do texto e notas de Amália Costa. Rio de Janeiro, Org. Simões, 1951. p. 63.

A quem se destinam as indicações dadas entre colchetes? Destaque as referências à situação na fala do personagem. Como se justificam essas referências?

8

Observando o desempenho dos interlocutores em conversas, procure identificar os signos expressivos não verbais e avaliar sua frequência e sua importância para a compreensão das mensagens.

9

Aí, eu aprendi. Eu sei fazer igual onça. Poder de onça é que não tem pressa: aquilo deita no chão, aproveita o fundo bom de qualquer buraco, aproveita o capim, percura o escondido de detrás de toda árvore, escorrega no chão, mundéu-mundéu, vai entrando e saindo, maciinho, pô-pu, pô-pu, até pertinho da caça que quer pegar. Chega, olha, olha, não tem licença de cansar de olhar, eh, tá medindo o pulo. Hã, hã... Dá um bote, às vez dá dois. Se errar, passa fome, o pior é que ela quase morre de vergonha... Aí, vai pular: olha demais de forte, olha para fazer medo, tem pena de ninguém... Estremece de diante pra trás, arruma as pernas, toma o açoite, e pula pulão! – é bonito...

> ROSA, Guimarães. "Meu tio o Iauaretê." In: ___.
> *Estas estórias.* Rio de Janeiro, José Olympio, 1969. p. 133.

Identifique, no texto, as marcas características de linguagem oral. Comente o nível de linguagem. Observe os recursos utilizados pelo autor para transcrever alguns signos não verbais.

10

Tente responder as questões propostas no exercício anterior com relação ao texto abaixo. Observe aqui a função da pontuação e os meios utilizados para transcrever a expressividade da linguagem oral.

– Quantos minutos ainda?
– Oito.
Biagio alcançou a bola. Aí, Biagio! Foi levando, foi levando. Assim, Biagio! Driblou um. Isso! Fugiu de outro. Isso! Avançava para a vitória. Salame nele, Biagio! Arremeteu. Chute agora! Parou.

Disparou. Aí! Reparou. Hesitou. Biagio! Biagio! Calculou. Agora! Preparou-se. Olha o Rocco! É agora! Aí! Olha o Rocco! Caiu.
– CA-VA-LO!
Prrrii!
– Pênalti!

> MACHADO, A. Alcântara. "Corinthians (2) vs. Palestra (1)." In: ___. *Novelas paulistanas*. 4ª ed. Rio de Janeiro, José Olympio, 1976. p. 33.

11

Observe o emprego e o não emprego da pontuação nos textos abaixo. Reescreva-os com a pontuação lógica e compare os textos obtidos com os originais.

a.

Aquela força, aquela força, coisa, é uma fraqueza, e daqui mesmo, com vosmecê amarrado aí no coqueiro que é pra ver um macho lutando, o que vosmecê nunca fez na vida, trempe, aquela força é uma fraqueza, venha de lá fraqueza do governo, me solto, me destaramelo, me vou e é assim mesmo, na ideia umas lembranças, na mão uns bacamartes, nos pés uma fincada, minha vida e a laranjeira morta e a lua que Luzinete mora, espie aí, coisa, é uma fraqueza e miles homens desses é como nada e como eu tem mais aqui, essa é uma terra de macho, viu, traste, e a terra que me pariu vai me vomitar de novo, quantas vezes me enterrarem...

> RIBEIRO, J. Ubaldo. *Sargento Getúlio*. Rio de Janeiro, Artenova, 1975. p. 113.

b.

[*VAGAR EM CÍRCULO (Repetição)*]

a esperança me o-
briga a caminhar
em círculo em tor-
no do globo em tor-
no de mim mesmo em
torno de uma mesa
de jogO

até que o zodíaco
pára e a noite cos-

tura-me a boca a
retrós preto/mas
eu fico impresso
no olho do dia o-
bsoletO

viagem em círculo
sem ida nem venida
sem nenhuma aveni-
da/adeus com a mão
esquerda/amanhã
recomeçO

entre um e outro
julho entre um e
outro crepúsculo a
cidade que busco
como hei de encon-
trá-la/ouço-lhe a
fala mas estou na
outra sala/amanhã
recomeçO

a esperança é um
círculo no zodía-
co na ciranda na
roleta na rosa do
circo na roda do
moinho
amanhã recomeçO

em que lado do glo-
bo terá cessado o
diálogo da ovelha
e do lobO
  ?

RICARDO, Cassiano. *Jeremias sem chorar*. 2ª ed.
Rio de Janeiro, José Olympio, 1968. pp. 125-6.

1.5. A RETÓRICA

1.5.0.

A retórica ou arte de bem falar não é muito prestigiada atualmente. Na sua origem (que remonta ao século v a.c.), consistia num conjunto de técnicas destinadas a regrar a organização do discurso, segundo os objetivos a serem atingidos. Era um meio de chegar ao domínio da linguagem verbal. Além disso, a abordagem de tais técnicas levava a estudar a linguagem e seus componentes e a fazer disso um objeto de ciência. Infelizmente, a retórica confundiu rapidamente seus fins e seus meios. Reduziu-se a uma técnica de ornamentação do discurso, exagerando as sutilezas nas distinções das figuras. Depois de ter sido objeto de ensino prático da linguagem e da ciência, contribuiu para esclerosar a eloquência e sufocar o discurso verbal pela multiplicidade de regras e figuras: não tardou a apagar-se e a se tornar sinônima de afetação ou de declamação falsa. Mas, de alguns anos pra cá, vem ela reconquistando seu lugar de honra. Assim, reeditam-se na França velhos tratados do século XVIII (Dumarsais) e do século XIX (Fontanier). Volta-se a estudar as figuras, sobretudo no domínio poético. Uma breve descrição dos principais elementos da retórica talvez nos ajude a compreender as razões de seu renascimento.

1.5.1. Organização do discurso

A retórica ensina a compor e organizar o discurso verbal e para tanto faz distinção entre vários tempos. Num primeiro, tem-se como tarefa *encontrar* o que se vai dizer (argumentos); num segundo, procura-se *dispor* o que se encontrou numa ordem que depende do objetivo traçado (informar, demonstrar, convencer, emocionar: cada uma dessas operações conduz a uma organização particular dos elementos do discurso). Em suma, é preciso construir um plano e, em especial, cuidar da elaboração do começo e do fim do discurso. Num terceiro tempo, a tarefa é a de atentar para o modo de apresentação dos argumentos, recorrendo-se às *figuras*. Finalmente, no quarto tempo, o trabalho constitui-se em *dizer* o discurso, utilizando os recursos vocais (dicção) e os gestuais.

Cada um desses quatro tempos é objeto de um estudo aprofundado que gera técnicas precisas, repertoriadas nos tratados de retórica.

A prática da linguagem se faz por jogos verbais rigorosamente regulamentados. Assim, a *improvisação* se destina a exercitar a inventividade do candidato, visto que ele deve, a partir de um tema dado, improvisar um discurso cuja qualidade será julgada segundo o número e valor dos argumentos encontrados; a improvisação exclui a organização, mas não a ornamentação: será julgada a aptidão do candidato em mobilizar rapidamente as "figuras" que ele conhece. A *disputatio* é a apresentação de uma tese por parte do candidato escorada por um certo número de argumentos; esta tese é contraditada pelo júri e o candidato deve responder à contradição. Esses exercícios são regulamentados e quase ritualizados. As defesas de tese em nossos dias constituem resquícios dessa prática.

Os retóricos não chegaram a um acordo comum sobre os fundamentos e os métodos de sua "arte". Assim, durante muito tempo, debateu-se a questão de saber se era preciso encontrar os argumentos e depois colocá-los em ordem (o que importa são os próprios argumentos, seu número, sua natureza, que impõem esta ordem: os argumentos criam o plano) ou se era preciso inserir os argumentos num plano previamente estabelecido, o que implica a determinação de certos mecanismos que se utilizarão segundo as necessidades. Esse debate abrange um problema importante: recorrer a planos fixos é imobilizar o pensamento e reduzi-lo a estereótipos; fazer decorrer o plano dos argumentos é atribuir ao pensamento um poder criador. Essa distinção se evidencia na poesia; alguns poetas trabalham com formas fixas muito restritivas e limitam sua inspiração a esse modelo estreito (um exemplo claro dessa atitude pode ser observado nos Grandes Retóricos, que inventavam e complicavam fartamente as restrições métricas de seus poemas); outros, no entanto, partem de uma palavra de um ritmo de uma "impressão" e, desses elementos, que lhes são próprios, criam uma forma poética original (é o caso, por exemplo, do conhecido poema *I-Juca-Pirama* de Gonçalves Dias, cujo ritmo em algumas de suas partes é construído sobre o ritmo de cadência de tambor, típico de rituais indígenas).

Saliente-se, para finalizar, que os debates dos retóricos ligavam-se na maioria das vezes aos debates num outro domínio: o da filosofia.

1.5.2. As figuras

Constituem os "ornamentos" do discurso. A figura se opõe à linguagem simples. Ela desvia os elementos da linguagem comum do seu uso normal, criando uma linguagem nova, qualificada às vezes de "florida"... Seria cansativo considerar as inúmeras figuras compiladas nos tratados de retórica. Vejamos algumas das mais conhecidas:

– a *aliteração*: repetição de um som ou de um grupo de sons (*O rato roeu a roupa do rei de Roma*).

– a *paronomásia*: aproximação de termos vizinhos pela sonoridade mas não pelo sentido (*Quem viver verá*).

– o *anacoluto*: ruptura de construção (*aquela ponte, muitos já tentaram em vão reconstruí-la*).

– a *elipse*: supressão de certos elementos sintáticos; permite acelerar o discurso (*Alguns pensam no uísque do dia seguinte, outros, na água do próprio dia*).

– a *litotes*: consiste em dizer pouco para exprimir muito (*Ele não sabe rejeitar um golinho*).

– a *hipérbole*: consiste num exagero (*história escrita com sangue*).

– a *perífrase*: exprime, por um grupo de palavras, o que poderia ser expresso por uma só palavra (*astro da noite* em vez de "lua").

– a *antífrase*: consiste em exprimir, pelo discurso, uma coisa diferente do que disse, por ironia (*como você é inteligente* dito por exemplo a uma pessoa que não entende aquilo de que se está falando).

– a *comparação*: identifica dois objetos a partir de um elemento que lhes é comum; a comparação completa compreende quatro termos:

- o comparado (objeto que se compara)
- o comparante (objeto ao qual se compara o comparado)
- o termo comparativo (como, tal, tão... como, semelhante etc.)
- o ponto de comparação.

Exemplo:

>A liberdade das almas,
>..
>frágil, frágil como o vidro
>>MEIRELES, Cecília. *Flor de poemas.* Rio de Janeiro, José Aguilar, 2ª ed. 1972. p. 235.

Estrutura da comparação
- comparado: *A liberdade das almas*
- comparante: *o vidro*
- termo comparativo: *como*
- ponto de comparação: *a fragilidade*

– a *metáfora*: figura de substituição; um termo substitui um outro por analogia; a metáfora é uma comparação, em que não se explicita nem o comparado, nem o termo comparativo, nem o ponto de comparação.

Exemplo: pela comparação se diria: "Ele é teimoso como uma porta."
pela metáfora se diria: "Ele é uma porta."

– a *metonímia*: exprime um objeto por um termo que designa um outro objeto unido ao primeiro por uma relação estreita; ela exprime o continente pelo conteúdo ("Uma cidade que não sabe o que quer"), a causa pelo efeito ("Ouviu o relógio e saiu às pressas").

Pode-se estabelecer uma classificação ainda mais operatória dessas figuras. Assim, distinguem-se:

As figuras fônicas ou gráficas, que agem sobre a sonoridade ou grafia das palavras: aliteração, paronomásia, rimas, assonância, trocadilhos, anagrama, escrita fonética (escrever como se fala) modificações ortográficas propositais ("proloongar").

As figuras sintáticas que agem sobre a sintaxe da frase (anacoluto, elipse, enumeração, inversão).

As figuras semânticas que agem sobre o sentido das palavras, o qual se desloca ou se transforma (metáfora, metonímia).

As figuras lógicas que agem sobre o valor lógico da frase, sobre sua ordem habitual ou sobre a estrutura de conjunto do enunciado, entendendo-se que este normalmente se apresenta seguindo uma ordem ou progressão "lógicas" (litotes, hipérbole, repetição, pleonasmo, antífrase).

1.5.3. A retórica na atualidade

O renascimento da retórica nos dias de hoje decorre de um estado de espírito bem distinto daquele que provocou seu desenvolvimento e seu triunfo. Enquanto a retórica clássica acabou por se constituir num conjunto de técnicas destinadas à produção de discursos, na atualidade ela é também um instrumento da análise do discurso, sobretudo dos discursos estereotipados. O desenvolvimento dos meios de comunicação de massa produz mensagens construídas segundo modelos simples, agenciados para objetivos precisos (publicidade, informação, propaganda, lazer: informar, convencer, emocionar). A retórica permite extrair esses modelos, colocar em evidência os *sistemas de significações* de tais mensagens. Nessa linha de preocupação, uma série de trabalhos de pesquisa foram empreendidos, analisando artigos de jornal (noticiário, biografias), textos de paraliteratura (romance policial, ficção científica, fotonovelas etc.). Em outros termos, a retórica pode ser encarada como um instrumento para a análise científica da linguagem veiculada pelos *mass media*.

1.5.4. Retórica e técnicas de expressão

Pelas considerações feitas até aqui, é possível afirmar que existe uma estreita relação entre as "técnicas de expressão" e a retórica. Aliás, nosso universo verbal, particularmente no domínio escolar, está profundamente marcado pela retórica clássica. No entanto, é preciso que se considere que as técnicas de expressão não constituem receitas ou rol de ornamentos que visam ao "falar bonito", mas sim, uma maneira de aperfeiçoar o comportamento intelectual (reflexão, compreensão, análise) e uso mais eficaz da linguagem. Em caso algum elas devem se permitir a confusão entre meios e fins; em outros termos, a prática das técnicas de expressão deve realizar uma verdadeira utilização dialética da linguagem, incorporando aprofundadamente a análise e o comportamento crítico, evitando dessa forma a absorção do indivíduo na palavra.

1.5.5. Exercícios

1

Selecione documentos que apresentem argumentos contrários ou favoráveis ao racismo. Ordene esses argumentos. Redija dois "discursos" sustentando cada uma das duas teses opostas.

2

Sobre o mesmo tema e a partir dos mesmos documentos, prepare e realize uma *disputatio*.

3

Após definir um certo número de temas, realize em grupo improvisações sobre esses temas (de 2 a 15 minutos).

4

Nos textos seguintes, aponte as principais figuras de retórica, descreva seu princípio e explicite seus elementos constitutivos, precisando seu valor expressivo ou significativo (elas são ornamentais, significativas, expressivas etc.?).

a.

Ó Madalena, ó cabelos de rastos,
Lírio poluído, branca flor inútil,
Meu coração, velha moeda fútil
e sem relevo, os caracteres gastos,

De resignar-se torpemente dúctil,
Desespero, nudez de seios castos,
Quem também fosse, é cabelos de rastos,
Enxovalhado, ensanguentado, inútil,

Dentro do peito, abominável cômico!
Morrer tranquilo – o fastio da cama
Ó redenção do mármore anatômico!

Amargura, nudez de seios castos,
Sangrar, poluir-se, ir de rastos na lama,
Ó Madalena, ó cabelos de rastos!

> PESSANHA, Camilo. In: *Camilo Pessanha – Poesia e prosa.* Rio de Janeiro, Col. Nossos Clássicos, Livraria Agir Editora, 1965. pp. 22-3.

b.

Ficarão para sempre abertas as minhas
salas negras.
Amarrado à noite, eu canto com um lírio
negro sobre à boca.
Com a lepra na boca, com a lepra nas
mãos.
Este mamífero tem sal à volta, este
mineral transpira, a primavera precipita-se.

Com a lepra no coração.
Mais de repente, só chegar à janela e
ver uma paisagem tremendo de medo.
É uma vida mais lenta só com uma estrela
às costas, uma tonelada de luz inquieta, uma
estrela respirando como um carneiro vivo.
Igual a esta espécie de festa dolorosa,
apenas um ramo de cabelos violentos e o seu
odor a pimenta, no lado escuro como se canta
que as salas vão levantar o voo.

> HELDER, Herberto. *Vocação animal.* Lisboa, Publicações D. Quixote, 1971. p. 73.

c.

Junto do leito meus poetas dormem
– O Dante, a bíblia, Shakespeare e Byron –

Na mesa confundidos. Juntos deles
Meu velho candeeiro se espreguiça
E parece pedir a formatura.
Ó meu amigo, ó velador noturno,
Tu não me abandonaste nas vigílias,
Quer eu perdesse a noite sobre os livros,
Quer sentado, no leito, pensativo
Relesse as minhas cartas do namoro!
Quero-te muito bem, ó meu comparsa,
Nas doidas cenas de meu drama obscuro!
E num dia de *spleen*, indo a pachorra,
Hei de evocar-te num poema heróico
Na rima de Camões e de Ariosto
Como padrão às lâmpadas futuras.

AZEVEDO, Álvares de. In: CÂNDIDO, A. e CASTELLO, J. A., *Presença da literatura brasileira*. 5ª ed. São Paulo, Difusão Europeia do Livro, 1974. p. 23.

1.6. AS FUNÇÕES DA LINGUAGEM NA EXPRESSÃO E NA COMUNICAÇÃO

Definimos em 1.1.1 e 1.1.2 os diferentes elementos implicados no processo de comunicação: o destinador, o destinatário, o referente, o canal (ou contato), o código, a mensagem. A cada um desses seis elementos corresponde, no quadro da comunicação estabelecida pela linguagem, uma função linguística. É a Roman Jakobson que se deve a definição dessas seis funções.

1.6.1. As seis funções da linguagem

a. A função expressiva, centrada sobre o destinador (ou emissor) da mensagem, exprime a atitude do emissor em relação ao conteúdo de sua mensagem e da situação.

Tudo aquilo que, numa mensagem escrita ou falada, revela a personalidade do emissor concerne à função expressiva (é o caso do papel da interjeição com valor emotivo, julgamentos subjetivos, entonações características etc.).

Exemplo:
Acho-me tranquilo – sem desejos, sem esperanças. Não me preocupa o futuro. O meu passado, ao revê-lo, surge-me como o passado de um outro. *Permaneci, mas já não me sou*. E até a morte real, só me resta contemplar as horas a esgueirar-se em minha face... *A morte real –* apenas um sonho mais denso.

> CARNEIRO, Mário de Sá. *A confissão de Lúcio*. 4ª ed. Lisboa, Ática, 1973. p. 164.

Nesse texto, a função expressiva está marcada pelo emprego da primeira pessoa (expressa pela desinência do verbo, pelos pronomes me, meu), bem como pela utilização de certos procedimentos que reforçam as afirmações do destinador: repetições de *Sem*, emprego do paradoxo "permanecer e não mais ser", emprego de metáfora como "horas a esgueirar-se".

b. A função conativa é a função que se orienta para o destinatário. Tudo o que, numa mensagem, remete diretamente ao destinatário dessa mensagem concerne à função conativa cujas manifestações mais evidentes são os imperativos como "sente-se"... "silêncio"... "saia" e os vocativos.

Exemplo:

IRENE NO CÉU

Irene Preta
Irene boa
Irene sempre de bom humor.

Imagine Irene entrando no céu:
– Licença, meu branco!
E São Pedro Bonachão:
– Entra, Irene. Você não precisa pedir licença.

> BANDEIRA, Manuel. *50 poemas escolhidos pelo autor.* MEC, Cadernos de Cultura. Rio de Janeiro, 1959. p. 29.

Nesse poema, a função conativa pode ser observada pelo uso do imperativo e do vocativo nas frases: "Licença, meu branco!" e "Entra, Irene".

c. *A função referencial*, também chamada denotativa, está centrada sobre o referente. Tudo o que, na mensagem, remete aos referentes situacionais ou textuais concerne à função referencial.

Exemplo:
Ônibus destroçado na rodovia: 13 mortos.
Folha da Tarde, 26/1/77.

Esta informação utiliza somente a função referencial da linguagem da mesma forma que esta: "Museu de Arte Contemporânea – aberto das 9 às 11h".

Resumindo, podemos dizer que a função expressiva está centrada sobre o *eu*, a função conativa sobre o *tu*, a função referencial sobre o *ele* (sendo o *ele*, gramaticalmente neutro, equivalente a um *isso*).

d. *A função fática* está centrada sobre o "contato" (físico ou psicológico). Tudo o que numa mensagem serve para estabelecer, manter ou cortar o contato (portanto a comunicação) concerne a essa função.

Assim, por exemplo, numa comunicação telefônica, o tradicional "alô" estabelece o contato, as expressões "você está me ouvindo?", "um momento por favor" mantêm o contato, "vou desligar" interrompe a comunicação.

A função fática manifesta essencialmente a necessidade ou o desejo de comunicar. Pode-se observar que a linguagem das crianças recorre frequentemente a essa função linguística ("hein, mãe").

Exemplos:
1
SINAL FECHADO
Olá, como vai?
Eu vou indo, e você, tudo bem?
Tudo bem, eu vou indo, correndo,
pegar meu lugar no futuro. E você?
Tudo bem, eu vou indo em busca de um sono

> tranquilo, quem sabe?
> Quanto tempo...
> Pois é, quanto tempo...
> Me perdoe a pressa
> é a alma dos nossos negócios...
> Oh! não tem de quê.
> eu também só ando a cem.
> Quando é que você telefona,
> precisamos nos ver por aí.
> Pra semana, prometo, talvez
> nos vejamos, quem sabe?
> Quanto tempo...
> Pois é, quanto tempo...
>
> Tanta coisa que tinha a dizer,
> mas eu sumi na poeira das ruas.
> Eu também tenho algo a dizer,
> mas me foge a lembrança.
> Por favor telefone; preciso beber
> alguma coisa rapidamente.
> Pra semana...
> O sinal...
> Eu procuro você...
> Vai abrir, vai abrir...
> Prometo, não esqueço.
> Por favor, não esqueça, não esqueça, não esqueça.
> Adeus...
>
> Paulinho da Viola
Sinal Fechado, nº 6349 122 – Philips, 1974.

A função fática constitui um dos elementos capitais deste texto. Boa parte de suas frases cumprem a função de instaurar ou manter o contato; pode-se dizer inclusive que o texto todo funciona como um conjunto organizado de expressões que pouco informam, mas que mantêm os interlocutores em contato.

2

> Dona Maria como vai sua tia?
>
> Chacrinha

A função fática aqui se manifesta por uma sequência de palavras sem nenhuma função informativa, mas destinada a manter contato entre o público e essa conhecida personalidade da televisão.

e. *A função metalinguística* é aquela que está centrada sobre o código. Tudo o que, numa mensagem, serve para dar explicações ou precisar o código utilizado pelo destinador concerne a essa função. O destinatário pode ter necessidade de perguntar sobre os termos utilizados "o que é que você quer dizer?...", "Que é que significa isso?", e o destinador pode precisar sua própria linguagem. "Quero dizer com essa palavra...". "Isto é...". Numa aula sobre vocabulário, o diálogo entre o professor e o aluno recorre abundantemente a essa função (a metalinguagem é uma linguagem que fala da própria linguagem).

Exemplo:

Os dicionários são obras de caráter metalinguístico, mas podemos pensar também nas definições de palavras cruzadas, e em outros textos com esse mesmo caráter, como é o caso do trecho que se segue:

> Neste ensaio, "ciência normal" significa a pesquisa firmemente baseada em uma ou mais realizações científicas passadas. Essas realizações são reconhecidas durante algum tempo por alguma comunidade científica específica como proporcionando os fundamentos para a sua prática posterior.
>
> KUHN, Thomas S. *A estrutura das revoluções científicas*. São Paulo, Ed. Perspectiva, 1976. p. 29.

f. A função poética é aquela que se centra sobre a própria mensagem. Ela coloca em evidência o lado palpável dos signos (Jakobson). Tudo o que, numa mensagem, suplementa o sentido da mensagem através do jogo de sua estrutura, de sua tonalidade, de seu ritmo, de sua sonoridade concerne à função poética.

A função poética não abrange somente a poesia. No entanto, na poesia, a função poética é dominante, ao passo que, em outras formas de expressão linguística, ela é acessória.

Exemplos:

Os anúncios publicitários e políticos recorrem frequentemente à função poética da linguagem:

— Melhoral é melhor e não faz mal.
— Vote certo votando em Carlos Alberto.

O esquema que segue indica as correspondências entre os elementos de comunicação e as funções da linguaguem:

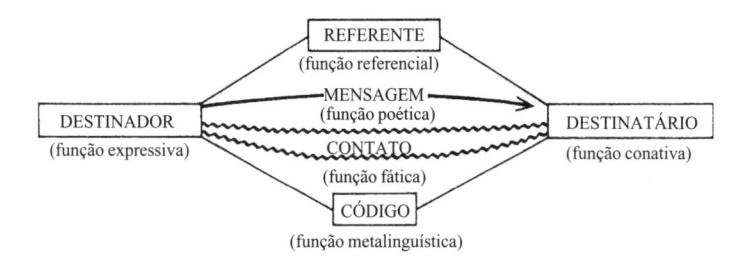

```
                    REFERENTE
                 (função referencial)
                    MENSAGEM
 DESTINADOR       (função poética)        DESTINATÁRIO
(função expressiva)   CONTATO            (função conativa)
                   (função fática)
                     CÓDIGO
                (função metalinguística)
```

1.6.2. Observações sobre funções da linguagem

a. As seis funções da linguagem não se excluem, mas também não se encontram todas reunidas necessariamente numa dada mensagem. Aliás, é muito raro encontrar numa mensagem *apenas uma* dessas seis funções. Frequentemente elas *se superpõem*.

b. No entanto, pode-se admitir que, numa dada mensagem, uma ou outra função seja dominante. Pode-se, assim, distinguir tipos de mensagens, seguindo a hierarquia das funções que são aí representadas, e estabelecer com isso uma tipologia das mensagens, segundo a importância das funções representadas:

— *mensagens referenciais*, centradas sobretudo no referente (situacional, textual, real ou fictício);

— *mensagens expressivas,* centradas sobretudo no destinador e voltadas para a expressão dos sentimentos, suas emoções, seus julgamentos;

— *mensagens conativas,* centradas no destinatário, acionando-o diretamente;

– *mensagens fáticas*, em que domina o cuidado de estabelecer ou de manter o contato;
– *mensagens metalinguísticas*, são explicativas e estão centradas no código;
– *mensagens poéticas*, em que ritmos, sonoridades e estrutura da mensagem têm tanta importância quanto o conteúdo das informações que ela veicula.

c. A classificação de Jakobson tem sido questionada por certos linguistas. O autor é criticado, de um lado, por distinguir artificialmente na linguagem o que visa à expressão e o que age sobre o outro (o esquema da comunicação não indica que o emissor se exprime precisamente para o receptor?); por outro lado, observa-se que não há características linguísticas particulares a cada função: uma mesma frase pode ser expressiva ou conativa, referencial ou metalinguística ("estou com calor" é a expressão de uma sensação, mas pode ser também um pedido indireto de uma bebida refrescante...).

Mas, na medida em que se entende que as funções se superpõem ou se imbricam numa mesma mensagem, parece que essa classificação pode ser de grande utilidade para a análise e produção de enunciados. Ela oferece meios relativamente simples e rigorosos para tornar evidentes os elementos da comunicação articulada num texto, e para definir a situação na qual se desenvolve a mensagem, e ainda, através da determinação da ou das funções dominantes, para precisar a natureza da mensagem.

Nos capítulos seguintes, serão encontradas precisões suplementares sobre essas questões.

1.6.3. Exemplos

Exemplo 1

Determinação das funções manifestadas numa dada mensagem.

Segue um texto extraído de um anúncio publicitário de um automóvel.

Este é o Passat 76. Impacto de beleza, linhas arrojadas e harmoniosas. Mas isso não é tudo, quando um carro é concebido por inteiro. É preciso entrar no Passat 76, dirigir o Passat 76, sentir o Passat 76. E comprovar, detalhe por detalhe, que nenhum outro carro da sua categoria é tão forte e seguro com tanto conforto. Que nenhum oferece melhor desempenho com tanta economia. E no Passat 76, além de tudo o que existe de avançado em matéria de automóvel, você vai encontrar aí as novas cores, bancos redesenhados e mais confortáveis com novas padronagens, painel mais moderno e atraente e saídas de ar agora embutidas nas portas, em perfeita combinação com o estilo do carro.

Visão, 8/12/75.

A função dominante nesse trecho é a função referencial: trata-se de um texto que traz informações sobre o carro: "novas cores, bancos redesenhados e mais confortáveis com novas padronagens, painel mais moderno e atraente, saídas de ar agora embutidas nas portas..."; a presença da *função conativa* indica o desejo de envolver o leitor na mensagem e de salientar que se trata de um carro excepcional, que é preciso adquirir ("É preciso entrar no Passat, dirigir o Passat...").

Exemplo 2

Eis um trecho das *Novas cartas portuguesas*:

Minha Querida Mariana:
　　Só hoje consegui autorização da tua Madre Superiora para te escrever, às escondidas de teus pais e meu marido, que embora não te conheça a ti não pode de ti ouvir, sem raiva, certamente pela amizade que sabe eu te dedicar e isso o enfurece. Por princípio odeia tudo o que amo, ridicularizando sempre os meus sentimentos, destruindo-os pela sua delicadeza e sensibilidade com grande prazer e riso, brutalmente.
　　Mas de ti que é feito Minha Mariana? Que resta de ti, aí de clausura posta à força? Recordarei sempre teus gritos, teu desespero, tua raiva, tua recusa enlouquecida em aceitares o convento, teu ódio; depois perante o inevitável, teu mutismo, teu aceitar dos fatos com altivez, o desprezo por todos a subir-te aos olhos e o sorriso cortante a paramentar-te de ironia a boca em jeito de vingança...

Que desgraça o se nascer mulher: Frágil, inaptas por obrigação, por casta, obedientes por elo a seus donos, senhores sôfegos até nossos males...

> BARRENO, Maria Isabel; HORTA, Maria Teresa; COSTA, Maria Velho da. *Novas cartas portuguesas.* Lisboa, Editorial Futura, 1974. p. 170.

Nesse texto, também, se superpõem várias funções:

A função expressiva. É a destinadora da carta que se exprime lamentando sua própria vida e a de sua interlocutora. Vários são os recursos utilizados para a manifestação dessa função:

– emprego da primeira pessoa: observável pela terminação de verbos (*conseguir* autorização) e pela presença de pronomes como eu, tu;

– emprego da interjeição: Que desgraça o se nascer mulher!;

– emprego de interrogações: Mas de ti o que é feito minha Mariana? Que resta de ti, aí de clausura posta à força?;

– uso de repetições: teus gritos, teu desespero, tua raiva;

– emprego da gradação: grito, desespero, raiva, recusa enlouquecida, ódio.

A função referencial. Através desta a autora assinala certos elementos da realidade, sobretudo sua situação:

> Só hoje consegui autorização para te escrever... meu marido que embora não te conheça a ti não pode de ti ouvir falar sem raiva... odeia tudo o que amo.

A função conativa. Embora não perceptível num primeiro momento, observa-se que as interrogativas do texto podem ser interpretadas como um imperativo: por elas, o destinador pede a Mariana que não se deixe abater pela clausura.

1.6.4. Exercícios

1
No texto que segue:

1. Separe as manifestações da função expressiva e caracterize a atitude do narrador diante daquilo que o cerca.
2. Defina a natureza e as particularidades dos referentes (cf. 1.1.2f).
3. Separe as diferentes manifestações da função poética e justifique sua presença.

"Não, eu não aguento mais", gemia atarantada Maria, já em borbulha de lágrimas, enquanto eu a auxiliava a içar do carrinho os pesados panelões quentes. Enquanto Débora, vozinha aguda, lancetava nos ouvidos, "força, queridinhos, força", eu procurava dar ânimo a Maria com apelos às recompensas que o trabalho honesto sempre traz, relembrando que a "vida é luta renhida, que aos fracos abate, que aos bravos e aos fortes só pode exaltar".

Débora comia munida de uma grande colher. Chegava a ser hipnótico o ritmo com que a colher subia e descia, enquanto o grande papo se movimentava em uma espécie de rotação. Devido à pressa, os caldos escorriam até o queixo, de onde pingavam sobre o enorme babeiro de plástico que cobria quase toda a cama e que Maria atava em redor do pescoço anelado pela gordura. Para mim o máximo fascínio era vê-la agarrar com as duas mãos uma enorme torta de maçã e devorá-la com quatro dentadas.

> MACHADO, Ruben Mauro. "Acontecimentos com Débora." In: *Jacarés ao sol.* São Paulo, Ed. Ática, 1976.

2

Trecho de um diálogo gravado entre um adulto e um garoto de 9 anos:

– O que que é um automóvel?
– Ahn... que que é um automóvel?... não sei... é... é um carro pra levar as pessoas... né?... é um carro... pra gente ir mais depressa.
– E como é que ele funciona?
– Ahn... com um motor... ah, não sei... não sei como ele funciona... ninguém me ensinou como é que ele funciona... ahn... ele funciona com gasolina...
– O que é que faz um carro andar?

— Ah... não sei... tem o pneu... tem o breque, tem o acelerador... não sei... e depois?... hein?... ah eu não sei falar de carro... né...
— Você me disse que tem o motor?
— Tem um motor mas eu não sei como é que ele funciona... ai, mas que pergunta... por que que você tá perguntando isso... me fala, vá... me fala... bom... você entendeu o que que eu falei?

Psiu, garotão!...

Questões

Quais são as funções dominantes nesse texto? Justifique sua presença. Uma dessas funções se manifesta mais frequentemente na língua falada que na escrita? Qual é? Por quê?

3
No anúncio publicitário que está reproduzido ao lado, qual é a função dominante? Justifique sua importância.

Você já pensou em ser PADRE? Não?!
Então, pense nisto:
Jesus Cristo falou e disse que vale a pena!

Escreva pedindo informações aos
– **Padres Claretianos**
Cx. P. 615 – 01000 – São Paulo

LINGUAGEM E COMUNICAÇÃO 65

4   Estude as funções representadas no anúncio publicitário reproduzido abaixo (a disposição gráfica do texto é importante? A que função da linguagem você poderia relacioná-la?).

5   Estude as funções da linguagem no texto publicitário ao lado:

6   Em que tipos de mensagens você classificaria os textos dos exercícios de 1 a 8?

Serra da Ermida é um loteamento de rara categoria A 1.200 metros de altitude, está localizado num dos lugares bonitos que a natureza criou. Chácaras de 5000 m², com as restrições necessárias, contando com água encanada, luz, força e asfaltamento até a entrada, em execução. Arquitetos e engenheiros da Lindenberg para projetar e construir sua casa.

O acesso é fácil pela Via Anhanguera. Com o término da via Norte, previsto para 78, estará mais perto ainda, a cerca de 40 minutos de S. Paulo. Vá conhecer Serra da Ermida. Respirar o ar da montanha faz muito bem. Sábado e Domingo, corretores no local.
PREÇO Cr$ 600.000,00 EM 40 MESES SEM JUROS.

SERRA DA ERMIDA, PADRÃO LINDENBERG A 1.200 METROS DE ALTITUDE.

**CONSTRUTORA
ADOLPHO LINDENBERG S.A.**
Av. Higienópolis, 402 - S. Paulo
Tels. 66-5745 e 67-3138
Rua Estados Unidos, 1324 - S. Paulo
Tel.: 280-1144
Sindicalizado CRECI 696 SECOVI 506

7

A ficha técnica reproduzida a seguir traz informações sobre um carro. A função dominante é a função referencial. Operando uma escolha cuidadosa nas informações fornecidas, e recorrendo às funções da linguagem que você considere as mais eficazes, fabrique a partir desta ficha:
– um texto publicitário com aproximadamente cem palavras, dirigindo-se a um público esportivo;
– um texto publicitário com aproximadamente cem palavras, dirigindo-se a uma clientela constituída de chefes de família.

Dodge 1800 Polara

Especificações Técnicas

Motor	
Tipo de motor	em linha
Número de cilindros	*4*
Cilindrada (cm3)	*1,799*
Diâmetro x curso (mm)	*86,13 x 77,19*
Taxa de compressão	*7,7: 1*
Conjugado máximo	*15,5 mkg a 3500 rpm*
Potência máxima	*92 hp a 5000 rpm*
Número de carburadores	*1 horizontal*
Peso do motor	*148 kg*
Sistema de arrefecimento	água sob pressão
Capacidades	
Cárter	*3,5 litros*
Sist. de arrefecimento	*6 litros*
Tanque de combustível	*42 litros*
Porta-malas	*306 dm3*
Embreagem	
Embreagem tipo	monodisco a seco
Diâmetro do disco	*203 mm*
Redução primeira	*3,53:1*
Redução segunda	*2,16:1*
Redução terceira	*1,38:1*
Redução quarta	*1,00:1*
Redução ré	*3,68:1*
Redução diferencial	*3,89:1*
Suspensão	
Suspensão dianteira	Mac Pherson, com braço inferior simples, braço tensor longitudinal e barra estabilizadora
Suspensão traseira	eixo rígido, molas helicoidais, 2 braços tensores long. e duas barras tensoras em V.
Amortecedores (tipo)	hidráulicos telescópicos de dupla ação
Freios	
Sistema de freio	hidráulico
Freio dianteiro	disco
Freio traseiro	tambor
Freio de estacionamento	mecânico/rodas tras.
Servo freio	opcional
Direção	
Sistema de direção	pinhão e cremalheira
Redução	*17, 65:1*
Diâmetro mínimo de curva (mm)	*9,50*
Batente a batente	*3,6 voltas*
Tipo de chassi	monobloco

Sistema Elétrico	
Sistema Elétrico *(volt)*	*12*
Fonte de alimentação	*alternador*
Capacidade do alternador	*30 ampères*
Rodas e pneus	
Rodas *(medidas)*	*13"– 5,0"*
Pneus *(medidas)*	*6,45"– 13"*
	165 SR 13" Radial (opc.)
Dimensões	
Comprimento total	*4,125 mm*
Altura	*1,376 mm*
Largura	*1,587 mm*
Bitola dianteira	*1,320 mm*
Bitola traseira	*1,321 mm*
Dist. entre eixos	*2,489 mm*
Dist. livre do solo	*140 mm*
Peso (ordem de marcha kg)	*930*

8

Estude as funções da linguagem no texto que segue: estabeleça uma ligação entre as funções presentes e os objetivos do texto.

Soldados.
....

Não há tempo a perder. Nos campos da Áustria e da Alemanha, os soldados do nazismo rendem-se em massa, porque sabem que a guerra está perdida e que já se iniciou a última batalha. O fascismo não está mais em condições de vos massacrar, porque ninguém mais quer obedecer-lhe, porque aqueles que têm ainda a possibilidade de fazê-lo, tentam salvar-se pela fuga.

O último minuto está para chegar. Quem continuar a se bater pelo fascismo será morto implacavelmente. Desertai. A justiça popular será implacável.

TARIZZO, Domenico. *Come scriveva la Resistenza.* Florença, Nuova Italia Ed., 1969. p. 269.

9

Estude as funções da linguagem no texto que segue. De que tipo de texto se trata?

Não há vida sem células. E, a exemplo da própria vida, que tantas diversidades apresenta, variam as formas e funções das células que constituem os seres. Algumas células vivem isoladas, como seres livres e independentes; outras pertencem a comunidades displicentemente organizadas, movendo-se de um lugar para o outro ao passo que outras, ainda, vivem imobilizadas, como partes de um tecido de um organismo maior. Seja qual for sua forma ou comportamento, a célula é a unidade básica de toda a matéria viva. A natureza colocou no seu interior, em embalagem microscópica, todos os elementos e processos necessários à sobrevivência, num mundo constantemente em evolução.

> PFEIFFER, John. *A célula.* Biblioteca Científica Life, Rio de Janeiro, Livraria José Olympio Editora, 1964. p. 9.

10
Como se manifesta a função poética no poema abaixo? Qual o valor expressivo das outras funções que nele aparecem?

ANUNCIAÇÃO AO POETA

Ave, ávido.
Ave, fome incansável e boca enorme,
come.
Da parte do Altíssimo te concedo.
que não descansarás e tudo te ferirá de morte:
o lixo, a catedral e forma das mãos.
Ave, cheio de dor.

> PRADO, Adélia *Bagagem.* Rio de Janeiro, Imago Editora, 1976. p. 79.

2. A expressão e a comunicação escritas

2.1. A ESCRITA

2.1.1. Definição. Origem

Segundo Saussure, a escrita fixa os signos da língua. É a forma tangível das imagens acústicas da linguagem articulada. Além disso, manifesta um estado avançado da língua e só é encontrada nas civilizações evoluídas. Sua origem situa-se na necessidade que os homens encontraram de *conservar* as mensagens da linguagem articulada, para veiculá-las ou transmiti-las.

2.1.2. Evolução

A escrita é, pois, um sistema simbólico de representação da fala. Três etapas são habitualmente distinguidas na evolução da escrita:

1ª etapa. A escrita *sintética*. Nesse sistema de escrita, o signo representa ou sugere toda uma frase ou conjunto das ideias contidas nessa frase. Trata-se, na verdade, de um sistema de notação por imagens semelhantes ao rébus (*rébus* – sequência de desenhos, palavras, números, letras, que evoca por homofonia a palavra ou a frase que se quer exprimir), mas sem que o signo remeta a sons. Notemos, todavia, que a comunicação do pensamento e da fala, antes de se servir de representação gráfica, cujas primeiras manifestações são talvez as pinturas rupestres pré-históricas, efetuou-se pela utilização de objetos concretos adaptados (pedaços de madeira talhados, cordinhas, flechas, plumas etc.), ainda usados em certas tribos. A escrita sintética marcaria a passagem do concreto ao abstrato.

2ª etapa. A escrita *analítica*. Marca a passagem da frase "global" à sua decomposição em elementos mais simples: as palavras. Cada signo serve para registrar uma palavra (o termo "palavra" remete aqui a uma "unidade significativa"). Mas esse signo não tem nenhuma relação com os sons que compõem a palavra.

3ª etapa. A escrita *fonética*. Marca não mais as palavras, mas, os *sons*. De fato, os sons da linguagem articulada são pouco numerosos, ao passo que existe um número muito grande de palavras. Obter um desenho para cada palavra supõe um trabalho imenso e uma memória equivalente. A escrita fonética, de início *silábica* (um signo para um grupo de sons), depois *fonética* (um signo por som), permite uma economia considerável.

2.1.3. Observações

a. A evolução da escrita parece marcar a passagem do *ideograma à grafia fonética.*

O ideograma é o desenho da coisa; depois remete ao nome dessa coisa (a impossibilidade de desenhar *tudo* é que conduz à simbolização dos signos).

A grafia fonética é o desenho do *som* desse nome.

b. O *alfabeto* é um conjunto de signos gráficos (as letras) que permitem transcrever os sons da linguagem articulada. Essa definição é teórica; o atual alfabeto português, por exemplo, reproduz apenas parcialmente os sons realmente utilizados pelos falantes dessa língua; daí a elaboração de um alfabeto fonético internacional (ver 1.4).

c. Não existe atualmente nenhum "sistema puro", isto é, uma escrita estritamente sintética, analítica ou fonética. Champollion descobriu, por exemplo, que os hieróglifos egípcios não são apenas ideogramas; alguns deles são grafias fonéticas.

Inversamente, nosso alfabeto, ou, mais genericamente, nosso sistema de signos gráficos, não é apenas fonético (ver exercícios).

2.1.4. Exemplos

A escrita egípcia

Nela marca-se, por um lado, a passagem do concreto ao abstrato, e, por outro lado, do ideográfico ao fonético. Por exemplo, ≈ significa "água, mar" (concreto), depois "lavar, purificar" (abstrato); mais tarde remete à consoante "n".

A escrita chinesa

A escrita chinesa constitui-se de ideogramas esquematizados. Possui cinquenta mil signos e sua evolução é praticamente nula desde há quatro mil anos. Isto se explica pelo fato de ser a frase chinesa uma justaposição de palavras de uma sílaba cuja função gramatical é determinada por sua posição na frase. Não há sufixação nem prefixação, não há concordância, nem decomposição possível em sílabas: a língua chinesa não possui por assim dizer gramática. Mas compreende-se que foi preciso encontrar um grande número de signos gráficos para notar cada palavra.

2.1.5. Problemas gerais

a. Considerar, à maneira de Saussure, a escrita como a fixação das imagens acústicas é instituir uma preeminência da língua falada sobre a escrita, preeminência contestada por certos linguistas. A escrita fixa a linguagem articulada, mas, ao fazê-lo, ela transforma essa linguagem (passagem da fonia à grafia) numa nova linguagem, que possui uma existência independente da primeira. A escrita é muito menos móvel do que a linguagem falada, suas transformações são muito lentas e muito pouco numerosas. Por isso mesmo permite fixar o pensamento e fazê-lo atravessar o espaço e o tempo. É graças à escrita que o homem pode efetuar uma reflexão, uma análise de seu próprio pensamento. A linguagem articulada possui uma função essen-

cialmente concreta, utilitária; *serve primeiro* para comunicar. A linguagem escrita vai além dessa função de comunicação. Por outro lado, a evolução da linguagem escrita tal como a descrevemos (2.1.2) é contestável:
– a abstração do escrito é atestada nos mais antigos escritos pelo emprego dos números;
– a evolução para a grafia fônica não se realizou em certas línguas.

b. A comunicação pela escrita apresenta certas particularidades:
– utiliza meios técnicos muito simples, de um modo geral traços pretos sobre papel branco;
– estabelece uma comunicação "diferida": o emissor da mensagem escrita não pode receber resposta imediata; o receptor só lê a mensagem *depois* de sua formulação, ao passo que a percepção de uma mensagem falada e sua enunciação são simultâneas; é, pois, no caso da escrita, impossível ajustar a mensagem às respostas do destinatário;
– realiza mensagens que podem ser conservadas por muito tempo. A comunicação estabelecida entre um leitor de hoje e um texto de Júlio César ou de Camões é evidentemente muito "diferida"! Mas é sobre essa conservação do escrito que se funda nossa civilização, que, pouco a pouco, substitui a lei oral pela lei escrita. A escrita é – cada vez mais – uma garantia legal: confia-se sempre mais numa assinatura do que numa palavra dada, num contrato mais do que num aperto de mão;
– atualmente, efetua-se cada vez mais por meios mecânicos. A transmissão da linguagem escrita passa por várias etapas: o manuscrito, a datilografia, a impressão. A invenção da imprensa fez da escrita um modo de *difusão* das mensagens. O progresso dos modos de produção mecânica da escrita e a criação de instrumentos que permitem uma maior rapidez do traçado (a caneta-tinteiro, depois a caneta esferográfica) empobreceram a escrita manuscrita: quase não mais se distinguem os tipos de escrita (cursiva, redonda, bastarda etc.), o que não impede que os indivíduos afirmem sua personalidade em sua escrita. Assim é que, apesar de tudo, a mensagem *manuscrita* conserva uma importância considerável (a

maioria das empresas solicita aos postulantes uma carta de pedido de emprego manuscrita).

c. A escrita comporta um repertório de signos (o alfabeto, por exemplo) e um modo de composição desses signos para a formação das palavras. A ortografia e a gramática fixam as regras de escrita das palavras e a organização das frases.

A construção e o reconhecimento da mensagem escrita supõem da parte do emissor e do receptor um conhecimento do código utilizado (no caso dos caracteres da máquina de escrever: quarenta símbolos aproximadamente).

Para que um texto escrito seja "legível", um certo número de condições devem ser satisfeitas, quer esse texto seja manuscrito, datilografado ou impresso:
– formação nítida e precisa dos caracteres;
– separações claras entre as palavras, linhas, parágrafos etc.

Distorções que ultrapassam um certo limiar podem conduzir a erros de leitura ou, até mesmo, à impossibilidade da leitura; o leitor encontra-se assim na situação do indivíduo que não sabe ler: não percebe uma "forma" conhecida – ler é perceber diretamente a forma das palavras, até mesmo das frases, e seu sentido – mas manchas sem significação. Consequentemente, a comunicação por escrito exige do emissor um esforço de organização na codificação e na disposição tipográfica. A escrita sempre remete a seu corolário: a leitura.

2.1.6. Documentos e exercícios

a.
PRESTÍGIO DA ESCRITA

Língua e escrita são dois sistemas distintos de signos; a única razão de ser do segundo é representar o primeiro; o objeto linguístico não se define pela combinação da palavra escrita e da palavra falada; esta última, por si só, constitui tal objeto. Mas a palavra escrita se mistura tão intimamente com a palavra falada, da qual é a imagem, que acaba por usurpar-lhe o papel principal; terminamos por dar maior importância à representação do signo vocal do que ao próprio signo. É como se acreditássemos que, para conhecer uma pessoa, melhor fosse contemplar-lhe a fotografia do que o rosto.

Semelhante ilusão existiu em todas as épocas e as opiniões correntes acerca da língua estão influenciadas por ela. Assim, acredita-se, de modo geral, que um idioma se altera mais rapidamente quando não existe a escrita: nada mais falso. A escrita pode muito bem, em certas condições, retardar as modificações da língua, mas, inversamente, a conservação desta não é, de forma alguma, comprometida pela ausência de escrita. [...]
A língua tem, pois, uma tradição oral independente da escrita e bem diversamente fixa; todavia, o prestígio da forma escrita nos impede de vê-la. Os primeiros linguistas se enganaram nisso, da mesma maneira que, antes deles, os humanistas. [...]
Mas como se explica tal prestígio da escrita?

1º) Primeiramente, a imagem gráfica das palavras nos impressiona como um objeto permanente e sólido, mais adequado do que o som para constituir a unidade da língua através dos tempos. Pouco importa que esse liame seja superficial e crie uma unidade puramente factícia: é muito mais fácil de apreender que o liame natural, o único verdadeiro, é o do som.

2º) Na maioria dos indivíduos, as impressões visuais são mais nítidas e mais duradouras que as impressões acústicas; destarte, eles se apegam, de preferência, às primeiras. A imagem gráfica acaba por impor-se à custa do som.

3º) A língua literária aumenta ainda mais a importância imerecida da escrita. Possui seus dicionários, suas gramáticas; é conforme o livro e pelo livro que se ensina na escola; a língua aparece regulamentada por um código; ora, tal código é ele próprio uma regra escrita, submetida a um uso rigoroso: a ortografia, e eis o que confere à escrita uma importância primordial. Acabamos por esquecer que aprendemos a falar antes de aprender a escrever, e inverte-se a relação natural.

4º) Por fim, quando existe desacordo entre a língua e a ortografia, o debate é sempre difícil de resolver por alguém que não seja o linguista; mas como este não tem voz em capítulo, a forma escrita tem, quase fatalmente, superioridade; a escrita se arroga, nesse ponto, uma importância a que não tem direito.

SAUSSURE, Ferdinand de. *Curso de linguística geral*. 3ª ed. São Paulo, Cultrix, 1971. pp. 34-6.

Este texto servirá de base a uma reflexão e a uma discussão.

b.
MITOGRAFIA E PICTOGRAFIA

A *mitografia* é um sistema em que a notação gráfica não se refere à linguagem (verbal), mas forma uma *relação simbólica independente*. Se se dividirem os sistemas semióticos segundo a natureza do sentido utilizado para a recepção dos signos: visão, ouvido, tato (o gosto e o olfato não produziram sistemas semióticos elaborados), e, por outro lado, segundo o caráter *pontual* ou *durativo* dos signos, a mitografia reúne sistemas de signos com caráter durativo que se dirigem à visão ou ao tato.

A mitografia realiza-se sob várias formas. Cite-se a representação por objetos (utilizados como tropos* daquilo que significam): é o caso da famosa mensagem dirigida aos Persas e composta por um rato, uma rã, um pássaro e cinco flechas. Este tipo de comunicação parece estar universalmente difundido: em Samatra, os Lutsu, para declararem a guerra, enviam um bocado de madeira com entalhes, acompanhado por uma pluma, um tição e um peixe; o que significa que atacarão com tantas centenas (ou milhares) de homens quantos os entalhes, serão tão rápidos como o pássaro (a pluma), devastarão tudo (o tição) e afogarão os inimigos (o peixe). Na região do Alto Nilo, os Niam-Niam, quando um inimigo entra no seu território, colocam na estrada uma espiga de milho, uma pena de galinha e uma flecha na chaminé de uma casa; o que significa: se tocarem no nosso milho ou nas nossas galinhas, serão mortos.

Uma outra forma de mitografia é a notação através de nós feitos num fio ou numa fita, utilizada sobretudo nas contas; o nosso "nó no lenço" é um exemplo disto. Ainda uma outra: todos os entalhes ou cortes que têm a função de contar (por exemplo, os dias do ano) ou de marcar a posse (as marcas do gado). Os signos "naturais" como os rastos de animais ou de homens podem ser retomados pela mitografia.

A parte mais importante da mitografia é formada pela *pictografia*; isto é, desenhos figurativos, utilizados com uma função de comunicação. Encontra-se um sistema de pictogramas relativamente elaborado entre os Esquimós do Alasca, que, quando saem de casa, deixam na porta uma mensagem desenhada, indicando a direção em que foram e o gênero de atividade a que se dedicam. A ligação de uma significação precisa a um desenho considera-se estabelecida a partir do momento em que esse desenho tende a tornar-se

---

* Tropos: figuras.

esquemático ou estilizado; e também a partir do momento em que se encontra representado o tipo de acontecimento mais do que o acontecimento individual. O lugar histórico da pictografia continua a ser muito discutido.

> DUCROT, Oswald e TODOROV, Tzvetan. *Dicionário das ciências da linguagem*. Lisboa, Publicações Dom Quixote, 1973. pp. 237-8.

Mitografia e pictografia parecem-lhe ainda representadas em nossa época?

c.
No texto abaixo será estudado o tipo de escrita utilizado. Trata-se de um tipo puro? Estude em particular as relações entre os sons pronunciados e as letras utilizadas. Caracterize os outros signos (por exemplo, a que tipo de escrita se pode vincular os algarismos?).

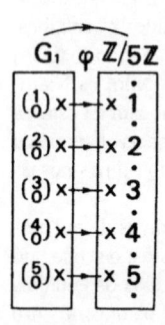

$G_1 \;\; \varphi \;\; Z/5Z$

$(\begin{smallmatrix}1\\0\end{smallmatrix}) \times \leftrightarrow \times\; 1$
$(\begin{smallmatrix}2\\0\end{smallmatrix}) \times \leftrightarrow \times\; 2$
$(\begin{smallmatrix}3\\0\end{smallmatrix}) \times \leftrightarrow \times\; 3$
$(\begin{smallmatrix}4\\0\end{smallmatrix}) \times \leftrightarrow \times\; 4$
$(\begin{smallmatrix}5\\0\end{smallmatrix}) \times \leftrightarrow \times\; 5$

Definição.
Uma aplicação bijetora de um conjunto E sobre um conjunto F é uma aplicação.
– injetora, isto é, tal que dois antecedentes distintos têm imagens distintas :

Lê-se: para todo x_1 e para todo x_2 elementos de E, a implicação é verdadeira.
– sobrejetora, isto é, tal, que todo elemento do conjunto de chegada é a imagem de pelo menos um elemento do conjunto de partida:

Lê-se: para todo y de F, existe x elemento de E, tal que $f_{(x)} = y$.
φ é o nome dessa aplicação bijetora de G_1 sobre Z/5Z.

> CORNE-LAURENT-ROBINEAU. *La Géométrie, action et structure*. Paris, Casterman, 1972.

2.2. A CLASSIFICAÇÃO DAS MENSAGENS ESCRITAS

2.2.1. A função referencial na mensagem escrita: a "informação bruta"

Vimos (1.6.2) que é possível conceber uma classificação das mensagens conforme a importância das funções nelas representadas. Cumpre, no entanto, admitir que a função referencial está quase *sempre* presente nas mensagens *escritas*. Com efeito, a comunicação escrita veicula a mensagem no espaço e no tempo, e essa mensagem, para que seja compreendida pelo destinatário, deve remeter explicitamente a referentes situacionais ou textuais (1.1.2f). Não existe mensagem escrita cuja função referencial esteja ausente.

Todo texto apresenta-se, então, como um conjunto de elementos referenciais aos quais se superpõem elementos que participam das outras funções da linguagem e que variam conforme a finalidade da mensagem. Simplificando um pouco as coisas, diremos que os elementos referenciais definem as informações de base da mensagem – informações enumeráveis, sintetizáveis, "brutas" ou "objetivas" – e que os outros elementos definem o trabalho de organização dessas informações em função do propósito almejado pelo autor da mensagem. Escrever é organizar e dar forma a um certo número de "dados"; mas esses dois processos não são jamais deixados ao acaso, não são "inocentes"; eles manifestam a finalidade da mensagem e seus objetivos determinantes.

2.2.2. Exemplo

A análise do texto abaixo nos ajudará a precisar a noção de "informação bruta".

> No campo do jogo, os *uruguaios*, maravilhados, assistiram a um verdadeiro "baile". Não constava em seu programa. A própria crítica uruguaia foi unânime em afirmar : vitória espetacular. Afirmou mais: o resultado não espelhou com fidelidade o que foi o andamento da partida. *O conjunto corinthiano* teve uma atuação brilhante, e a *goleada* poderia ter atingido a casa dos seis, oito, que não seria injustiça ao melhor futebol do mundo.
> Quando o Corinthians daqui saiu, notava-se receio nos rostos de todos. Por que os dirigentes escolheram logo o *Uruguai*? Logo *os campeões do mundo*? Seria a desgraça do Corithians.
> Eram esses os comentários. Seríamos massacrados! E, em parte, era justificável a impressão. O "onze" corinthiano era desconheci-

do, não só do grande público, como também na crônica do vizinho país, enquanto a equipe oriental tinha valores como Rodriguez Andrade, Moran, homens que haviam tomado parte nos mais recentes compromissos da seleção "celeste". A zaga era formada por dois veteranos, *campeões do mundo um ano antes, em 1950*, dentro do próprio Maracanã, isto é, o extraordinário Mathias Gonzales e o magnífico Hector Vilches.

Antes do jogo, crônica e público – no Uruguai – comentavam que o Corinthians, quando muito, poderia livrar-se de uma goleada.

Assim pensavam os uruguaios. Os corinthianos, *"calouros" em competições internacionais*, pisaram o gramado longe do apoio de sua torcida, a mais entusiástica do Brasil. E iniciaram o jogo com acanhamento. Decorridos, porém, os primeiros oito minutos, o cenário mudou completamente. O "mais brasileiro", com precisão cronométrica, foi se impondo, dominou e triturou sem apelação a equipe uruguaia. O Corinthians foi o "dono" do campo. E os gols se sucederam. E muitos outros teriam surgido, não fosse o guarda-valas Di Mateo, que operou defesas milagrosas.

O Corinthians, "derrotado" antes do início da peleja, enfrentando um adversário temível, obteve a mais notável vitória dos clubes nacionais fora de nossas fronteiras, e elevou bem alto o prestígio do Brasil.

Esse texto foi publicado em *Extra*, dezembro de 1976 (ed. extra: *Corinthians. A história que o povo escreveu*, por Antoninho de Almeida, São Paulo, Edições Símbolo). As informações brutas são pouco numerosas. Seu destaque e sua organização permitem a reconstituição da informação de base: "A estreia do Corinthians em partidas fora do Brasil ocorreu em 1951, no Uruguai, contra um combinado local, do qual participavam jogadores campeões do mundo. O time paulista saiu-se vencedor por um marcador elevado".

Sublinhamos no texto os termos referenciais que permitem reconstituir a informação. Vê-se que esses termos estão praticamente diluídos em meio a outros termos que têm uma função não referencial na medida em que remetem aos sentimentos e juízos do autor da reportagem. Publicado tal como foi reproduzido acima, o texto não forneceria de modo bastante claro ao leitor a informação de base; e é por isso que vem precedido do seguinte parágrafo:

A EXPRESSÃO E A COMUNICAÇÃO ESCRITAS

A estreia do Corinthians em partidas internacionais dera-se em 1914, quando enfrentou o Torino, da Itália, aqui em São Paulo. O seu "batismo" em partidas fora do país, porém, deu-se em Montevidéu, contra um combinado uruguaio, no famoso Estádio do "Centenário", 30 de julho de 1951. Portanto, 37 anos depois da estreia em pelejas internacionais.

A sequência da qual foi extraído o texto em questão tem por título: "Um baile no campeão do mundo – e na casa deles."

2.2.3. Função da linguagem e finalidade da mensagem

No texto anterior, os comentários do jornalista, que não oculta sua parcialidade (cf. por exemplo o emprego da primeira pessoa em "*Seríamos massacrados!*"), visam a produzir certos efeitos sobre o leitor e, em particular, a engrandecer os méritos do time brasileiro. Essa finalidade se manifesta pelo apelo sobretudo à função expressiva, tal como se pode observar nos exemplos abaixo:

– adjetivações: "os uruguaios, *maravilhados*", "vitória *espetacular*", "atuação *brilhante*", "o *extraordinário* Mathias Gonzales", "o *magnífico* Hector Vilches", "defesas *milagrosas*", "adversário *temível*";

– metáforas: "... assistiram a um verdadeiro '*baile*'...", "... '*calouros*' em competições internacionais...", "... o *cenário* mudou completamente...", "... *com precisão cronométrica*...", "... o '*dono*' do campo...";

– ironia, interrogações retóricas, exclamação: "*Não constava em seu programa*", "*Por que os dirigentes escolheram logo o Uruguai? Logo o campeão do mundo?*", "*Seríamos massacrados!*";

– superlativos hiperbólicos: "*melhor futebol do mundo*", "*a mais entusiástica do Brasil*", "*O 'mais brasileiro' *", "*a mais notável vitória*";

– gradações: "a goleada poderia ter atingido a casa dos *seis, oito...*", "... *dominou e triturou* sem apelação...".

Assim, esses elementos secundários produzem, em relação à informação de base, um enriquecimento, uma transformação. O autor do texto acrescenta às informações brutas uma "carga" suplementar constituída de seus sentimentos, seus juízos, sua maneira de ver e de descrever o acontecimento. A função expressiva se superpõe aqui à função referencial num propósito preciso.

Avançaremos a seguinte hipótese:

A função referencial serve de base para todo texto escrito e define seus elementos de informações brutas; a essa função superpõem-se as outras funções da linguagem, utilizadas conforme a finalidade do texto.

2.2.4. Classificação das mensagens escritas

Segundo o estudo das funções (1.6) podemos resumir a classificação das mensagens escritas no quadro seguinte. Na coluna da direita são indicadas as funções que se superpõem à função referencial mencionada no alto do quadro.

	função referencial: informação de base
função referencial	informação bruta, objetiva, enxuta, sem comentários nem juízos.
	2.3.1
função expressiva	presença do destinador, de seus juízos, sentimentos – textos críticos, subjetivos, "impressionistas".
	2.3.3
função conativa	o leitor é levado em consideração – textos "impressivos", persuasivos, sedutores.
	2.3.4
função fática	textos que instauram ou facilitam a comunicação.
	2.3.2

função metalinguística	textos explicativos – definições.
	2.3.5
função poética	textos que valorizam a informação pela forma da mensagem – dramatização, poetização.
	2.3.6 e 2.3.7

2.2.5. Reservas

A aparente simplicidade dessa classificação não deve encobrir a real complexidade das mensagens escritas. Essa classificação pode ser operatória, se for um instrumento prático de análise ou até de fabricação de certos textos escritos de utilidade corrente. Mas é preciso não perder de vista o fato de que as funções estão de fato imbricadas nas mensagens e que algumas dentre elas se manifestam de maneira muito indireta (ver, por exemplo, 2.3.3).

Existem então textos puramente referenciais? Todo texto não emana de um produtor? Um texto aparentemente impessoal não é ainda assim produzido por um indivíduo ou uma instituição? Aliás, a objetividade e a aridez não são nelas mesmas marcas de uma finalidade por vezes complexa e sutil?

Na verdade, no nível da análise, assim como no da fabricação, o texto escrito se define a partir da personalidade do destinador (indivíduo ou instituição) e da do destinatário. Um texto sempre carrega as marcas de uma intenção e da "passagem" dessa intenção do emissor para o receptor. Nesse sentido, a objetividade, a aridez e a frieza são elas próprias intenções e ilustram um certo tratamento da informação.

2.2.6. Exercícios

Em cada um dos textos abaixo apresentados – e apoiando-se num estudo das funções da linguagem neles representadas: – assinale os elementos de informação bruta;

– estude sua importância em relação aos outros elementos do texto;
– defina a função (ou as funções) dominante(s) e, a partir disso, deduza a natureza e a finalidade do texto, servindo-se do quadro (2.2.4).

Texto 1

OS PÁSSAROS

The birds. 63. *(1h da manhã no 13)*. Direção de Alfred Hitchcock. Com Tippi Hendren, Rod Taylor, Suzanne Pleshette, Jessica Tandy, Veronica Cartwright, Ethel Griffies, Charles McGrow. Baseado em romance de Daphne de Maurier, Hitchcock fez um filme desconcertante, tecnicamente esplêndido, com final aberto e polêmico. Passa-se numa cidadezinha litorânea, onde repentinamente os pássaros começam a atacar os homens. Uma verdadeira aula de cinema! Hitchcock faz sua famosa aparição logo no começo, saindo de uma loja de animais. *Não deixe de ver* (COR).

Jornal da Tarde, 7/1/77. p. 21.

Texto 2

O PARQUE NACIONAL DO XINGU constitui uma reserva federal, criada pelo Governo Brasileiro em 1961 e aumentada na sua dimensão em 1968. Sua área atual de, aproximadamente, trinta mil quilômetros quadrados está situada ao norte do Estado de Mato Grosso, numa zona de transição florística entre o Planalto Central e a Amazônia. A região, toda ela plana, onde predominam as matas altas entremeadas de cerrados e campos, é cortada pelos formadores do Xingu e pelos seus primeiros afluentes da direita e da esquerda. Os cursos formadores são os rios Kuluene, Ronuro e Batovi. Os afluentes, os rios Suiá-Missú, Maritsauá-Missú e Jarina.

VILLAS BOAS, Orlando e Cláudio. *Xingu, os índios, seus mitos*. São Paulo, Edibolso, 1975. p. 9.

Texto 3

Resumindo as ideias centrais do nosso programa de reconstrução nacional, podemos destacar, como mais oportunas e de imediata utilidade:

1) concessão de anistia; 2) saneamento moral e físico, extirpando ou inutilizando os agentes da corrupção, por todos os meios ade-

quados e uma campanha sistemática de defesa social e educação sanitária; (...); 13) intensificar a produção pela policultura e adotar uma política internacional de aproximação econômica, facilitando o escoamento das nossas sobras exportáveis; 14) rever o sistema tributário, de modo a amparar a produção nacional, abandonando o protecionismo dispensado às indústrias artificiais, que não utilizam matéria-prima do país e mais contribuem para encarecer a vida e fomentar o contrabando; 15) instituir o Ministério do Trabalho, destinado a superintender a questão social, o amparo e a defesa do orperiado urbano e rural; 16) promover, sem violência, a extinção progressiva do latifúndio, protegendo a organização da pequena propriedade, mediante a transferência direta de lotes de terras de cultura ao trabalhador agrícola, preferentemente ao nacional, estimulando-o a construir com as próprias mãos, em terra própria, o edifício de sua prosperidade; 17) organizar um plano geral, ferroviário e rodoviário, para todo o país, a fim de ser executado gradualmente, segundo as necessidades públicas e não ao sabor de interesses de ocasião.

Como vedes, temos vasto campo de ação, cujo perímetro pode, ainda, alargar-se em mais de um sentido, se nos for permitido desenvolver o máximo de nossas atividades.

> VARGAS, Getúlio. "Nova organização administrativa do país" (Discurso de posse na chefia do Governo Provisório, perante a Junta Governativa, em 3 de novembro de 1930). In: _____. *A nova política do Brasil*, I, Rio de Janeiro, José Olympio Editora, 1938. p. 72-3.

Texto 4

PARA UMA IMAGEM DE CLEY

– Como vai, Cley?
– *Tudo bem.*

Ao longo de anos, de telefonemas e cartas, cada vez que lhe perguntei como estava ouvi a mesma resposta. Mas nem tudo ia bem, muito do contrário, no momento de falar se descobria que as coisas eram duras para ele, que a vida tinha começado a encurralá-lo lentamente, tirando-o de sua pátria brasileira para trazê-lo a uma Europa esquiva e difícil. Falo de Cley Gama de Carvalho, que se suicidou há poucos meses depois de regressar ao Brasil; falo de um homem a quem conheci e vi muito pouco e que mesmo assim me traz a estas páginas como em outras ocasiões me trouxe ao riso, à poesia do absurdo, à confiança em uma amizade que não necessita da presença e correspondência para estar aí, para se fazer sentir nessas esquinas do tempo em que tudo é como milagre e uma reconciliação.

Sei que algum dia os brasileiros descobrirão melhor Cley e que outros amigos escreverão lembranças mais completas e ricas sobre alguém que passou por nossas vidas como um bater de asas, como esses fragmentos de música ou de prosa que alcançamos em pedaços enquanto fazemos correr o *dial* do rádio, algo sem antes nem depois, apenas presente e já perdido. Digo somente o que conheci de Cley, uma de suas sombras, pois deve ter tido tantas outras que me escaparam, sombras de frente e de perfil, imagem de três quartos ou em claro-escuro, e sei que não devo escrever *seriamente*, porque Cley e eu vivemos uma amizade patafísica e a bofetadas, e a única seriedade autêntica desta silhueta entre cortinas ou desencontros tem que nascer de uma confusão total do tempo e espaço, de uma anarquia da escrita pela qual consigam se tecer pássaros e poesia e garrafas de cachaça.

CORTÁZAR, Júlio. "Para uma imagem de Cley". In: *Movimento* n° 67, 11/10/76. p. 20.

2.3. OS TIPOS DE MENSAGENS ESCRITAS

Neste capítulo, examinar-se-ão, com ajuda de exemplos, os diferentes tipos de mensagens escritas definidos a partir da classificação estabelecida em 2.2.4. Os exercícios permitirão passar da análise de textos à sua produção.

2.3.1. A mensagem puramente referencial: informar

Este tipo de mensagem remete à primeira linha do quadro. Aqui, os elementos referenciais são os únicos representados; nenhuma outra função vem imprimir uma orientação particular às "informações brutas". Incluem-se nesta classificação os textos impessoais, objetivos, que têm exclusivamente o propósito de levar ao conhecimento dos leitores informações "puras". Em princípio, nestes textos não se percebe nem a presença do destinador, nem a do destinatário. Mas tais textos, obviamente, são o resultado de um *projeto*: precisamente do projeto de levar a um leitor não definido, mas potencial, um certo número de informações que lhe podem ser úteis de algum modo. A neutralização do destinador está, portanto, inserida nesse projeto; é intencional: a objetividade não é obra do acaso, e sim o resultado de um esforço, de um trabalho – talvez se possa mesmo dizer "de uma ascese". A elaboração de textos "objetivos" mostrará que às vezes é difícil para o destinador – ou "produtor" – do texto não interferir.

Distinguir-se-ão aqui dois tipos de mensagens puramente referenciais: o *informe* e a *resenha*.

a. O informe

Incluem-se nesta classificação os textos que têm por objetivo dar ao leitor indicações a respeito de referentes reais, concretos: fatos, acontecimentos e suas circunstâncias, cifras. Trata-se, em suma, de *pôr a par*, de modo claro e direto. Isto pressupõe fatos simples e relativamente pouco numerosos, uma certo sentido de síntese e precisão, assim como a capacidade de depreender de um acontecimento aquilo que lhe é *essencial* e apresentá-lo com clareza.

Notas informativas, comunicados à imprensa, informes administrativos ou financeiros são exemplos deste tipo de texto, que visa, acima de tudo, a *documentação rápida*.

Exemplos

1. Nota informativa

CASA DA MOEDA DO BRASIL
AVISO

Chamamos a atenção dos interessados para a TOMADA DE PREÇOS nº 432/77 a ser realizada em 06/05/77, conforme EDITAL afixado na Divisão de Aquisições, situada à rua 24 de Fevereiro, 163 – Bonsucesso, relativa à aquisição de ACONDICIONADOR SECADOR DE PAPEL.

DIVISÃO DE AQUISIÇÕES

O Estado de S. Paulo, 20/4/77. p. 46.

2. Informe financeiro

COMPANHIA FERRO BRASILEIRO

Sociedade Anônima de Capital Aberto – Certificado GEME/RCA – 200 – 76/096 – Cadastro Geral de Contribuintes nº 18.977.124/0001-97.

Senhores Acionistas:
CONSIDERAÇÕES GERAIS:
O exercício de 1976 caracterizou-se por um aceitável nível das atividades da Empresa, tendo sido atingidas as previsões estabelecidas no seu orçamento anual. O lucro líquido antes do Imposto de Renda foi de Cr$ 131.022.667,34, do qual se deverão retirar Cr$ 67.511.067,69 para Reserva de Manutenção do Capital de Giro.

A Companhia, esforçando-se por corresponder às demandas para os investimentos programados pelo PLANASA – Plano Nacional de Saneamento, produziu e expediu neste ano 88.947 toneladas, refletindo um acréscimo de 19% sobre o ano anterior, sem aumento ao contribuinte de trabalho. O faturamento líquido correspondente foi de Cr$ 563.115.980,44.

Para o ano de 1977 está sendo previsto um aumento na produção e nas vendas de aproximadamente 7% (em peso), na expectativa de que o mercado permita atingir esse objetivo. Estima-se que o faturamento líquido projetado possa atingir aproximadamente Cr$ 770.000.000,00.

RESULTADOS E FINANÇAS
Em razão das provisões e reservas constituídas, de acordo com a legislação vigente, o saldo à disposição da Assembleia é de Cr$ 36.964.524,51.

As reservas constituídas neste exercício, acrescidas do saldo à disposição da Assembleia, elevarão o valor patrimonial da ação para Cr$ 2,76.

O capital social permaneceu em Cr$ 145.530.000,00 e as reservas, inclusive as parcelas do lucro do exercício já destinadas, atingiram, no encerramento do mesmo, o montante de Cr$ 219.328.793,27.

O Estado de S. Paulo, 20/4/77. p. 25.

Este tipo de texto visa a informar os financistas, os corretores e os acionistas da empresa. O texto contém informações estritamente financeiras (cotação de mercado, lucro, capital de giro etc.) e algumas referentes às atividades da empresa e aos projetos para o ano seguinte. Observar-se-á que a presença implícita do destinatário em potencial (qualquer acionista ou futuro acionista, por exemplo) é de grande importância, sobretudo nas passagens que falam do aumento de faturamento previsto para 1977 e de elevação do valor das ações...

b. A resenha

A distinção entre o informe e a resenha pode parecer um pouco artificial. Sob este último rótulo, colocar-se-ão os textos que se propõem a prestar informações sobre elementos mais complexos e mais numerosos do que os tratados num simples informe. Assim é que se falaria em *informar* a respeito da ocorrência de uma reunião e em *fazer a resenha* de seu desenvolvimento, por exemplo.

A resenha pode remeter a referentes *reais* (sessões, reuniões administrativas, pedagógicas ou esportivas etc.), ou a referentes *textuais* (romances, artigos, filmes etc.). Ao primeiro caso correspondem os textos do tipo *descritivo*; ao segundo, os *resumos*.

A *resenha descritiva* apresenta com precisão e fidelidade os elementos referentes e suas inter-relações. Pode dizer respeito a um *fato* (relato de um acidente: descrição do lugar e dos acontecimentos), uma *atividade* (relato de uma reunião: descrição de seu desenvolvimento), um *objeto* (descrição de um quadro, um móvel, um lugar). Seja como for, o que se está chamando aqui de *resenha* é um tipo de texto que nada deve acrescentar ao tema de que trata, abstendo-se de analisar ou julgar, não criticando, nem louvando: simplesmente expondo alguns elementos.

Exemplos

1. Uma descrição

Um esplêndido exemplar destes edifícios de chácara se encontra em Taubaté: chácara do Visconde, onde, conta a tradição, teria nascido Monteiro Lobato. A área primitiva desta chácara, cerca de 19 alqueires paulistas (24.200m^2) era murada de taipa na banda da cidade e sua sede ficava no meio da gleba. Como se fosse construída numa quina de quadra, duas faces desta residência são fartamente janeladas; as demais se voltam para dois pátios murados: um colocado na banda posterior e parcialmente ajardinado, para o qual se voltam a sala de refeições e as áreas de serviço; outro, lateral, munido de um portão e com um acesso único para a parte de serviço, provavelmente se destinava aos escravos, posto que foram nessas fachadas vistas envasaduras da residência. As paredes exteriores e os muros são de taipa de pilão e as paredes divisórias são de pau a pique.

SAIA, Luís. *Morada paulista*. São Paulo, Perspectiva, 1972. p. 205.

Observem-se o uso do presente e do imperfeito do indicativo, as orações em ordem direta e o vocabulário simples e preciso. O texto não julga; antes, descreve seu objeto minuciosa e impessoalmente.

2. Resenha de um jogo de basquete

Amazonas vence Palmeiras

A vitória do Amazonas por 82 a 71 (38 a 26) ontem (dia 19), em Franca, determinou um torneio extra entre as duas equipes para a definição do título estadual de basquete, em junho. A Federação Paulista de Basquete já adiantou, ao final do jogo, a série de três jogos: um em Franca, outro em São Paulo, e o terceiro, se necessário, em quadra neutra, provavelmente em Campinas, Araraquara ou Presidente Prudente.

Marcaram pontos para o Amazonas: Zé Geraldo (19), Totô (5), Hélio Rubens (21), Fausto (13), Adilson (9) e Robertão (15). Para o Palmeiras: Ubiratã (16), Oscar (29), Gonzales (13), Carioquinha (9), Perroca e Perroquinha (2). Os juízes foram José de Oliveira e Luís Carlos Carvalho e o público foi superior a 3 mil pessoas. A renda atingiu cerca de 45 mil cruzeiros. Poderia ser maior, não fosse um temporal que caiu sobre a cidade antes e durante o jogo.

A partida foi das mais violentas e, para se ter uma noção, Carioquinha e Robertão foram desclassificados com cinco faltas. O Palmeiras perdeu Carioquinha quando faltavam 8'44" e o Amazonas ficou sem Robertão a 5'41" do final do jogo.

No início do segundo tempo, Franca chegou a somar 20 pontos sobre o Palmeiras (48 a 28), mas a partir daí o time de São Paulo foi tirando a diferença e quando restavam 2'30", perdia por apenas 6 pontos. Aí Ubiratã errou um lance, sozinho, embaixo da cesta. Hélio Rubens contra-atacou e definiu o jogo.

Na partida de ontem, o Palmeiras sofreu também a ausência de Albert, que estava contundido e não pôde jogar. Mas contou com Oscar em grande jornada, o que, no entanto, não foi suficiente para evitar a derrota, até certo ponto esperada, pois Franca jogou ao lado de sua torcida.

O Estado de S. Paulo, 20/4/77. p. 32.

Nesta resenha de um jogo de basquete podem-se observar:
– a indicação da data, do lugar, do resultado do jogo e das consequências desse resultado sobre o torneio em que se insere;
– a enumeração dos principais participantes do acontecimento: jogadores que marcaram pontos, juízes e público;
– as referências à renda do jogo e às condições climáticas do dia;
– o relato sucinto do desenvolvimento da partida;
– os comentários puramente informativos a respeito da composição dos times;
– a ausência de intervenções por parte do autor do texto, que se limita a relatar os fatos sem tomar partido.

As resenhas esportivas ou de reuniões (ditas *atas*) são escritas a partir de notas tomadas ao vivo. No caso de uma reunião, estas notas devem conter informações sobre:
– o desenvolvimento propriamente dito da reunião (modo pelo qual foi conduzida, fases, evolução das relações entre os participantes);
– as propostas apresentadas (não é necessário registrar tudo o que é dito; todavia, é preciso captar o essencial, mostrar nitidamente as divergências de opinião e identificar os locutores);
– a conclusão da reunião, que deve ser apresentada em termos bem claros.

Além disso, uma ata deve mencionar:
– data, lugar e hora da reunião;
– natureza da assembleia, identidade dos participantes e da instituição que os reúne;
– causa da reunião (ordem do dia).

Observar-se-á a importância de certos detalhes (a resenha do jogo, por exemplo, ressalta o papel da torcida local): uma boa resenha deve incluir tudo o que realmente importa.

Resumos: O resumo tem por objetivo apresentar com fidelidade ideias ou fatos essenciais contidos num texto. Neste caso levam-se em consideração as opiniões do autor, reproduz-se seu encadeamento e dispensa-se qualquer comentário ou julgamento. A ordem em que as ideias ou os fatos são apresentados é respeitada, no esforço de reproduzir as articulações lógicas do texto. De qualquer modo, "reduz-se" o texto a uma fração de sua extensão original, mantendo sua estrutura e seus pontos essenciais.

No resumo – tal como no informe e na resenha descritiva – a maior dificuldade reside na busca do *essencial* e no cuidado com a *fidelidade*. Não se deve contornar essa dificuldade reproduzindo frases ou partes de frases do texto original, construindo uma espécie de "colagem" que se apresentará como resumo. Trata-se antes de exprimir num estilo objetivo os elementos essenciais do texto (a reprodução das palavras do texto não atesta sua compreensão, e sim o recurso a um estilo excessivamente marcado, que pode pôr em risco a fidelidade ao original).

Qual o método mais eficiente?

– destacar, após duas ou três leituras, a ideia central e o gênero ao qual se filia o texto (panfleto, relato cômico, discurso político etc.);
– ressaltar as articulações e o movimento do texto;
– contra esse pano de fundo, indicar as ideias secundárias;
– redigir o resumo.

Distinguem-se aqui o resumo de um texto dissertativo e o resumo de um texto narrativo de ações reais ou imaginárias (ocorrências policiais, filmes, romances etc.). No segundo caso, trata-se de reduzir ao essencial um encadeamento de ações e de relações entre os personagens, de depreender, por assim dizer, "o esqueleto da intriga". Um bom exemplo deste tipo de resumo encontra-se na redação das *sinopses*, esquemas breves de roteiros de filmes ou mesmo de romances e obras dramáticas.

Exemplo 1

Vejamos como se poderia resumir o texto a seguir:

LASAR SEGALL: UM MUSEU DE PORTAS ABERTAS

É bem provável que grande parte dos frequentadores de museus no Brasil não procure voluntariamente essa instituição cultural. Ao contrário, as visitas a museus, no Brasil, parecem estar invariavelmente associadas a trabalhos e obrigações escolares, em excursões "protegidas" por uma escolta de professores e funcionários em missão obrigatória.

É compreensível, então, que nessas circunstâncias reste pouca simpatia de parte do estudante para com o acervo dos museus; o resto dessa disposição vai ser pulverizado por todo um aparato que sugere quais devem ser as atitudes e comportamentos adequados ao ambiente. Ao visitante dos museus é transmitida a noção de que nesse local carregado de respeitabilidade o melhor a ser feito é observar "muito respeito" , "pouca conversa" e lembrar que "esse é um lugar de contemplação". Atitude semelhante à que se tem numa Igreja, só que nesse caso esse conjunto de normas vai contribuir decisivamente para estabelecer preconceitos em relação à obra de arte que dificilmente serão eliminados.

Com autoridade institucional de que foi investido, o museu de arte representou, pela sua condição privilegiada, uma oportunidade única para sacralizar os objetos selecionados segundo os sonhos e fantasias de uma classe dominante. O museu, em sua forma tradicional, serviu como elemento mistificador da criação artística, além de local onde as pessoas vão à procura de obras "consagradas" feitas por uma elite da qual a maioria da população se sente afastada.

Tornou-se, então, uma tarefa obrigatória dos museus de arte a luta para desmistificar certos conceitos que distanciam o trabalho artístico do "homem comum". É o que vem sendo feito, de várias formas, por várias instituições brasileiras, entre as quais o Museu de Arte Moderna (do Rio de Janeiro), o Museu de Arte Contemporânea da USP (SP) e o Museu Lasar Segall (SP) .

"Lasar Segall: um museu de portas abertas" (fragmento). *Movimento*, n° 93. 11/4/77. p. 14.

A ideia central do texto é clara: trata-se de definir o papel dos museus de arte na sociedade.

Para desenvolvê-la, o autor procede da seguinte maneira:

1° §

Caracteriza as circunstâncias que, no Brasil, mais comumente levam ao museu seus frequentadores habituais.

2° §

Afirma que essas circunstâncias geram atitudes negativas por parte dos frequentadores em relação aos museus.

3° §
　　Mostra que o museu, enquanto instituição, estabeleceu tradicionalmente um distanciamento entre ele mesmo e o grande público.

4° §
　　Conclui que um novo relacionamento entre o museu de arte e a população deve nascer a partir de iniciativa dos próprios museus.

Resumo: Sabe-se que a maioria dos frequentadores de museus no Brasil são escolares que vão lá por obrigação e sob rigorosa vigilância. Em decorrência disso, a atitude mais geral desse público, em relação aos museus, é um misto de má vontade e respeito excessivo. Por outro lado, o museu enquanto instituição constitui-se tradicionalmente em altar de consagração da arte de grupos restritos, inalcançável para o cidadão comum. Cabe, então, aos museus de arte promover o encontro entre a população e o trabalho artístico, como o vêm fazendo o MAM (RJ), o Museu de Arte Contemporânea da USP e o Museu Lasar Segall (SP).

Exemplo 2

　　　　Resumo do livro *O triste fim de Policarpo Quaresma*,
　　　　　　　　　de Lima Barreto.
　　No começo, Quaresma é um pacato cidadão, de hábitos burocraticamente ordeiros, tão metódicos que pela sua chegada podiam os vizinhos regular a hora do jantar. Mas, por suas ideias, por seus livros, pela atmosfera de sua casa, vai o autor insinuando aos poucos a mística patriótica que o desequilibraria. De longe em longe, uma esquisitice explode, acolhe visitantes com cumprimentos usados pelos tupinambás, quer substituir o violão pelo maracá ou pela inúbia. O seu nacionalismo tinha que dar no indianismo, este no requerimento à Câmara pedindo a adoção do tupi como idioma oficial no ofício nesta língua redigido, porque a sua mania, mansa e raciocinante, era de uma lógica implacável. Essas manifestações não seriam de homem de juízo, mas também não eram de maluco completo. O que o afundou na loucura foram as chacotas provocadas por sua iniciativa; mas logo tornou a si. Não era mais doido ao ser internado no hospício do que quando, dado por bom, a mesma mania patriótica o conduz à malograda experiência agrícola, atira-o aos batalhões patrióticos defensores de Floriano e

fá-lo protestar contra as perseguições do governo vitorioso, levando-o à prisão. E até na lucidez final, quando verifica enganoso o patriotismo, revela a mesma lógica antivital: curado do seu amor alucinado pelo Brasil, quer logo destruir a noção mesma de pátria, que se lhe apresenta agora sem consistência racional.

Observam-se neste resumo:
– a caracterização sumária dos personagens;
– a depreensão dos movimentos relevantes da trama;
– o respeito à ordem original desses movimentos.

c. *Descrição e resumo*

Alguns tipos de texto combinam a descrição e o resumo. Um exemplo desse caso é a *ficha de leitura*, que consiste de:
– uma parte descritiva ou de informação pura e simples:
- nome do autor (ou dos autores);
- título exato e completo da obra (ou do artigo);
- nome do editor (ou nome da publicação) e, eventualmente, da coleção da qual a obra faz parte;
- lugar e, sobretudo, data de publicação;
- número de volumes e de páginas.

Estas indicações podem seguir-se de uma descrição sumária da estrutura da obra (divisão em livros, capítulos, índice etc.). No caso de obras estrangeiras é útil informar também a língua da versão original e o nome do tradutor (se se tratar de tradução).
– uma parte com o resumo do conteúdo da obra, que pode também dividir-se em dois momentos:
- uma indicação sumária do conteúdo global da obra ("assunto" tratado) e do ponto de vista adotado pelo autor (tom, gênero, método etc.);
- um resumo que apresenta o essencial e segue o plano geral do texto.

Exemplo

Sousândrade: *vida e obra*. Frederick G. Williams. São Luís, Ed. Sioge, 1976. p. 278.
Tese de doutoramento apresentada na Universidade de Wisconsin, Estados Unidos.

Pesquisa sobre a vida e a obra poética de um dos grandes nomes do nosso romantismo, autor do célebre "O Guesa" (1867-88). Frederick G. Williams aborda: Sousândrade e a tradição romântica, a estilística sousandradina, indianismo e poesia africana, Sousândrade é um poeta bastante estimado por uma certa vanguarda.
Revista de Cultura Vozes, nº 10, ano 70. Petrópolis, Vozes, 1976. p. 46.

Atenção! Notas, comunicados, relatos e resumos devem sempre conter indicações à respeito da origem do texto (nomes, lugares, datas etc.). Estas indicações variam segundo o tipo de texto de que se trata. É preciso salientar, contudo, que um documento em referência está fadado a tornar-se inútil a curto prazo.

d. Exercícios

1

LEI Nº 5.765 – DE 18 DE DEZEMBRO DE 1971
*Aprova alteração na ortografia da língua portuguesa
e dá outras providências.*

O Presidente da República:
Faço saber que o Congresso Nacional decreta e eu sanciono a seguinte lei:
Art. 1º De conformidade com o parecer conjunto da Academia Brasileira de Letras e da Academia das Ciências de Lisboa, exarado a 22 de abril de 1971, segundo o disposto no artigo III da Convenção Ortográfica celebrada a 29 de dezembro de 1943, entre o Brasil e Portugal, fica abolido o trema nos hiatos átonos; o acento circunflexo diferencial na letra *e* e na letra *o* da sílaba tônica das palavras homógrafas de outras em que são abertas a letra *e* e a letra *o*, exceção feita da forma *pôde,* que se acentuará por oposição a *pode*; o acento circunflexo e o grave com que se assinala a sílaba subtônica dos vocábulos derivados em que figura o sufixo *mente* ou sufixos iniciados por *z*.
Art. 2º A Academia Brasileira de Letras promoverá, dentro do prazo de dois anos, a atualização do vocabulário comum, a organização do "Vocabulário Onomástico" e a republicação do "Pequeno Vocabulário Ortográfico da Língua Portuguesa" nos termos da presente lei.
Art. 3º Conceder-se-á às empresas editoras de livros e publicações o prazo de quatro anos para o cumprimento do que dispõe esta lei.

Art. 4º Esta lei entrará em vigor trinta dias após a sua publicação, revogadas as disposições em contrário.
Brasília, 18 de dezembro de 1971; 150º da Independência e 83º da República.
EMÍLIO G. MÉDICI
Jarbas G. Passarinho
(Publicada no *Diário Oficial da União*, de 20/12/1971.)

Estude neste texto – a disposição tipográfica;
 – a estrutura das frases;
 – as funções representadas.
Quais são os objetivos de um texto deste tipo?

2

Redija uma nota informativa destinada a seus colegas de classe ou a seu grupo de trabalho para comunicar uma alteração nos cronogramas.

3

Análise da descrição de uma paisagem.

O maestro embasbacou. No vão do arco, como dentro de uma pesada moldura de pedra, brilhava à luz rica da tarde um quadro maravilhoso, de uma composição quase fantástica, como a ilustração de uma bela lenda de cavalaria e de amor. Era no primeiro plano o terreiro, deserto e verdejando, todo salpicado de botões amarelos; ao fundo o renque cercado de antigas árvores com hera nos troncos, fazendo ao longo da grade uma muralha de folhagem reluzente; e emergindo abruptamente dessa copada linha de bosque assoalhado, subia no pleno resplendor do dia, destacando vigorosamente num relevo nítido sobre o fundo do céu claro, o cume airoso da serra, toda cor de violeta escura, coroada pelo castelo da Pena, romântico e solitário no alto com seu parque sombrio aos pés, a torre esbelta perdida no ar, e as cúpulas brilhando ao sol como se fossem feitas de ouro...

QUEIROZ, Eça de. *Os Maias*. Lello Ed., Porto, 1927. pp. 253-4.

Quais os procedimentos descritivos utilizados nessa passagem?
Tomando como base a descrição objetiva de uma passagem, que problemas o texto apresenta?

4

Elabore um texto descrevendo um lugar conhecido: sala de exibição de um cinema, sala de espera, paisagem vista da janela de sua sala de aula. A seguir, leia o texto produzido, discuta-o com seus colegas e confronte-o com outros textos.

5

Faça a resenha de uma reunião realizada por seu grupo de trabalho ou de um jogo a que você assistiu.

6

Compare o início do resumo de *O triste fim de Policarpo Quaresma* apresentado acima com o que se segue.

O Major Policarpo Quaresma, mais conhecido como Major Quaresma, era subsecretário do Arsenal de Guerra. Era um homem pequeno, magro, que usava *pince-nez*, olhava sempre baixo, mas, quando fixava alguém ou alguma coisa, seus olhos brilhavam penetrantes, como se ele quisesse ir à alma das pessoas ou das coisas que fixava. Esse homem era tão metódico, tão apegado a seus hábitos, que os vizinhos da rua afastada de São Januário, onde morava, marcavam as horas pela chegada ou saída do Major Quaresma.

7

Redija o resumo de um filme à sua escolha, primeiro em algumas dezenas de linhas e depois em cinco linhas.

8

Resuma o texto seguinte, reduzindo-o a um quarto de sua extensão original.

Estou convencido de que o inconsciente representa um papel muito importante – mais do que o escritor geralmente quer admitir – no ato da criação literária. Costumo comparar nosso inconsciente com um prodigioso computador cuja "memória" durante os anos de nossa vida (e desconfio que os primeiros dezoitos são os mais importantes) vai sendo alimentada, programada com imagens, conhecimentos, vozes, ideias, melodias, impressões de leitura etc. O "computador" – à revelia de nossa consciência – começa a "sortir" todos esses dados, escondendo tão bem alguns deles, que passamos anos e anos sem que tenhamos sequer conhecimento de sua existência. Quando, por exemplo, nos preparamos para escrever um romance e começamos a pensar nas personagens, o "computador", sensível sempre às nossas necessidades, rompe a mandar-nos "mensagens", algumas boas – "pedaços" físicos ou psicológicos de pessoas que conhecemos – outras traiçoeiras – recordações de livros lidos e "esquecidos" que nos podem levar ao plágio. Cabe ao consciente fazer a seleção, repelir ou aceitar as mensagens do "computador". Nada do que nos vem à mente é gratuito. Não é possível nem creio que seja aconselhável tentar criar do nada, esquecer as nossas vivências, obliterar a memória.

Muitas vezes leitores me perguntam verbalmente ou por carta se costumo tirar minhas personagens da vida real, isto é, se trabalho *d'après nature*, fotografando a vida. Minha resposta é negativa. Acho o processo de copiar a vida barato e de certo modo indigno. Lembro-me do conselho sobre a arte de representar que, num romance de Somerset Maugham, um homem do mundo dá a uma atriz: "Não seja natural: pareça".

Acredito que qualquer homem inteligente pode escrever um romance, que será necessariamente a história de sua própria vida ou da de alguém que ele conhece de maneira íntima. Mas de romancistas sei que não se podem livrar da própria memória. Na minha opinião, o ficcionista legítimo é um tipo de peixe capaz de sobreviver quando fora das águas da autobiografia. Esta ideia não entra absolutamente em conflito com o que escrevi há pouco a respeito das figuras humanas que me inspiraram certas personagens de *O tempo e o vento*. O ficcionista pode usar uma pessoa que conheceu, mas tendo o cuidado de evitar a fotografia servil. É justamente durante esse processo de "despistamento", ou então no minuto em que o autor resolve criar uma personagem sua, sua mesmo, que o "computador" insidiosamente começa a mandar-lhe mensagens, e o autor corre o risco de usar esses elementos com orgulho demiúrgico, convencido de que está mesmo criando do nada.

Outra coisa: uma vez que o novelista põe de pé uma personagem, esta começa a distanciar-se cada vez mais da criatura da vida real que a sugeriu. Os escritores puramente memorialistas devem achar difícil afastar-se do plano inicial do livro. Traçam para suas figuras um destino irrevogável, ao passo que o romancista verdadeiro – bom ou mau, grande ou pequeno, não importa – esse pode dar-se ao luxo de conceder liberdade às suas criaturas. Não se surpreende nem se irrita quando elas recusam dizer as palavras que eles lhes sopra, ou fazer os gestos que lhes determina. Muito cedo compreendi que quando uma personagem, por assim dizer, toma o freio nos dentes e dispara, deixando-me para trás, é porque está mesmo viva. Dou-lhe carta de alforria e começo a divertir-me com as surpresas que seu comportamento me proporciona.

VERÍSSIMO, Érico. *Solo de clarineta: memórias*. 6.ª Porto Alegre, ed. Globo, 1975. v. I, pp. 293-4.

9

Reduza o texto seguinte a aproximadamente um quarto de sua extensão original. Dê-lhe um título.

Existirá uma linguagem jornalística? Alguns teóricos do jornalismo moderno entendem que sim. Fundamentalmente, a linguagem é uma só. Na literatura médica, na tramitação forense, nos círculos esportivos, como de resto em muitos outros meios de comunicação, há uma terminologia específica que fornece características peculiares a cada ramificação. O jornalismo não tem um glossário próprio. Sua linguagem – a admitirmos que tem uma linguagem – se identifica mais pelo que despreza do que pelo procura.

O jornalismo busca a simplicidade para fazer-se entendido pelo maior número possível de leitores. Nessa busca, é seu dever repudiar não somente a adjetivação opinativa como toda e qualquer expressão que possa tornar penosa a leitura do jornal ao homem comum. O bombástico, o grandiloquente, o pejorativo, o intelectualismo, o cientificismo, o apoteótico, o falso pitoresco, o pseudofolclórico, não se enquadram na tessitura da notícia.

A coisa mais importante na imprensa é a notícia. Sua força é tão poderosa que ela vence qualquer texto mal elaborado. Isso explica por que não apenas os jornais bem redigidos dispõem de um público. É que a notícia sempre vence na luta que trava diariamente contra os repórteres e os redatores. Mesmo nos pequenos jornais, que ainda não descobriram a importância do *lead*, ela se insinua com um poder de afirmação que surpreende os mais experimentados no *métier*.

É claro que a embalagem é importante. Do ponto de vista estritamente comercial, não há dúvida de que a lata garante o produto. Mas, fundamental mesmo é o produto. Assim é a notícia. Nós procuramos envolvê-la com uma linguagem clara, objetiva, concisa, para atingir, de maneira mais direta, o cliente. Mas não temos a pretensão de estar criando uma linguagem, sequer um dialeto. No meio industrial não existe ainda um idioma das latas. No meio cultural não existe uma língua de jornal.

A linguagem é a mesma para todos. Sua funcionalidade, sua capacidade de penetração, sua comunicabilidade, estão intimamente vinculadas à sensibilidade e ao nível cultural de quem a manipula. Bom jornalista é aquele que, além da informação, possui condições de transmitir essa informação em linguagem acessível ao mercado comprador. Para isso, ele deve ter tido no passado e precisa manter no presente um contato íntimo com os chamados bons autores. Só quem está familiarizado com os textos dos mestres do idioma pode manejar com segurança a parte que lhe toca.

No trabalho de apresentação da notícia, o jornalista é mais autêntico quanto mais se reveste de humildade. Ele precisa ser impessoal, plano, reto, inteiramente destituído de preconceitos ou ideias preconcebidas para evitar, em qualquer hipótese, o impulso instintivo que resvala na participação. A notícia não é privilégio de ninguém, não tem dono, não aceita tutela. É inútil tentar subjugá-la, submetê-la a interesses, adaptá-la a contingências, forjá-la ou escondê-la. Ela é a verdade e, como verdade, se impõe sobre o circunstancial e o efêmero.

Cônscio de sua responsabilidade no manejo de tão perigoso material, o jornalista é obrigado a apurar cada vez mais o instrumento de trabalho para que a sua missão não seja frustrada. E é aí que ele precisa ter à mão os elementos imprescindíveis à transmissão de sua mensagem: um vocabulário enxuto, que contenha os termos essenciais a uma comunicação com as massas, e o bom gosto indispensável à administração da linguagem.

Não basta, porém, saber escrever para escrever em jornal. O jornalismo tem os seus macetes, ou os seus truques. E o primeiro desses truques, sempre com base na humildade, é o de não ostentar o que se sabe. Assim conseguimos eliminar, de início, o literário, da mesma forma como a poesia moderna desidratou o verso da musicalidade parnasiana.

Ser simples é muito complicado. Na era das excursões interplanetárias, o homem ainda conserva muito de seu primitivismo da caverna. O vício de fumar, por exemplo, parece ser mais uma necessidade objetiva do que subjetiva. O homem recorre ao cigarro não tanto para suspirar, como quer Mário Quintana ("fumar é uma forma disfarçada de suspirar"), mas para ocupar as mãos. Ninguém sabe o que fazer com as mãos. A alfaiataria tentou solucionar o problema, mas os manuais de boas maneiras logo condenaram a mão no bolso. No Colégio Marista, onde estudei, o gesto era considerado imoral.

O jornalista tem que aprender logo a não meter os pés pelas mãos. Um breve manual de regras é imprescindível à padronização do noticiário quanto à forma. Mas aí também é preciso ter sensibilidade e bom nível cultural, a fim de que as formas não se reduzam a formas, em detrimento do conteúdo. O perigo das regras se localiza na sua interpretação.

É preciso ter senso para saber quando e como usá-las. As generalizações são sempre nefastas. Por elas acabamos nos enredando num círculo euclidiano, sem qualquer possibilidade de criar.

Se os critérios fossem estáticos, e não dinâmicos, formaríamos turmas de jornalistas com maior facilidade. Bastaria ensinar aos candidatos as regras elementares do *lead*, a farsa estética do *sublead* e algumas noções das técnicas de pôr títulos. Mas é preciso um pouco mais do que isso. É preciso talento e capacidade de julgar. O tratamento de um texto varia conforme os valores factuais. A leveza que se sugere para uma notícia sobre um espetáculo de *ballet* não funciona na elaboração de uma reportagem sobre a reunião do Conselho de Segurança Nacional.

Condicionada aos fatores de tempo e espaço, a notícia está sujeita, desde o seu nascimento até a sua afirmação na calandra, à mobilidade dos critérios, dos quais depende o seu êxito ou o seu fracasso. O jornalismo é talvez a única profissão em que somos testados diariamente, a cada instante. O jornalista tem por obrigação ser inteligente durante pelo menos todo o seu horário profissional. Um simples lapso seu – como deixar de ler os jornais do dia – influirá decisivamente na apresentação da notícia. Ele pode estar se considerando genial ao "descobrir" um *lead* oculto quando, no fundo, apenas terá se deixado envolver pela falta de informação, tratando como fato novo uma suíte.

Cito esse exemplo para destacar a importância dos critérios pessoais na formulação do noticiário. A notícia vence sempre, conforme destaquei, mas o jornalista deve empenhar-se a fundo para que essa vitória seja brilhante. É aí que surge a necessidade da chamada linguagem jornalística: ser seco, sem ser insensível; ser simples; sem ser banal; ser ágil, sem ser trapalhão.

A língua adotada, por exemplo, no *Jornal do Brasil*, é o português. As *Normas de redação do JB* não são um código cifrado para iniciados, não são um dialeto privativo da equipe. Isso, é óbvio, neutralizaria qualquer tentativa de comunicação com o público consumidor. Dentro da lei, o *JB* orienta sua escrita pelo acordo ortográfico celebrado entre as Academias de Letras do Brasil e das Ciências de Portugal. A ortografia é a que se exige de todos os brasileiros alfabetizados: a que está contida no *Novo Dicionário da Língua Portuguesa* e no *Novo Vocabulário Ortográfico*, de Aurélio Buarque de Holanda. Não usa assim uma língua diferente. Apenas procura seguir à risca as determinações dos filólogos e lexicógrafos. Não lança neologismos e mesmo a gíria consagrada é tratada com muita reserva.

As lições de contenção e despojamento que aprendemos nas bancas redacionais são úteis fora da área jornalística. São qualidades que podem servir perfeitamente como equipamento a qualquer aspirante à literatura. Nos seus laboratórios de pesquisa, os jovens poetas estão fazendo o mesmo: dissociando a palavra de todos os acessórios para exibi-la incólume, intacta, neutra, pura, plena, integral. Exibir triunfalmente a notícia com essas características é o grande prêmio a que deve aspirar o jornalista.

BURNETT, Lago. *A língua envergonhada.* Rio de Janeiro, Nova Fronteira, 1976. pp. 33-6.

10
Faça apreciações sobre a seguinte ficha de leitura:

Avaliação de desempenho humano na empresa. Cecília Whitaker Bergamini. p.188.

– O livro é fruto de cinco anos de pesquisas junto a grandes empresas brasileiras. A A. é professora na PUC de São Paulo e chefe da divisão de Recursos Humanos da Companhia Metropolitana de Águas de São Paulo. Abordam-se aqui diversos assuntos em torno do mesmo tema: a implantação do sistema na empresa e seus cuidados especiais, as diferenças individuais, suas causas e sua avaliação, a confecção do instrumento de avaliação e suas especificações, a seleção e o treinamento dos supervisores como avaliadores do desempenho.

11
Faça a ficha do último livro que você leu.

2.3.2. A função fática nas mensagens escritas: facilitar a comunicação

Lembrete de definição: tudo que numa mensagem se destina a atrair a atenção para estabelecer um contato e mantê-lo, tem uma função fática (1.6.1). Os elementos fáticos das mensagens atentam para o bom funcionamento e a existência de canais físicos e de contato psicológico.

Sabe-se que na escrita é difícil verificar o funcionamento do canal físico (uma vez que, como se disse em 2.1.5b, a comunicação é "diferida") e do contato psicológico (uma vez que o emissor não pode controlar a atenção do leitor-destinatário). Há, porém, certas técnicas que têm o efeito de facilitar a comunicação, e mesmo de provocá-la ou retomá-lá. Chama-se *legibilidade* à qualidade de um texto que permite uma leitura fácil; esta facilidade de leitura conduz a uma maior e sobretudo mais rápida compreensão da mensagem. Dois fatores influem decisivamente no grau de legibilidade de um texto: a construção e a (tipo)grafia.

a. A construção do texto

Trata-se aqui de estudar não as representações gráficas, mas o problema da escolha das palavras e das estruturas frasais.

Estão em andamento pesquisas que têm por objetivo fixar, de maneira científica, aquilo que poderíamos chamar de "leis de legibilidade" de um texto. Já se chegou a alguns resultados. Assim, no que diz respeito à *escolha de palavras*, sabe-se que as palavras mais rapidamente percebidas são:
– as palavras curtas (as palavras longas exigem um maior esforço de decodificação);
– as palavras antigas (as palavras novas se impõem com dificuldade);
– as palavras de formas simples (prefixação, sufixação e composição prejudicam a legibilidade);
– as palavras cuja *polissemia* é importante (chama-se *polissemia* à possibilidade de uma palavra assumir várias significações; quanto maior for a polissemia, mais frequente será o emprego da palavra e tanto mais legível será ela: é o caso do verbo *fazer*; a polissemia poderia provocar uma hesitação acerca do sentido da palavra, mas na verdade o leitor define o sentido exato, apoiando-se no contexto).

Por conseguinte, se há o objetivo de compor uma mensagem legível, ter-se-á o cuidado de excluir as palavras longas, as palavras raras e as palavras complexas.

Por fim, certas palavras redundantes podem facilitar a comunicação. Um texto do qual se elimina toda a redundância torna-se excessivamente denso: a leitura fica mais demorada e a compreensão, mais difícil. Assim, há interesse em *repetir* certas palavras capitais para a compreensão da mensagem, em marcar as articulações do pensamento e da frase, e mesmo em dar um cunho pessoal à mensagem. Por outro lado, o *texto arrastado* arrefece muito rapidamente a atenção do leitor.

A escolha de *estruturas de frase* não é menos importante. Trata-se aqui de levar em conta a capacidade do leitor de perceber e memorizar um conjunto de palavras. Esta capacidade varia, segundo a experiência e o grau de escolarização, entre 10 e 30 palavras. Isto não quer dizer que só se deve construir frases com um número de palavras compreendido nessa faixa; na verdade, tudo depende do tipo de mensagem e do público a que se destina (ver os exercícios). Deve-se proceder de modo que:

– a construção das frases deixe transparecer nitidamente suas articulações;

– a extensão das proposições não ultrapasse a capacidade de leitura acima referida;

– as palavras gramaticalmente (inter)dependentes não estejam muito afastadas umas das outras;

– as palavras mais importantes para a compreensão da mensagem sejam colocadas judiciosamente (de preferência na primeira metade da frase ou proposição);

– a estrutura geral da frase seja *conhecida* e permita, assim, ao leitor prever a categoria das palavras que se seguem antes mesmo de lê-las: uma sintaxe rebuscada torna imprevisível o desenvolvimento da frase e perturba sua legibilidade; os clichês e as redundâncias, ao contrário, facilitam a leitura (ver 1.2).

Não é preciso dizer que essas leis se referem à elaboração de uma mensagem simples, destinada à ampla difusão, visando, acima de tudo, a eficácia. Certas mensagens – científicas, filosóficas, literárias – não poderiam submeter-se a tais regras sem um considerável empobrecimento. Ainda assim, é sobre estas bases que se têm reescrito textos complexos, para torná-los mais legíveis: é desta maneira que se reescrevem certas obras literárias para torná-las acessíveis às crianças (ver os exercícios).

Exemplo 1

A diferencialidade da arte como tipo de sistema retórico resultava deste dilema e compromisso. Daí se o formalismo se define como corrente morfológica, esta por sua vez se especifica como uma hermenêutica parcialmente esvaziada, hermenêutica que evacuou o semântico. A estilística representa a leitura hermenêutica plena – restitui o saber que o sujeito criador investiu no objeto – que trabalha pela constituição de um texto segundo, "compreensivo", montado sobre o texto primeiro, glosa sofisticada que "interpreta" o que o autor quis dizer, passando do explícito ao mais explícito.

LIMA, Luís Costa. *Estruturalismo e teoria da literatura*. Petrópolis, Vozes, 1963. p. 163.

As dificuldades de leitura deste texto decorrem:
– do emprego de termos raros e especializados (*formalismo, morfológico, hermenêutica* etc.);
– do emprego de palavras longas (mais de três sílabas);
– do emprego de palavras complexas pela forma *(diferencialidade)*;
– da construção complexa dos períodos.

Exemplo 2

Quando as soalheiras escaldantes zimbram as abundantes invernadas que margeiam o caminho, estorricando os capinzais, sutilizando em ondadas de pó a terra vermelha das estradas, procurando haurir, indessedentáveis, até a última gota de seiva da vegetação causticada, para aquele que andou longo percurso à inclemência do sol a porteira é uma surpresa e uma delícia. A urdidura das copas é impenetrável; das barrancas revestidas da verde cabelugem de avencas e musgos, poreja continuamente um pouco de umidade que não chega para empapar a terra mas sobeja para fazer da temperatura carícia e voluptuosidade para a epiderme. As próprias borboletas comprazem-se nessa nesga de sombra ilhada aí providencialmente; quem passa vê-as no chão úmido aos enxames, pintalgando a terra como pétalas soltas espalhadas pelo vento, pétalas de tonalidades vivas, com predominância do amarelo canário e vermelho de fogo.

RANGEL, Godofredo. *Vida ociosa*. São Paulo, Melhoramentos, s/d. p. 22.

Também, neste texto, a escolha das palavras e das estruturas não favorece a legibilidade. Observem-se:

– o emprego de termos raros, de preciosismos (*soalheiras, zimbram, haurir, poreja* etc.);
– o emprego de formas complexas *(indessedentáveis)*;
– a abundância de detalhes e comparações que quebram a continuidade das frases (por exemplo, observe-se a extensão da subordinada introduzida por *quando* no primeiro período).

Não se quer aqui criticar ou depreciar os textos dessa natureza, mas tão somente constatar que sua leitura exige um determinado tipo de esforço que o romancista, o filósofo, o teórico têm o direito de esperar do leitor. É claro que as mensagens que visam à eficácia, à rapidez de compreensão devem adotar um estilo diferente.

b. *Exercícios*

1

Inúmeras são as problematizações provocadas pelos questionamentos que se operam a partir da estruturalidade econômica e ideológica dos quadrinhos. Esta estruturalidade, em sua variante externa, presentifica-se nos lançamentos das editoras. Cumpre, assim, destacar uma trajetória editorial (no Brasil) dentro da dinâmica da cultura de massa, apontando os seus momentos mais expressivos; momentos formuladores de uma evolução formal da linguagem dos quadrinhos.

CIRNE, Moacy R. *A linguagem dos quadrinhos*. Petrópolis, Vozes, 1973. p. 10.

Faça apreciações sobre a legibilidade do texto, observando as palavras e as estruturas de frase empregadas.

2

Tente reescrever, aplicando as leis de legibilidade definidas acima, os textos citados de Godofredo Rangel e Moacy Cirne.

3

Compare os dois textos abaixo.
Analise com precisão os procedimentos de reescritura e simplificação (vocabulário, nível de língua, diferenças de legibilidade: escolha de palavras e estruturas sintáticas).
Do texto original ao texto reescrito houve uma deformação profunda?

EM QUE SE CONTA A DESGRAÇADA AVENTURA QUE A D. QUIXOTE OCORREU COM UNS DESALMADOS YANGUESES

Conta o sábio Cid Hamete Benengeli, que assim que D. Quixote se despediu dos seus hospedeiros, e de todos os que se acharam ao enterro do pastor Crisóstomo, ele e o seu escudeiro se entranharam no mesmo bosque onde tinham visto desaparecer a pastora Marcela; e, havendo andado por ele passante de duas horas a procurá-la por todos os sítios, sem poderem dar com ela, chegaram a um prado cheio de viçosa erva, por onde corria um arroio fresco e deleitoso; tanto, que incitou e obrigou a passarem ali a hora da sesta, que já principiava de apertar.

Apearam-se; e, deixando o jumento e Rocinante à vontade pastar de muita verdura que por ali crescia, foram-se aos alforjes, e, sem cerimônia alguma, em boa paz e sociedade, amo e servo comeram do que neles acharam.

Não tratara Sancho de pear o Rocinante, em razão de o conhecer por tão manso e pouco rinchão, que as éguas da devesa de Córdova o não fariam desmandar-se. Ordenou pois a sorte, e o diabo (que nem sempre dorme), que andasse então por aquele vale pascendo uma manada de poldras galisianas de uns arrieiros yangueses, os quais têm por costume tomarem com suas récovas a sombra no verão em sítios mimosos de erva e água; e aquele onde acertou de estar D. Quixote era um desses.

Sucedeu que ao Rocinante apeteceu refocilar-se com as senhoras facas; e, saindo, apenas as farejou, do seu natural passo e costume, sem pedir licença ao dono, deu o seu trotezinho algum tanto picadete, e foi declarar a elas a sua necessidade. Elas porém, que pelas mostras deviam ter mais vontade de pastar que de outras coisa, rece-

GRANDE COMBATE COM ARRIEIROS. PANCADARIA EM D. QUIXOTE E SANCHO

No dia seguinte, bem madrugada, D. Quixote e Sancho despediram-se dos bons cabreiros e puseram-se a caminho. Depois de atravessada uma extensa floresta, saíram num campo, através do qual corria um riacho de águas límpidas. Tão formoso lhes pareceu o sítio que apearam e soltaram as cavalgaduras para que pastassem livremente.

Amo e escudeiro sentaram-se na relva macia e abriram os alforjes, porque a ceia da véspera já estava digerida. Comeram com bom apetite. Confiado no bom gênio de Rocinante, Sancho deixou-o completamente solto – e disso veio desastre, porque, aparecendo um bando de animais, o cavalo correu a brincar com eles. Esses cavalos, porém, estavam com fome; queriam capim e não pândega; de modo que receberam o feixe de ossos a coices e mordidas, escangalhando-lhes os arreios. Os donos dos animais, vendo aquilo, correram de pau em cima do intruso. Ora, além

beram-no com as ferraduras e à dentada, de modo que em breves audiências lhe rebentaram as silhas, e o deixaram sem sela e em pelo. O que porém mais o deveu magoar foi, que, vendo os arrieiros que se lhes iam forçar as éguas, acudiram com arrochos; e tanta lambada lhe deram, que o estenderam no chão numa lástima.

....

CERVANTES, Miguel de (Cervantes) Saavedra. *D. Quixote de La Mancha*. v. 1. Lello Ed., Porto. S/D. (Trad. Viscondes de Castilho e de Azevedo.) pp. 125-6.

de coices, receber pauladas, era muito para Rocinante. O pobre cavalo caiu por terra, derreado.

LOBATO, Monteiro. *D. Quixote das crianças*. São Paulo, Brasiliense, 1974. p. 47.

4
Compare os textos seguintes. Faça apreciações sobre a legibilidade de cada um. Que conclusões poderia você tirar sobre a popularização de conhecimentos científicos?

Texto 1

Autismo (Sinônimo: Introversão)
  Polarização de toda a vida mental de um sujeito em torno de seu mundo interior e perda do contato com mundo exterior. O doente vive com o mundo familiar de seus desejos, de suas angústias, de sua sensibilidade e de sua imaginação: para ele estas são as únicas realidades. O mundo exterior é apenas uma aparência ou quando muito um mundo sem possibilidades de intercâmbio com seu. Esta atitude torna o doente absolutamente impenetrável e seu comportamento, incompreensível.
  Nos casos menos caracterizados, os contatos entre o mundo interior e o mundo exterior são ainda possíveis, mas o doente sofre por não poder exteriorizar sua sensibilidade através de expressões adequadas e, por outro lado, o mundo exterior o agride constantemente e obriga-o a se entrincheirar em sua torre de marfim.
  A *introversão* de Jung é, certamente, uma tendência ao autismo, uma tendência a dar precedência aos valores subjetivos em relação aos valores objetivos.
  O autismo é um dos elementos fundamentais da *estrutura esquizofrênica*. O autismo do esquizofrênico distingue-se de outras formas de vida interior normal ou subnormal.

(Th. Kammerer)

Kanner descreveu, em 1943, um autismo infantil precoce, que considerou perturbação autônoma, emergente por vezes no primeiro ano de vida, que pode acarretar incapacidade de estabelecer relações normais com o ambiente, sugerindo retardamento ou surdez. As crianças afetadas por essa perturbação – crianças "dentro de uma concha" – têm fala e memória discordantes, necessidade de rotina comportamental e indiferença aparente para com o ambiente. Os pais de tais crianças são geralmente inteligentes, mas dados ao excesso, à abstração.

(M.P.)

POROT, Antoine. *Manuel alphabétique de psychiatrie clinique et thérapeutique*. Paris, Press Univ. de France, 1969. p. 73.

Texto 2

Autismo infantil: um dos males da falta de amor

Olhos inteligentes, físico harmonioso e, com frequência, particularmente bonito, ele tem mãos ágeis, manipulando com destreza e minúcia os pequenos objetos que o cercam e que teima em dispor sempre na mesma ordem. Fala de si mesmo na terceira pessoa, manifesta uma profunda indiferença por todos e, quando não permanece mudo, expressa-se através de uma linguagem tão peculiar quanto seus gestos, caracterizados pela aparência ritualística. Ele sofre de *autismo infantil*, um dos males da falta de amor.

Muito semelhante à esquizofrenia, o autismo infantil vem sendo estudado intensivamente desde o início do século, mas os especialistas até agora não chegaram a uma conclusão quanto à determinação de suas causas. Provocando um total fechamento da criança em si mesma e fazendo-a rejeitar com violência o meio ambiente, o autismo geralmente manifesta-se em uma fase mais adiantada do desenvolvimento. Mas pode também aparecer na infância precoce, quando já se observa a dificuldade de relacionamento das suas vítimas, que, no Brasil, segundo o Dr. Josief Fainberg, são muito poucas.

O bebê – afirma o neuropsiquiatra – não reage aos barulhos, por mais ruidosos que sejam, não responde à voz materna com o olhar, e quando tomado ao colo não se adapta ao corpo que tenta aconchegá-lo.

O aparecimento do autismo, entretanto, é bem mais comum entre os três e cinco anos de idade, quando se anuncia através de uma forte regressão. A criança pode mesmo ter sido considerada precoce por seus pais e professores até o aparecimento dos sintomas da doença. Muitas vezes, com uma capacidade de memorização fora do comum, ela é capaz de decorar poemas inteiros, de saber o nome de todos os seus colegas de turma, de dizer a cor dos olhos de cada um e de descrever uma a uma as peças de suas roupas. Mas demonstra uma enorme dificuldade de relacionar-se com eles e com todos os demais.

De fato, as pessoas carecem de importância no universo dos autistas, povoado apenas de objetos que são mantidos sempre na mesma ordem. A criança é capaz de passar horas inteiras manipulando-os em um ritual que jamais é modificado. Ela pode, por exemplo, passar toda uma tarde dispondo em círculo os cubos que estão empilhados, para depois recomeçar tudo incansavelmente. E quando alguém tenta introduzir alguma mudança no seu mundo, ela reage com fortes manifestações de birra.

A necessidade quase que absoluta de imutabilidade é outra das características fundamentais do autismo, que provoca também uma diminuição aguda das reações físicas de suas vítimas. Insensível às solicitações das pessoas que a cercam, a criança autista tem igualmente diminuída sua sensibilidade física, podendo permanecer com as mãos sobre uma chapa quente até a formação de bolhas sem demonstrar sentir nenhuma dor. E sua linguagem, jamais usada para comunicar, é bastante especial: os pronomes são sempre trocados, com a primeira pessoa sistematicamente substituída pela terceira; em certas frases, o *não* é constantemente empregado em lugar do *sim* e, em muitos casos, a criança é vítima da ecolalia, limitando-se a repetir palavras ou frases ouvidas com frequência.

Não se chegou ainda a uma conclusão sobre as causas do autismo, apesar das pesquisas que vêm sendo constantemente desenvolvidas, em vários países, sobretudo na França e nos Estados Unidos. Mas, se a maioria dos especialistas divide-se quanto à importância a ser dada aos fatores orgânicos e emocionais, em pelo menos um ponto eles estão de acordo: um dos principais responsáveis pela doença é certamente a carência de afeto. Kanner, o primeiro estudioso a descrever os sintomas do autismo, já mencionava os *pais refrigeradores*, que consideram os filhos meros complementos do matrimônio, incapazes de uma aproximação maior com os membros mais novos da família.

Quando aparece ainda na infância precoce, o autismo atinge mais comumente os bebês prematuros, submetidos logo após o nascimento a longos tratamentos em incubadeiras e afastados, por isso, do contato materno. Ou então os recém-nascidos que vivem, como o denominam muitos terapeutas, em um *hospital intrafamiliar*: quase que completamente segregados, eles permanecem em seu berço, só recebendo alguma atenção durante os momentos em que são limpos ou alimentados. Carecem de comprovação as afirmativas de que o autismo poderia ser provocado por causas orgânicas. O estudo dessa hipótese, entretanto, merece ainda toda a atenção dos especialistas, assim como o exame da psicogênese familiar, até a segunda geração que antecede a vítima da doença.

As várias hipóteses levantadas quanto à causa do autismo – fragilidade inata, rejeição violenta, às vezes quando o bebê ainda está no útero, abandono ou morte dos pais – desembocam quase todas em um ponto comum: a falta de amor. Sentido-se pouco amada, a criança rejeitaria o mundo exterior como uma maneira de defender-se contra a carência afetiva e colocaria todas as suas atenções sobre os objetos que, ao contrário das pessoas, jamais poderiam rejeitá-las.

....
Ciano Norões. Em *Pais e Filhos*, nº 10, ano 8. Junho/1976. pp. 60-2.

5 Reescreva o texto abaixo, tentando aplicar as técnicas depreendidas do exercício anterior.

Predição do desenvolvimento do comportamento, a partir dos movimentos do feto.

Richards e Newberry, da Fels Foundation do Antioch College, verificaram que os movimentos do feto no útero prenunciam o seu ritmo de desenvolvimento comportamental depois do nascimento.

Com intervalos de uma semana, durante os últimos dois meses de gravidez, 12 mulheres descreveram todos os movimentos fetais que sentiam durante um período de cinco horas. A partir dessas descrições, cada feto recebeu um resultado de "movimento fetal", em função do número médio de minutos em que estava ativo, em um período de dez minutos.

Seis meses depois do nascimento, os nenês eram testados, utilizando-se para isso a escala Gesell de desenvolvimento, que consiste em tarefas tais como colocar um objeto numa xícara, sentar sozinho, procurar um objeto derrubado etc. Os resultados mostraram uma correlação positiva (aproximadamente 0,65) entre o resultado do movimento fetal e a realização na tabela de Gesell. Por exemplo, as crianças que conseguiram realizar o teste de colocar o objeto numa xícara, tinham obtido um resultado de 5,76 do movimento fetal; as que não conseguiram realizar a prova tinham um resultado de 3,31. Os que conseguiram "sentar sozinhos" tinham tido um resultado de 4,88, e os que não o conseguiram, resultado de 2,90.

A EXPRESSÃO E A COMUNICAÇÃO ESCRITAS

Os pesquisadores sugerem a seguinte interpretação: os movimentos sentidos pela mãe indicam o nível de desenvolvimento do comportamento generalizado do feto. A partir de tal comportamento generalizado se diferenciam os vários movimentos motores específicos do nenê. Portanto, quanto mais adiantado esteja o organismo no desenvolvimento de seu comportamento *generalizado*, tanto mais cedo se diferenciam seus movimentos motores *específicos*.

KRECH, David e CRUTCHFIELD, Richard S. *Elementos de psicologia.* v. II. São Paulo, Pioneira, 1963. (trad. Dante Moreira Leite e Míriam M. Leite.) p. 281.

6

Observe os recursos empregados no texto publicitário reproduzido abaixo, para atrair a atenção do destinatário.

Horror na cobertura.

Madame é rica, muito rica, riquíssima.
Madame acorda todos os dias e tudo o que tem a fazer é gastar 5 mil cruzeiros.
Madame tem um cachorrinho (Charles Bronson), minúsculo.
Madame, Charles Bronson na palma da mão, diz: olha o Charles Bronson, que lindinho!
E todo mundo: onde?, onde?, onde?
Tão pequeno que nem pulga cabe.
Porque, meu bem, você não deve chamar um cachorro que tem a cara de Charles Bronson de Charles Bronson!
Seria óbvio.
Coisas de madame.
Madame e Charles Bronson, tudo bem.
Tudo bem, uma ova.
Não é então que madame foi visitar seu novo lar, uma cobertura que tinha acabado de comprar de um candidato derrotado em nossas últimas eleições? (Nada mais por cima do que uma cobertura.)
E que logo ao entrar na cobertura Charles Bronson pula do colo de madame e corre pra fazer xixi na piscina?
E madame aflita gritando auauau.
E uau!, a cobertura é grande, tão grande que o eco responde AUAUAU.
E Charles Bronson, morto de medo, foge pro terraço.

E justamente aquele foi o dia em que mais ventou, e o vento levou Charles Bronson!
E madame pede pelo amor de Deus que o vento o leve pelo menos para um bairro chic.
Granja Viana, por exemplo.
Au contraire, o vento aquele dia estava levando tudo pra Vila Mangalot.
Madame, um desespero, pede ajuda às agências de propaganda.
Vai direto à Seção Oportunismo.
Conta tudo, em prantos.
Sinto muito, diz o moço, só estamos anunciando pombos.
Mas ele vooou!, responde madame com uma certa lógica.
Voar, voou. Mas pombo seguramente não é!
Charles Bronson, babau.
Agora madame quer vender a cobertura. Faz qualquer negócio.
Ei não fique com remorso de se aproveitar da situação de madame.
Ela está se lixando pra dinheiro.
Está morando no prédio da cobertura (Rua Guanará, Jardim Paulista).
Só que no térreo mesmo.
Melhor ligar antes (852-4228 e 853-4593), marcando entrevista.
Madame agora tem uma bull-dog de 98 quilos, chamada Twiggy.
Essa só voa de avião.

2.3.3. A função expressiva nas mensagens escritas

A função expressiva intervém numa mensagem toda vez que o destinador manifesta seus pensamentos, opiniões ou reações relativamente ao conteúdo desta mensagem. Os elementos expressivos indicam a presença, a existência do destinador. Introduzem a subjetividade na mensagem. Esta subjetividade pode tomar conta de toda a mensagem, que se torna então o veículo da expressão pessoal do destinador (carta), ou, intervir diretamente ou de maneira disfarçada. Diferentes atitudes do destinador determinam diferentes mensagens expressivas:

a. A mensagem de caráter pessoal: carta

É claro que não poderão ser fornecidas aqui indicações precisas sobre as técnicas da expressão pessoal que, por definição, variam de acordo com os indivíduos: a correspondência íntima não é nossa especialidade. Entretanto, citaremos esta interessantíssima análise da carta de amor extraída do dicionário sobre a *Comunicação* dirigido por *Abraham Moles* (CEPL, 1971).

CARTA DE AMOR (LOVE LETTER – LIEBESBRIEF)

Tipo de mensagem de conteúdo *estético* e muito *redundante* que constitui uma parte notável das relações interindividuais.

A carta de amor é o exutório do tímido, o desabafo do apaixonado, a confissão simples de um ser que nutre um sentimento por um outro ser, em geral do sexo oposto. A originalidade desta carta reside na *pobreza do conteúdo semântico* dos temas desenvolvidos: a mensagem é sempre a mesma; quer-se provar e dizer que se *ama*. Este elemento é redundante. Ele se repete em cada linha com recursos estilísticos diferentes, com imagens, comparações que, bem frequentemente, giram no vazio. Nela, as noções de percepção e de subjetividade são importantes. Se o destinatário da carta de amor compartilha os sentimentos do autor, vai ler um texto irrepreensível e envolvente: o *conotativo* toma conta de tudo. Se, por acaso, os sentimentos não são compartilhados, a carta será julgada com rigor e será considerada banal, vazia e sem valor literário ou afetivo. O indivíduo rejeita o conteúdo de uma mensagem, no sentido concebido pelo remetente, que ele não deseja receber.

A carta de amor é, então, um sistema informativo, situado no quadro de uma comunicação bilateral, se a densidade de sentimentos compartilhados for igual de ambas as partes. Uma carta de amor entendida como uma comunicação unilateral arrisca-se a representar uma verdadeira catástrofe para seu autor, catástrofe sentimental afetiva, que pode muitas vezes ter consequências drásticas por toda sua vida. Tudo isto, unicamente porque o indivíduo crê oferecer uma dádiva e não admite, em todos os sentidos, e com todas as nuanças psicológicas implicadas pelo ato que ele empreende, que alguém possa recusar esta dádiva (dádiva de si que também pode ser um desejo latente de posse de outro).

A carta de amor se torna uma instituição social, na medida em que não se pode, ou não se deve, declarar a paixão apenas oralmente. Declará-la por escrito é mais sério e permite melhor ao outro imbuir-se da importância da mensagem emitida.[1]

Entretanto, a carta de amor, cara aos românticos, tende a rarear, correlativamente ao desenvolvimento da comunicação de todas as espécies, principalmente o *telefone* e os transportes rápidos (veículos automotores, aviões).

O amor, nos romances e *filmes* modernos, não mais se baseia em troca de correspondência: o *herói* apaixonado, para declarar sua paixão ou dar uma prova de amor, salta num avião, se põe ao volante de seu carro ou envia um telegrama.

b. A expressão do juízo: a resenha crítica

Ao contrário da resenha "objetiva" (2.3.1), a resenha crítica abarca as reações e opiniões do destinador a respeito do assunto de sua mensagem. Não é suficiente descrever; é preciso julgar. Mas é necessário distinguir graus de subjetividade ao julgamento. Certos julgamentos são inteiramente pessoais e só exprimem o sentimento de seu autor (julgamentos do tipo "eu gosto ou eu não gosto", emitidos em nome dos gostos pessoais do crítico). Outros julgamentos ou críticas podem ser feitos relativamente a um certo número de elementos "objetivos": assim é que se condenará a condução inadequada de uma reunião em nome das suas regras de conduta, culpar-se-á a técnica falha de um filme em nome das regras de técnica cinematográfica etc.

Não é preciso dizer que o julgamento puramente subjetivo tem apenas um valor limitado e só é eficaz na medida em que os leitores têm uma certa afinidade com os autores ou uma opinião semelhante à deles.

---

1. Paradoxalmente, esta carta que une os seres contribui para sua separação, quando, num divórcio, serve para um dos cônjuges provar que o outro tem sentimentos por ou relações culposas com um terceiro.

De maneira geral, um julgamento (ou juízo), ainda que expresso de modo pessoal, deve ser apoiado em argumentos sólidos.

Exemplos

Compare os dois tipos de crítica representados pelos dois textos seguintes:
(As críticas abaixo falam sobre o filme *Xica da Silva* do cineasta Cacá Diegues que, ao ser lançado em 1976, provocou uma série de polêmicas centradas sobretudo nas relações História e Cinema; Arte e Realidade Histórica e Arte e Política.)

I

O NOVO SAMBA-ENREDO DE XICA DA SILVA

Muitas vezes retomamos a velha prática inquisitorial de desenterrar os mortos para voltar a matá-los na fogueira. Nos referimos a Cacá Diegues, que não perdoou a Xica da Silva. Tirou-a dos enterros faustosos dos desfiles de escolas de samba para arquibancadas de turistas estrangeiros, e voltou a matá-la numa rica superprodução, igualando a Xica às grandes damas *parvenues* das cortes europeias, e vendo ainda a nossa história colonial com os olhos liberais do século XIX.

A Xica da Silva de Cacá Diegues é uma escrava que conseguiu pela astúcia escapar à sua condição, participando do mando e da riqueza dos homens livres. Branqueia-se na medida em que não contesta a escravidão, apenas mostra-se condescendente para com alguns escravos, mas mantém-se tão insensível quanto qualquer outro branco diante do açoite de negros. E, com a volta de João Fernandes para Portugal, refugia-se num reduto de futuros libertadores. Xica da Silva pôde seguir esse roteiro, utilizando-se juntamente daquilo que era negado aos negros pela escravidão: a astúcia, o sexo, o gosto pela vida. A violência da escravidão não estava na exceção, ou seja, quando ocorriam os castigos ou pelo azar do escravo em cair nas mãos de um mau senhor, mas no próprio cotidiano, no dia a dia, a cada minuto em que se vivia a condição de escravo. Pelos seus próprios mecanismos ela era embrutecedora, tolhia as iniciativas e a criatividade, vigiava a cada passo o escravo, deixando a ele apenas a ladinagem. Entretanto, esta não era tolerada, pois significava a fuga ao trabalho, às tarefas, à rotina, implicando em perdas para o senhor.

Desse modo a astúcia demonstrada por Xica em manobrar seu antigo senhor, João Fernandes e, depois, o próprio conde, de modo a praticamente inverter as relações entre senhor e escravo, parece não pertencer ao quadro geral da escravidão. Se ocorresse algo parecido com o filme, quer dizer, uma ex-escrava que se movia facilmente tanto entre seus antigos senhores, por exemplo quando obriga uma outra escrava a limpar os seus vestidos, como entre os escravos, mostrando-se como uma benfeitora deles, veríamos a possibilidade de ter havido uma escravidão mais branda, cabendo uma maior dose de humanidade na instituição, traduzindo-se em termos de uma sociedade mais móvel e flexível.

Esse mesmo culto da inteligência fora do lugar aparece também quando Diegues opõe à atitude puramente repressiva do intendente, a solução dada por João Fernandes no combate aos contrabandistas, deixando-os participarem da exploração de diamantes, já que estavam melhor preparados para achá-los. Se assim fosse, quer dizer, se o sistema de colonização pudesse deixar um lugarzinho ao sol para todos, e a escravidão não tivesse implicado numa sociedade rigidamente estratificada, ambos teriam se perpetuado, para a glória dos senhores e do colonizador. Desse modo, a visão política de Cacá Diegues é bastante parecida com a de José Bonifácio (o velho patriarca): procurar fazer o colonizador compreender as pequenas razões e exigências do colonizado, pois se compreende o poder e os direitos dos senhores.

Também a sexualidade atribuída a Xica é apresentada de uma perspectiva essencialmente colonialista. Até o conservador Gilberto Freyre em *Casa Grande & Senzala*, procurou mostrar como era falsa a visão que tinham os brancos da sexualidade do negro. Enquanto estes dependiam de uma série de práticas rituais introdutórias, como a dança, para a realização do ato sexual, eram os brancos que estavam sempre disponíveis e que induziam, ou melhor, obrigavam, as escravas a disporem-se em qualquer momento e sob qualquer forma já que as viam como objeto e não como pessoa. Se o sexo entre os negros tinha uma maior naturalidade, não era desprovido de regras comportamentais como ideologicamente quis se mostrar. Mas o que ficou oculto é de como aos brancos o contato com as escravas revestia-se de um gosto sádico, uma vez que se viam libertos dos freios do cristianismo e dos pruridos a que eram obrigados com suas mulheres, claro que quando não existia o consenso.

Descobre-se aqui o centro da idealização pretensamente tropicalista de Diegues: de que se os negros ocupassem a fortuna e a liberdade dos brancos a vida teria tido muito mais colorido e intensidade, já que não haveria os preconceitos nem a resistência à incorporação da rica cultura negra africana à vida cotidiana. Entretanto, sabemos muito bem que não bastava inverter-se simplesmente os homens no poder para tornar o gosto pela vida mais intenso. Basta vermos a experiência do império negro criado no Haiti, admiravelmente retratado no livro *O reino deste mundo* de Carpentier. Aqui a opressão não é de cor, de cultura ou nacionalidade, mas de sistemas.

A reconstrução histórica do filme é informada por uma visão do liberalismo brasileiro do século XIX, quando se pretendia formar uma nacionalidade sobre o repúdio ao colonialismo português, e, sem pôr fim ao trabalho escravo, reformar a escravidão. Desse modo, a tensão da sociedade colonial é unilateralmente apresentada, apoiando-se no conflito de interesses entre portugueses e colonos sem que se deixe perceber a tensão entre senhores e escravos. Essa imprecisão do modo de Diegues perceber a vida colonial brasileira revela-se em episódios como quando Xica da Silva propõe a João Fernandes a formação de um exército para enfrentar a coroa, o que implicaria na aliança com os escravos fugidos e em libertação de outros para a luta. Não era por falta de coragem ou por excesso de fidelidade que João Fernandes deixaria de enfrentar o poder da coroa, mas porque isso significaria a destruição de seu próprio poder, já que ele não subsistiria sem os seus escravos e o que deveria ser preservado sob qualquer condição.

A base de sustentação da sociedade colonial era o trabalho escravo e a distinção que mantinha os colonos daqueles. Assim a irritação do conjunto da população branca do arraial do Tijuco pela arrogância com que Xica os tratava, não pode ser atribuída simplesmente ao despeito ou aos preconceitos feridos pelas suas liberalidades. Um tal tipo de comportamento ameaçaria a própria civilização branca, seria o próprio mundo branco ameaçado em todos os seus padrões de comportamento e valores. Porém, no filme esse conflito senhor-escravo é atenuado, aparecendo o fundamental como detalhe. Surge como alguns quadros descritivos e sem ligação vital com a história. Na verdade a imagem projetada é de uma prazenteira sociedade colonial como as relembradas pelas avós de punho de renda com um visão de mesa de doces de aniversário, com uma serena convivência de quindins com doces de leite.

RONCARI, Luís e MAAR, W. Leo. In: *Movimento*. 27/9/76. p. 17.

II

RUMOS DA CULTURA NACIONAL

[...] Um caso que já se reveste de outras características é o debate que se desencadeou em torno do filme *Chica [ou Xica] da Silva*. Não há dúvida que há reparos a fazer ao filme, a começar pelo próprio tema, que muito melhor teria sido se fosse Maria Quitéria, para dar só um exemplo. Se Cacá quisesse, apesar das restrições e tudo o mais, poderia muito bem ter feito um filme sobre ela ou outras mulheres que se destacaram na luta do povo brasileiro pela liberdade e a independência, ao longo da história. Mas foi buscar Xica da Silva, escrava que não tomou o caminho da luta, mas se entregou ao colonizador, chegando ao ponto de escravizar seus próprios irmãos, como o próprio filme mostra. Seu deboche, sua irreverência, sua atitude escandalosa (escandalosa para a sociedade colonialista da época), se positivos, o são dentro de um contexto (o caminho que ela escolheu) negativo. Entretanto, apesar desse e de outros reparos, inclusive muitos dos feitos por *Movimento*, há uma primeira coisa que deve ser ressaltada, antes de qualquer crítica: o filme, assim como o *Amuleto de Ogum* e alguns outros, malgrado todas as suas deficiências e erros (alguns, inclusive, perigosos pelo conteúdo que encerram), significa um elemento positivo no deserto da pornochanchada. É um filme sério, que tenta abordar aspectos da vida e da cultura de nosso povo. Sério, portanto, e nacional no tema e na forma, ainda que seu desenvolvimento mostre uma atitude errônea face ao colonizador. Considerando-se, além disso, a seriedade e a boa obra que Cacá deu até agora ao cinema brasileiro, é justo considerar que ele se equivocou grandemente em vários aspectos de *Xica da Silva*, mas se equivocou com bons propósitos, ao buscar um caminho e tentar uma saída. Nesse sentido, devemos criticar tudo o que o filme tem de errado (e tem bastante coisa de errado), mas creio que devemos fazer a partir da posição de quem reconhece que o filme, de certa maneira, representa uma reação ao flagelo da pornochanchada – que viceja como erva daninha – e tem alguns aspectos positivos. Inclusive a referência à Inconfidência Mineira que pouco depois começaria se preparar. O filme reflete uma situação, de confusão e restrições, que pesa sobre muitos de nossos artistas e intelectuais, levando-os, em alguns momentos e situações, à falta de clareza, ainda que seus objetivos permaneçam, basicamente, os mesmos. Assim, considero que Cacá, ainda que tenha se equivocado, está muito longe de Glauber Rocha, que tenta se aproveitar das críticas à *Xica da Silva* para puxar Cacá para suas errôneas posições...

FORTES, José Inácio Correia. In: *Movimento*, 22/11/76. p. 19.

O primeiro texto empreende uma análise crítica do filme *Xica da Silva*, baseada nos equívocos pelos quais seu diretor, Cacá Diegues, conduz o personagem-tema, equívocos motivados por uma visão falsa das relações escravo-senhor no período colonial. No segundo texto, o leitor José Inácio Correia Fortes aponta valores positivos na realização no filme de Diegues, que se baseiam na importância de um filme que trata de temas e problemas nacionais – cultura popular, Inconfidência Mineira – num momento em que o panorama do cinema brasileiro não é dos melhores, pela quantidade de pornochanchada no mercado cinematográfico.

Apesar de os dois textos se apoiarem em análises objetivas sobre um mesmo tema, e apresentarem argumentação sólida, é possível notar diferenças de opinião por uma razão de enfoque:

o primeiro focaliza o tratamento histórico dado a um personagem-tema; o segundo focaliza a realização de um filme num momento histórico do cinema nacional.

Em princípio, a resenha crítica deve aliar a descrição à crítica. Os elementos críticos subjetivos podem se seguir aos elementos descritivos ou estar interligados com eles. No entanto, certos tipos de textos impõem a primeira solução; é o caso do *relatório*.

c. O relatório

O relatório difere da resenha objetiva na medida em que ele acrescenta um certo número de elementos pessoais: análise crítica, proposições etc. Tem como objetivo conduzir a uma decisão e, daí, a uma ação.

O relatório tem uma utilização frequente na vida profissional: relatório de estágio, relatório de um funcionário ao seu superior, de um executivo ao conselho administrativo, de uma comissão de estudo a um ministério etc.

Embora tenha uma extensão variável, deve ser cuidadosamente elaborado e apresentado com nitidez e clareza (ver 2.1 e 2.3.2). Ele comporta:

– uma página consagrada às *informações* essenciais (título do relatório, nome da entidade, data, nome do autor, nome dos destinatários);

– um *sumário*, onde são indicadas as principais subdivisões e a paginação;

– uma *introdução* apresentando o objeto do relatório, suas circunstâncias de composição (estágio, por exemplo), sua ideia central;

– uma parte central, primeiro *descritiva* (descrição do contexto situacional, do desenrolar dos fatos ou das experiências), depois *crítica* (críticas sustentadas pelos fatos, por argumentos precisos) e, por último, *positiva* (enunciação de resultados, apresentação de proposições etc.);

– uma *conclusão*, retomando o objeto do relatório e manifestando um resultado de conjunto.

Mas adiante, examinaremos exemplos de planos, de relatórios.

d. Neste tipo de texto, embora a personalidade, a subjetividade, o ponto de vista do autor devam se exprimir (pelo fato de o relatório ou a resenha crítica terem precisamente por objetivo obter a opinião do destinador sobre um determinado assunto), eles não devem por este motivo ser abusivos e gratuitos.

Muitos exercícios escolares exigem o mesmo esforço: por exemplo o *comentário* ou a *dissertação*, pelos quais um destinador se manifesta sobre um assunto previamente determinado; mesmo que se deva dar uma opinião própria, não se conclui que se vá obscurecer o trabalho com a expressão sistemática – quase delirante – de opiniões subjetivas, não justificadas. O problema é saber:

– *organizar* o pensamento, o que é uma maneira de discipliná-lo e torná-lo mais claro, portanto, mais eficaz;

– *valorizar* a opinião por uma argumentação sólida, e, mais particularmente, recorrendo a exemplos (fatos, experiências, referências).

Escolher e *classificar* os argumentos são as duas primeiras operações que se devem efetuar.

Além disso, o próprio estilo de redação destes textos (comentário e dissertação) marcará o compromisso entre a afirmação da personalidade do autor e sua relativa "discrição". Há meios de se exprimir a opinião sem, para tanto, ostentar agressivamente o "eu".

e. As máscaras do "eu"

Pode-se designar de maneira disfarçada o *eu*, atenuando, assim, num texto escrito, aquilo que sua afirmação tem de provocativo.

Nós, se às vezes é plural majestático e designa, portanto, grandes dignatários (*"Nós, Prefeito de..."*), é também uma forma de modéstia frequentemente utilizada pelos autores e recomendada para os textos analisados acima.

A expressão coloquial *a gente* permite incluir no julgamento expresso pela mensagem a pessoa do autor e o conjunto dos indivíduos encarado coletivamente. Seu emprego só pode ser ocasional, em situações informais.

Finalmente, os *torneios impessoais* permitem apagar totalmente o "eu", sem por isso renunciar à expressão de ideias pessoais.

Se é útil saber utilizar estas técnicas, por outro lado, é indispensável reconhecê-las, como também perceber, sob a aparente objetividade de um texto, a presença do destinador.

Exemplos

I

Eu, Plínio Marcos, sou da opinião, como disse claramente no meu depoimento, que o teatro está quase morrendo porque "artistas" e empresários pegam subvenções do governo pra montagem de peças bem comportadas. E com esse dinheirão, se acomodam. Não lutam pela liberdade de expressão. Mas deixa isso de lado. O que eu quero que fique bem claro é que eu, Plínio Marcos, sou dos que pensam que um artista deve ser crítico da sociedade e que um crítico da sociedade tem que ser de oposição ao governo. Por essas e outras, eu sugiro é que se abra um diálogo franco. Que, naturalmente, resultaria em liberdade de expressão.

Veja, 10/4/74.

II

O QUILOMBO DOS PALMARES

Por que tão pouco se tem escrito sobre episódio tão importante? Esta a primeira indagação que resulta da leitura de *O quilombo dos Palmares*, de Edison Carneiro, trabalho em que não sabemos o que mais ressaltar, se a paixão do autor pela verdade histórica, se seu elaborado método para obtê-la; se a verdade em si, que salta destas páginas, prenhe de ensinamentos. E por que Palmares ficou envolvido em sombra e silêncio durante três séculos? Por ter-se constituído no mais vigoroso e dilatado exemplo de luta pela liberdade em terras brasileiras? Por ser esse exemplo dado pelos negros? Ou por terem sido, talvez, os guerreiros de Ganga Zumba e de Zumbi os precursores da moderna tática das guerrilhas? Esta última hipótese parece absolutamente gratuita. Mas abre para nós um ângulo inteiramente inexplorado na análise da troiana resistência dos palmarinos. Lamentavelmente, faltam-nos elementos para um desenvolvimento mais aprofundado desta tese. Mas algumas constatações levam-nos a propô-la, em princípio.

GOMES, Dias. "O quilombo dos Palmares" (contracapa do livro). In: CARNEIRO, Edison. *O quilombo dos Palmares.* São Paulo, Ed. Civilização Brasileira, 1966.

III
ROCK COM BANANA

Nem que seja apenas por uma questão cronológica: já é tarde demais para se ficar discutindo a validade ou não da informação *rock* na música brasileira. Há quase 20 anos pelo menos ela transita de maneira constante, misturada e confusa por diversos setores da juventude urbana do Brasil. O mínimo que se poderia fazer, agora, seria tentar entender o fenômeno: que trajeto segue o dado X, informação musical de procedência estrangeira, até ser incorporado ao arsenal de recursos da criação brasileira? Já se fez isso com a *polka* (ou polca) e *schottisch* (ou xote) – que, como todos sabem, deram no choro, no maxixe e, em certa medida, no samba. Já se fez também com o *jazz* (que deu na bossa nova, se em mais nada). Mas o *rock* é muito recente. Ou será muito espinhoso, muito constrangedor?

Não há nenhum levantamento sistemático da trajetória do *rock* por terras brasileiras. Então, é preciso usar os elementos disponíveis: no caso, discos. Vinte anos depois, cada disco que se produz hoje no Brasil contendo algo de *rock* serve, no mínimo, como base para pesquisas e meditações. Para quem quer entender, é claro!

BAHIANA, Ana Maria. In: *Opinião*, 22/8/75. p. 22.

No 1º texto, Plínio Marcos emite um *juízo* sobre o papel social do artista e a crise do teatro. Ao mesmo tempo, exprime, na 1ª pessoa, seus sentimentos a respeito destes mesmos assuntos (uso de aspas em *artistas*, de expressões valorativas como *peças bem comportadas*, do aposto eu, *Plínio Marcos*, para enfatizar sua posição).

No texto de Dias Gomes, escrito na contracapa do livro *O quilombo dos Palmares,* de Edison Carneiro, a opinião do emissor sobre o porquê de o episódio de Palmares ter sido tão pouco estudado é expressa pelo emprego do pronome *nós* de modéstia, uma expressão mais atenuada do que *eu*.

A autora, no 3º texto, exprime seu juízo pelo emprego de torneios impessoais *(para se ficar discutindo, que se poderia fazer, já se fez, é preciso usar)*; no entanto, percebe-se sua atitude pessoal frente ao tema tratado a partir do uso de uma expressão como *é claro*, seguida de exclamação.

Assim, a função expressiva se manifesta cada vez que o autor exprime a imagem que ele faz ou a opinião que ele tem do real (do referente). Adjetivos, advérbios, torneios sintáticos, metáforas e comparações etc. indicam o "trabalho" do destinador sobre o referente.

f. Exercícios

1

Em que medida a carta de Nina a Valdo obedece aos princípios de análise da carta de amor proposta acima? (2.3.3a)

PRIMEIRA CARTA DE NINA A VALDO MENESES

[...] Não se assuste, Valdo, ao encontrar esta entre seus papéis. Sei que há muito você não espera mais notícias minhas, e que para todos os efeitos me considera uma mulher morta. Ah, Deus, como as coisas se modificam neste mundo. Até o vejo num esforço que paralisa a mão com que escrevo, sentado diante de seu irmão e de sua cunhada, na varanda, como costumavam fazer antigamente, e dizendo entre dois grandes silêncios: "Afinal, aquela pobre Nina seguiu o único caminho que deveria seguir..." [...] E eis que, de repente, sobre a poeira habitual que cobre seus livros de cabeceira, você encontrará esta carta. Talvez custe um pouco a reconhecer a letra – talvez não custe, e então seu coração bata com um pouco mais de força, enquanto pensa: "Aquela pobre Nina, de novo".

Terá acertado, Valdo, pelo menos uma única vez em sua vida. Aquela pobre Nina, e hoje mais pobre do que nunca, de novo à sua porta, humilde, farejando seu rastro como uma cachorra abandonada na estrada. Talvez não seja inútil dizer-lhe que as mulheres da minha espécie custam a morrer, e que é necessário que tentem várias vezes a minha morte, para que eu realmente desapareça e interrompa minha ação no mundo dos vivos. Mas não se assuste, meu caro, que meu objetivo desta vez é bem simples, e obtido o que desejo, regressarei mais uma vez ao silêncio e à distância a que os Meneses me relegaram. Não pretendo retornar à chácara [...] e nem voltar a usar esse nome de que tanto se orgulham vocês, e que para mim foi apenas sinal de uma série de erros e enganos. Não, o que eu pretendo é apenas reclamar aquilo que julgo do meu direito. Você me disse um dia que havia carência de amor onde muito se reclamavam direitos próprios, o que talvez seja verdade em parte, pois apesar de todo o possível amor que ainda existe entre nós – o tempo não me transformou, Valdo, e se você não chegou a compreender muitos dos meus gestos, acredito no entanto que ainda exista no seu coração um resto daquele sentimento que nos uniu – não posso deixar de reclamar coisas que considero como absolutamente devidas à situação em que me encontro.

CARDOSO, Lúcio. *Crônica da casa assassinada*. Editorial Bruguera. pp. 23-4.

2

Em que medida o texto abaixo exprime um julgamento solidamente sustentado?

PARANOIA OU MISTIFICAÇÃO?

Há duas espécies de artistas. Uma composta dos que veem normalmente as coisas e em consequência fazem arte pura, guardados os eternos ritmos da vida, e adotados, para a concretização das emoções estéticas, os processos clássicos dos grandes mestres. [...]

A outra especie é formada dos que veem anormalmente a natureza e a interpretam à luz de teorias efêmeras, sob a sugestão estrábica de escolas rebeldes, surgidas cá e lá como furúnculos da cultura excessiva. São produtos do cansaço e do sadismo de todos os períodos de decadência; são frutos de fim de estação, bichados ao nascedouro. Estrelas cadentes, brilham um instante, as mais das vezes com a luz do escândalo, e somem-se logo nas trevas do esquecimento.

Embora se deem como novos, como precursores duma arte a vir, nada é mais velho do que a arte anormal ou teratológica: nasceu com a paranoia e a mistificação.

De há muito que a estudam os psiquiatras em seus tratados, documentando-se nos inúmeros desenhos que ornam as paredes internas dos manicômios. A única diferença reside em que nos manicômios essa arte é sincera, produto ilógico dos cérebros transtornados pelas mais estranhas psicoses; e fora deles, nas exposições públicas zabumbadas pela imprensa partidária mas não absorvidas pelo público que compra, não há sinceridade nenhuma, nem nenhuma lógica, sendo tudo mistificação pura.

Todas as artes são regidas por princípios imutáveis, leis fundamentais que não dependem da latitude nem do clima.

As medidas da proporção e do equilíbrio na forma ou na cor decorrem do que chamamos sentir. Quando as coisas do mundo externo se transformam em impressões cerebrais, "sentimos". Para que sintamos de maneira diversa, cúbica ou futurista, é forçoso ou que a harmonia do universo sofra completa alteração, ou que o nosso cérebro esteja em desarranjo por virtude de algum grave destempero.

Enquanto a percepção sensorial se fizer no homem normalmente, através da porta comum dos cinco sentidos, um artista diante de um gato não poderá "sentir" senão um gato; e é falsa a "interpretação" que do bichano fizer um "totó", um escaravelho ou um amontoado de cubos transparentes.

Estas considerações são provocadas pela exposição da sra. Malfatti, onde se notam acentuadíssimas tendências para uma atitude estética forçada no sentido das extravagâncias de Picasso & Cia.

Essa artista possui um talento vigoroso, fora do comum. Poucas vezes, através de uma obra torcida em má direção, se notam tantas e tão preciosas qualidades latentes. Percebe-se, de qualquer daqueles quadrinhos, como a sua autora é independente, como é original, como é inventiva, em que alto grau possui umas tantas qualidades inatas, das mais fecundas na construção duma sólida individualidade artística.

Entretanto, seduzida pelas teorias do que ela chama arte moderna, penetrou nos domínios dum impressionismo discutibilíssimo, e pôs todo o seu talento a serviço duma nova espécie de caricatura.

Sejamos sinceros: futurismo, cubismo, impressionismo, e *tutti quanti* não passam de outros tantos ramos da arte caricatural. É a extensão da caricatura a regiões onde não havia até agora penetrado. Caricatura da cor, caricatura da forma – caricatura que não visa, como a primitiva, ressaltar uma ideia cômica, mas sim desnortear, aparvalhar, atordoar a ingenuidade do espectador.

LOBATO, Monteiro. In: *Ideias de Jeca Tatu*. São Paulo, Ed. Brasiliense, 1951. pp. 59-61.

3

Redija uma resenha crítica:

– de um filme
– da emissão de um programa de televisão
– de uma peça de teatro
– de um livro

de sua escolha

Na medida do possível, compare as respectivas resenhas (estrutura, valor dos argumentos etc.).

4

Depois de um debate cujo assunto será determinado pelos participantes e que será conduzido por um coordenador, re - dija uma resenha crítica, esforçando-se por:
– descrever o desenrolar do debate;
– apreciar a condução do debate, o comportamento dos participantes, o valor das argumentações.
Duração do debate: 30 min. aproximadamente.

5

A seguir, apresentamos alguns planos de relatórios.
Aprecie suas qualidades e defeitos.

a)　　　　　　　A MÁFIA
Introdução:
– Sua existência é irrefutável, ainda que incrível;
– Ainda muito importante na vida dos Estados Unidos;
– Evolução no tempo.

1) A Máfia de outrora.
Al Capone:
– Sua vida;
– Sua gangue;
– Sua morte.

2) A Máfia de hoje ou Cosa Nostra.
   a) Organização interna.
   b) Suas atividades:
      – A corrupção política;
      – O jogo;
      – Os empréstimos usurários;
      – O tráfico de entorpecentes;
      – A exploração dos trabalhadores;
      – O monopólio comercial.
   c) Seus membros.
   d) Que fazem as autoridades?
      – Meios eletrônicos;
      – Lei antitruste.

Conclusão:
– A Máfia é ainda muito popular (jogos clandestinos);
– Influência muito grande de dinheiro (eleição, empreendimentos...).

b)　　　　　O FUTEBOL BRASILEIRO
Introdução:
– Organização administrativa: os clubes, as ligas, as federações e a CBF;
– Importância do amadorismo e do profissionalismo na vida brasileira;
– Evolução histórica do futebol brasileiro.

1) O futebol amador:
   - Os campos de várzea nas grandes cidades;
   - Arregimentação de jogadores de várzea para as "escolinhas" dos clubes.

2) O futebol profissional:
   - A construção dos superestádios de futebol e as prioridades da construção civil;
   - Cartolagem, arbitragem e os jogadores;
   - Evolução técnica e tática e preparação física;
   - A concentração e a lei do passe.

3) O futebol no panorama sociopolítico-econômico do Brasil:
   - A indústria do futebol: a empresa futebolística, a loteria esportiva;
   - Futebol como veículo de ascensão social;
   - Futebol e política;
   - O negro no futebol brasileiro.

c) A REFORMA DO ENSINO DE MATEMÁTICA NA ESCOLA PRIMÁRIA

"Matemática moderna" e "cálculo":
   - Diferença do ponto de vista do conteúdo dos programas;
   - Diferença do ponto de vista do ensino.

Aplicação prática do ensino da matemática moderna:
   - Problema da formação dos professores;
   - Problema das relações pais-alunos-professores;
   - O que pensam os alunos deste novo programa.

A reforma é válida:
   - Argumentos contra esta reforma;
   - Argumentos a favor desta reforma.

6

Redija um relatório a partir de uma pesquisa ou de um conjunto de documentos.

Depois de ter escolhido um assunto suficientemente preciso e delimitado, reúna os documentos, construa um plano e redija um relatório completo sobre o assunto.

Trata-se de um trabalho de fôlego que supõe a constituição de um arquivo que deve conter *fichas de leitura, documentos* escritos ou sonoros, resenha da pesquisa etc.

Eis alguns exemplos de assuntos que você poderá utilizar:
– o racismo no Brasil;
– o futuro do automobilismo;
– a vida nos grandes centros urbanos;
– a vida nas favelas;
– a matemática moderna nas escolas primárias (ver plano);
– o índio brasileiro;
– o ensino do português.

7

Redija um relatório sobre o estabelecimento escolar ou universitário que você frequenta:
– organização administrativa;
– recrutamento dos professores e dos alunos;
– organização pedagógica;
– lugar e papel do estabelecimento, do departamento etc.

8

A partir dos assuntos definidos pelas frases abaixo, planifique e depois redija:
– ou um *comentário*, de trinta a quarenta linhas;
– ou uma verdadeira dissertação.

1)
A pior censura é a que se instala em nós sem que percebamos.
VERÍSSIMO, Érico. *Visão*. Agosto de 1973.

2)
Não pode haver paz sem justiça, e não pode haver justiça sem a segurança do direito, que garante a todos as possibilidades reais de colaborar na realização do bem comum. [...] Toda força exercida fora

deste direito é violência, e a paz não se constrói com a violência, que gera o ódio e as discórdias entre os irmãos.

    Mensagem de paz ao povo brasileiro – documento da CNBB.

3)
O escritor francês Flaubert, numa carta escrita em 1842, afirmou:
A justiça humana é para mim o que há de mais burlesco no mundo. Um homem julgando outro é um espetáculo que me faria morrer de rir, se não me causasse pena, e se agora eu não estivesse sendo forçado a estudar a série de absurdos em virtude dos quais ele o julga.

4)
Em 1890, Jaurès escreveu:

O trabalho deveria ser uma função e uma alegria; bem frequentemente, ele não passa de servidão e sofrimento.

Na sua opinião em que medida esta fórmula se justifica hoje em dia? Quais são as condições necessárias para fazer do trabalho uma função e uma alegria?

5)
Uma mentira colossal traz em si uma força que afasta a dúvida [...] Uma propaganda hábil e perseverante acaba por levar os povos a crerem que o céu não é, no fundo, senão um inferno e que a mais miserável das existências é, ao contrário, um paraíso [...] Pois a mentira mais impudente deixa sempre traços, mesmo se ela tenha sido reduzida a nada [...]

    HITLER, Adolf. *Mein Kampf*

9

Nos textos acima, propostos para comentário ou dissertação, estude a maneira pela qual a opinião do autor se expressa e se justifica.

10

No texto a seguir:

- destaque as ideias principais no que toca à importância da linguagem na relação desta com a realidade;
- destaque os principais recursos de linguagem pelos quais o autor emite sua opinião;
- extraia do texto um tema para dissertação, desenvolvendo-o você mesmo.

A IMPORTÂNCIA DA LINGUAGEM

Acho que os verdadeiros pornógrafos da História – já que uma pessoa realmente adulta só poderá sorrir das grotescas fantasias eróticas do Marques de Sade – foram homens como Tamerlão, Nero, Calígula, Mussolini, Hitler – para mencionar apenas os primeiros nomes que me brotam na mente. Quanto à questão dos "nomes feios", creio que não existe nada mais ridículo do que esse supersticioso temor a certos vocábulos que, afinal de contas, não passam de sinais ou símbolos convencionais. Tomemos por exemplo a famosa palavra de quatro letras que designa a mais antiga das profissões. Conta-se que Ruy Barbosa descobriu dezenas de sinônimos, entre os perfeitos e imperfeitos, para o termo prostituta, de maneira que não temos nenhuma desculpa quando usamos a palavrinha tabu. No entanto em toda essa história o que importa mesmo, o realmente deplorável e melancólico é a existência da prostituição, o que não parece preocupar muito as pessoas mais sensíveis às palavras do que às coisas que elas representam.

Isso nos dá uma ideia da terrível importância da linguagem. Vivemos tolas e terríveis ilusões semânticas. Por causa de palavras ou frases matamos ou morremos, sentimo-nos desgraçados ou infernizamos a vida de nossos semelhantes. Qualquer ato ou fato, por mais reprovável que seja, de acordo com paradigmas morais rígidos, perde a sua força, a sua natureza pecaminosa e tende a ser ignorado ou esquecido quando não verbalizado, principalmente em romances. Fazer, pois, não é tão importante, tão grave quanto dizer ou escrever. Quantas vezes transferimos a culpa de uma situação vergonhosa – que na realidade cabe a um regime político-econômico, ou a uma conjuntura social – para cima dos ombros do jornalista ou do ficcionista que ousou reproduzi-la numa reportagem ou num romance?

VERÍSSIMO, Érico. *Solo de clarineta*. v. II. Ed. Globo. In: *Movimento*. 3/5/76. p.10.

2.3.4. A função conativa nas mensagens escritas

Lembrete: a função conativa se manifesta quando o destinatário de uma mensagem está implicado de uma maneira ou de outra (ver 1.6.2).

a. O *envolvimento* direto do destinatário pelo emprego de pronomes característicos da 2ª pessoa, singular ou plural (tu/vós ou você/vocês), do imperativo, do vocativo, são os casos mais simples de manifestação da função conativa. Os textos assim definidos estão destinados a *implicar* diretamente o destinatário no processo de comunicação, e, quer ele queira, quer não, atingi-lo pelo teor da mensagem. É um procedimento comum nos textos publicitários e políticos.

Exemplos

I

A NEUTRALIDADE DO GOVERNO E O POVO

[...] O fato é, pois, que os povos dos países neutrais estão a sofrer as consequências da conflagração. E devem estes povos, os trabalhadores dos países neutrais conservar-se indiferentes? Provado, como está, que a guerra é uma resultante das rivalidades industriais e comerciais existentes entre as classes capitalistas e governamentais dos países em luta, e que a guerra só a estas classes aproveita, logo salta aos olhos que seria a maior das covardias conservarem-se os trabalhadores indiferentes perante o tremendo conflito.

Neste sentido é que, correndo ao apelo do revolucionário francês Sébastien Faure e juntando nossos esforços aos esforços das associações proletárias e libertárias dos países neutrais da Europa e da América, nós aqui lançamos o nosso brado; PELA PAZ!

[...] Trabalhadores! Juntai o vosso ao nosso grito: Abaixo a guerra! Viva a paz! Rio de Janeiro, 30 de abril de 1915.

Confederação Operária Brasileira, Federação Operária do Rio de Janeiro, Sindicato Operário de Ofícios Vários, Sindicato dos Operários das Pedreiras, Sindicato dos Panificadores, Sindicato dos Sapateiros, Centro dos Operários Marmoristas, Liga Federal dos Empregados em Padaria, Liga Internacional dos Pintores, União dos Alfaiates, Sociedade União dos Estivadores, Centro Cosmopolita, Liga Anticlerical, Centro de Estudos Sociais.

CARONE, Edgard. *A Primeira República*. São Paulo, Difusão Europeia do Livro, 1969. p. 209.

A EXPRESSÃO E A COMUNICAÇÃO ESCRITAS   131

II

As passagens *"Conheça Portugal viajando pela TAP"* e *"voe com quem sempre soube voar"* marcam a implicação do leitor num processo chamativo. O leitor se vê impelido a realizar – verbalmente – uma viagem fortemente valorizada por termos ligados ao exotismo, à história e à aventura (veja o anúncio abaixo).

> *Coimbra do chopal*
> *ainda és capital*
> *do amor em Portugal*
> *ainda...*
>
> Debruçada sobre o Rio Mondego, Coimbra canta. Uma cidade romântica onde a tradição secular mistura-se à alegria jovial dos seus 7.500 estudantes.
>
> Se no dia seguinte houver aulas se ouvirá a "Cabra" o sino da velha torre centenária. Os calouros a partir dessa hora não sairão mais as ruas, a menos que estejam acompanhados por um veterano ou por uma senhora.
>
> Conta-se a história de estudantes que tiraram o badalo do sino decretando assim um inesperado feriado no dia seguinte.
>
> Em 1308 D. Dinis transferiu as faculdades de Lisboa para Coimbra, já na época o principal centro de estudos do reino.
>
> A Universidade ficou entre Lisboa e Coimbra por muito tempo sendo ali definitivamente instalada no ano de 1537.
>
> O período das aulas vai de outubro a maio e ao encerramento do curso há a queima das fitas que são usadas nas pastas, onde os estudantes carregam seus livros.
>
> Cada curso tem uma cor característica: amarela corresponde à faculdade de medicina, roxa à de advocacia, etc...
>
> Esta é a despedida dos estudantes da cidade de Coimbra onde "aprende-se a dizer saudade".
>
> Conheça Portugal viajando pela TAP.
>
> Voe com quem sempre soube voar
>
> **TAP**
> **TRANSPORTES**
> **AÉREOS PORTUGUESES**

b. Entretanto, o envolvimento do destinatário supõe a *adaptação* à sua personalidade social e cultural. Um texto escrito, particularmente nos domínios profissionais, jornalísticos ou publicitários, visa a um público definido a partir de critérios precisos. O leitor não se sentirá envolvido pelo texto senão na medida em que ele tiver a impressão de que este texto se endereça efetivamente *a ele*. Isto supõe, da parte do destinador, um bom conhecimento do destinatário, de seus "códigos" pessoais, de seus centros de interesse, de sua cultura. A adaptação ao destinatário se traduz pelo recurso a níveis particulares de língua (cf. 1.2). Aqui se patenteia claramente o papel psicológico e social da linguagem.

Exemplo

O PROGRESSO É MUITO BOM QUANDO SE TEM SAÚDE PARA APROVEITAR

Todo mundo gosta do progresso.

Com ele vem um número maior de escolas, mais conforto, mais higiene, melhor alimentação e bem estar para toda a população.

E grande parte do progresso quem faz é a indústria.

Só que as indústrias também podem fazer uma coisa ruim: poluir o ar.

Prejudicando a saúde de milhões de pessoas, enfumaçando as cidades e acabando com as áreas verdes.

E tudo isso sem razão de ser, pois a poluição do ar não é um mal necessário. Ela pode ser evitada e controlada por meios bastante eficientes.

Só para você ter uma ideia, aqui no Brasil, há mais de trinta anos se vem projetando, construindo e instalando equipamentos para o controle da poluição.

Isso através da Gema S.A., uma indústria que fabrica filtros de ar, coletores de pó, exaustores e uma linha completa de equipamentos e sistemas antipoluição.

E a Gema emprega a tecnologia mais avançada do mundo na fabricação desses equipamentos, mantendo convênio com as indústrias americanas e europeias no setor.

Se você é um industrial, você já conhece a Gema e sabe que ela pode resolver o problema de circulação de ar e controle da poluição em sua empresa.

E mesmo que você não tenha uma indústria, você deve ficar contente por saber que existe uma empresa como a Gema. Uma empresa que contribui para que você tenha saúde para aproveitar todo o progresso de nossos dias.

"*Se você é um industrial... você já conhece* [...] *sua empresa* [...] *para que você tenha saúde*": o emprego da segunda pessoa alia-se a um vocabulário especializado (*filtros de ar, coletores de pó, equipamentos e sistemas antipoluição*). Os destinatários desta mensagem publicitária estão claramente definidos: de um lado o industrial, dono da empresa, de outro, o habitante de uma cidade industrial, ambos preocupados com as consequências danosas da poluição.

Em suma: é mister que o destinador fale a mesma linguagem que o destinatário. Mais adiante (cf. exercícios) estudaremos com maior proveito este processo de adaptação aos "códigos" do leitor na imprensa.

c. A *carta* de caráter profissional exige também um esforço de adaptação ao destinatário. Quer seja endereçada de um superior hierárquico a um subordinado, ou vice-versa, ou de uma sociedade comercial a um cliente etc., certamente tem como finalidade fornecer informações ao leitor, mas procura também exercer sobre ele uma certa pressão ou causar uma certa impressão.

São preceitos que devem ser obedecidos: a clareza da expressão, bem como certas formas de apresentação e fórmulas de polidez, definidas a partir da respectiva situação do destinador e do destinatário. O assunto da carta poderá ser indicado antes do vocativo.

Inicia-se a carta no meio da página por um vocativo que retoma a fórmula "Senhor + título", utilizada no cabeçalho (exemplo: "Senhor Diretor... Senhor Chefe de Pessoal..."). O corpo mesmo da carta começa algumas linhas mais abaixo.

> São Paulo, 10 de abril de 1977
>
> João X
> prof. de Matemática
> da Escola Z
> Av. Brig. Luís Antonio, 40
> São Paulo
> > A Senhor Y
> > Diretor da Escola Z
>
> Assunto: pedido de afastamento
>
> Senhor Diretor,
>
> Venho por meio desta...
> ....

Eis algumas fórmulas de cortesia padronizadas para encerrar este tipo de carta, sugeridas por Odacir Beltrão, no livro *Correspondência, Linguagem & Comunicação: oficial, comercial, bancária, particular* (São Paulo, Atlas, 1975):

"– De inferior a superior – *Aproveito a oportunidade para apresentar* (no primeiro contato) ou *renovar* (nos posteriores) *a V. Excia., os protestos do meu respeitoso apreço.*

"– De superior a inferior – *Apresento a oportunidade para apresentar* (ou *renovar*) *a V. S.ª os protestos da minha consideração.*

"– De igual categoria – *Aproveito a oportunidade para apresentar* (ou *renovar*) *a V. Excia.* (ou *a V. S.ª*) *os protestos da minha alta estima e consideração.*

"– A particulares – *Apresento* (ou *reitero*) *a V. S.ª os protestos da minha consideração.*"
Segue-se a assinatura do remetente.

d. A centralização da mensagem no destinatário manifesta-se igualmente no nível da *argumentação* e da *persuasão*. A transmissão de dados ou de informações é acompanhada, neste caso, de uma vontade de orientar a opinião do destinatário e de induzi-lo a uma ação.

Discursos políticos, publicitários, como também profissionais (ver o relatório) supõem a utilização e a organização de *argumentos*.

É conveniente, primeiro, arranjar os argumentos de maneira a:

– dar aos mais importantes o melhor lugar (em geral, o último, o que precede a conclusão e que permanece na memória do leitor);

– dirigir habilmente sua sucessão, coordenando-os por afinidades ou contrastes;

– fazer ressaltar claramente a tese geral, dirigindo e atraindo o interesse do leitor;

– adaptar o estilo de apresentação ao destinatário (abstração ou recurso a exemplos concretos, concisão e precisão ou (estilo) envolvente etc.).

O plano por *agrupamento* reúne os argumentos de mesma natureza: técnicos, econômicos, psicológicos, políticos, sentimentais etc. Logicamente, a ordem das partes é adaptada ao destinatário: provavelmente, o argumento econômico terá maior peso na venda de um certo tipo de produto, mas para um outro tipo, será o argumento de ordem psicológica (ver exercícios).

O plano por oposição se organiza em torno da refutação ponto por ponto de uma tese, sendo que esta pode ser efetivamente proposta por um adversário ou ser constituída de possíveis objeções à própria tese do autor. No primeiro caso, temos um plano de tipo:

Apresentação da tese adversa – Refutação ou objeções – Apresentação da tese do autor.

No segundo caso:

Exposição da tese – Refutação das possíveis objeções – Exposição das vantagens.

Os perigos:
– a contradição implícita, sobretudo nos assuntos controversos. Este perigo deve ser evitado, definindo-se com cuidado os *pontos de vista* ou os níveis considerados;
– a agressividade ou a extravagância da expressão que não atenuam os maus argumentos (ou a ausência de argumentos) e dão ao destinatário a impressão de que se quer "forçar" sua opinião;
– as opiniões tímidas, hesitantes, as respostas ambíguas, que deixam o leitor insatisfeito.

Exemplo

Eis o esquema da argumentação de uma conferencia dada em 1956, na Federação Francesa dos Trabalhadores Sociais, por Jean Fourastié.

Tema: "O ENTUSIASMO PELO TRABALHO DESAPARECEU?"

Introdução
Há um profundo abismo entre a realidade do mundo moderno e a imagem que construímos desta realidade, e isto é particularmente verdadeiro no tocante ao trabalho.

Definições dos termos "trabalho" e "entusiasmo"; antinomia destes termos.

Separação entre o trabalho e a vida.

As más razões do descontentamento social
– O trabalho é muito duro. O fenômeno não é novo, o problema é outro: o homem percebe uma unidade entre seu trabalho e sua vida?

– O trabalho é parcelado, especializado demais, o homem não compreende o processo de produção. Na realidade, nunca o compreendeu, mas este mistério suscitava outrora o fervor, não a hostilidade. Por outro lado, *também* se perdeu o entusiasmo pelos trabalhos não parcelados.

– Os salários são muito baixos, o poder aquisitivo muito pequeno. Na realidade, o progresso do nível de vida é flagrante e existe entusiasmo pelo trabalho nos povos de nível bem baixo.

– Os níveis de vida são desiguais. Eles sempre foram.

As verdadeiras causas do descontentamento social
Estão na perda de sentido do trabalho.

Proposições
O problema é político e econômico.
As condições econômicas e culturais devem se igualar e realizar a integração completa dos indivíduos na sociedade.
O trabalho deve ser pensado em função das capacidades e necessidades físicas e psíquicas do homem, e devem se reconciliar trabalho e personalidade humana.
É preciso que o homem redescubra a unidade de sua vida.
FOURASTIÉ, Jean. *Idées majeures*. Paris, Gonthier.

O plano é simples:
Exposição do problema e da tese. Refutações das principais respostas dadas habitualmente. Exposição da "verdadeira" resposta e das soluções propostas.

À guisa de exercício, pode-se:
– apreciar a "verdadeira" resposta;
– tentar contestar as refutações do autor (o que só poderá ser feito depois de se ter compreendido bem os elementos nos quais elas se baseiam: de maneira geral, a ideia de que as condições de trabalho e as desigualdades sociais sempre existiram e que elas não acarretam, portanto, a desafeição ao trabalho).

Em todo caso, o destinador de uma mensagem não deve perder de vista que seu objetivo é duplo:
– *ser compreendido:* isto é, cuidar da legibilidade e da colocação dos problemas;
– *ser aceito:* isto é, seduzir com seu estilo e com a força de seus argumentos.

e. Mas não devemos nos esquecer de que os meios ou as técnicas vêm se transformando em procedimentos. O progresso da psicologia social e dos *mass media* levaram à utilização sistemática de procedimentos destinados a persuadir as pessoas sem que elas se deem conta disso. Sugestão, sedução, persuasão tornam-se, então, dissimuladas e desonestas.

Publicidade e propaganda extrapolam, assim, seu papel de *informação* para determinar os comportamentos que decorrem do reflexo condicionado. Isto é, comprovado pela ação sugestiva das imagens, das cores, das formas, das palavras (por exemplo, a utilização de termos científicos ou pseudocientíficos na publicidade), de *slogans*.

Não se trata de subestimar a publicidade, menos ainda a propaganda: seu papel de informação é inegável. Mas é preciso tomar consciência dos meios empregados; em outros termos, é preciso saber *ler* uma mensagem publicitária ou política, isto é, extrair dela a informação, julgar o valor dos argumentos e perceber os "efeitos de sugestão" (ver os exercícios).

Em suma, levar em conta o destinatário é antes de tudo ter o cuidado de estabelecer com ele uma *comunicação verdadeira*; comunicar é também reconhecer a existência do *outro*. É antes de tudo uma questão de respeito.

f. No domínio da *narrativa*, existem igualmente técnicas que permitem prender a atenção do leitor e produzir sobre ele certos efeitos (suspense, surpresa etc.). Não estamos considerando as narrativas puramente literárias (cf. 2.4), mas as narrativas utilizadas no domínio da informação: narrativas de imprensa, publicidade etc.

O objetivo do destinador é *dramatizar* a apresentação das informações, recorrendo a técnicas praticadas pelos contistas, romancistas, dramaturgos (ou por autores de novelas de rádio e TV):

– divisão da ação em *atos* ou *episódios*;
– valorização das personagens, do cenário e das circunstâncias;
– destaque das peripécias (teatralização, inversão de situação, desenlace etc.);
– adiantamento da conclusão (efeito de suspense dramático etc.).

Assim é que os acontecimentos policiais, os fatos políticos ou sociais, os elementos biográficos de personalidade "em voga" são muitas vezes apresentados sob a forma de narrativa. O interesse do leitor é dirigido, em detrimento da objetividade da informação.

Exemplo

EM NOME DE DEUS, MATARAM OS FILHOS

As cinco crianças encontradas mortas domingo na Praia de Ipitanga, no litoral norte de Salvador, foram sacrificadas por membros de uma estranha e até então desconhecida seita, a "Universal Assembleia dos Santos". "Elas desobedeciam os desígnios de Deus, seriam criminosos e ladrões quando crescessem e por isso Deus ordenou que elas morressem", justificou o líder da seita, o "profeta" e "pastor", José Maurino, de 28 anos, um dos 21 membros do grupo presos ontem pela polícia baiana.

Ao todo, foram sacrificadas oito crianças na faixa de nove meses a oito anos de idade, todas elas filhas dos próprios adeptos da misteriosa seita. Ontem, a polícia encontrou mais um corpo na praia do Stela Maris, próxima ao local onde forma encontrados os cinco corpos, no dia anterior, e, com a ajuda de membros do grupo, espera ainda hoje encontrar os outros dois corpos. Além dos 21 presos (sete mulheres, oito homens e seis menores) que estão sendo interrogados, outros vinte integrantes da "Universal Assembleia dos Santos" estão sendo procurados, pois, segundo o "profeta" Maurino, todos participaram dos sacrifícios "em nome de Deus".

O sacrifício das oito crianças foi realizado na noite de sábado, na praia de Ipitanga, onde o mar é bastante forte. O "pastor" Maurino contou que depois de entrar na água até os ombros, afogou uma por uma das crianças na presença dos integrantes do grupo.

Origem

A seita teve origem na cidade de Mundo Novo (a 292 km de Salvador) onde viviam, como lavradores, todos os membros do grupo, até um ano atrás. Nessa época, José Maurino, um então pacato trabalhador da "Fazenda Havana", católico, teria um "aviso divino". Tornou-se assim a própria "encarnação de Deus na Terra" e começou a pregar "a vontade divina, obedecendo apenas ao que Deus manda", segundo o próprio depoimento na polícia.

Em julho do ano passado, o número de adeptos começou a crescer, chegando a 40 pessoas, entre homens e mulheres, a grande maioria de jovens entre 20 e 30 anos. Todos eles asseguram que falam diretamente com Deus e dele recebem as ordens: abandonavam os nomes de batismo e adotam nomes "dados por Deus". Foi obedecendo aos "desígnios divinos" por exemplo, que José Maurino "casou-se" com Maria Nilza Oliveira "nome do mundo" – ou Marata – "nome dado por Deus" – 19 anos, e com ela teve um filho, hoje com seis meses, que deveria ter nascido homem, pois "é filho da promessa divina". Apesar de a criança ter nascido mulher foi lhe dado um nome de homem – "Mooto"– e é tratada como homem, com a curiosa explicação de que "foi castrada por Deus".

Diário do Povo. Campinas, 4/5/77.

A narrativa está "resumida" no primeiro parágrafo, que é a abertura do artigo, mas o leitor deverá continuar sua leitura até o fim, para procurar nela as possíveis razões para um acontecimento tão insólito.

Segue uma segunda exposição dos fatos, mais detalhada nos dois parágrafos seguintes.

Depois, há um *flashback*, a título de histórico, procedimento familiar aos romancistas e aos cineastas:

– 1º ato: a origem da seita: José Maurino, de lavrador a profeta místico;

– 2º ato: a expansão da seita e suas características incomuns (mudança de nomes a mando de Deus, a cegueira do fanático profeta que dá à filha nome de homem e a trata como tal, pois deveria ter nascido homem, "filho da promessa divina"): desvalorização do personagem.

O desenlace é somente evocado, uma vez que já foi narrado no começo do artigo.

Note o paradoxo presente no título do artigo ("em nome de Deus" não é compatível com "mataram os filhos"), como artifício para atrair a atenção do leitor.

g. *Exercícios*

1

Estude, nos textos seguintes, com que meios e com que intenção o leitor está implicado:
Ver os textos propostos no exercício 8.

2

A quem as seguintes mensagens são endereçadas?
Aponte os elementos que permitem identificar a personalidade sociocultural ou profissional do destinatário.

a.

Publicidade:
Ficamos horas seguidas neste barzinho, você falando das suas boas notas em Matemática e eu, de futebol. E cada dia nos entendemos melhor.

Hoje, nosso assunto vai ser outro. O diamante de noivado que eu vou dar a você. É o meu modo de ir ao xis da questão, já que encontramos um denominador comum.

b.

c. *Imprensa*
Para este exercício, consulte os editoriais dos jornais diários (*Jornal do Brasil, O Estado de S. Paulo, Folha de S. Paulo, O Globo, Jornal do Comércio, Correio Brasiliense* etc.), de jornais semanais (*Movimento* etc.) e/ou o jornal de sua cidade.

3
Redija uma carta pedindo emprego, endereçada ao chefe de Pessoal de uma empresa.

4
Redija uma carta solicitando um estágio de um mês numa empresa.

5
Redija uma carta solicitando uma licença (ou dispensa de aula; destinatário à sua escolha).

6
Redija um requerimento ao diretor de seu estabelecimento escolar ou unidade universitária, solicitando mudança de turma ou de horário (ou de departamento, no caso de unidade universitária).

7
Redija uma carta a um de seus professores, solicitando-lhe dispensa ou adiamento de uma prova por motivo de hospitalização cirúrgica.

8

Destaque dos textos seguintes:
– a colocação dos argumentos;
– a natureza e o valor dos argumentos utilizados;
– as relações entre informações, argumentos e procedimentos de sugestão.

a.

QUANDO EXISTE LUCRO, TODO MUNDO SAI LUCRANDO.

A relação entre lucro e ética é um constante tema de discussão. A condenação do lucro está se tornando lugar-comum, sendo frequentemente apontado como responsável pelos mais diversos problemas da sociedade, apesar de sua enorme importância econômica e social.

O lucro tem diversas funções. Em primeiro lugar, cria as bases de produção, fonte de todos os empregos gerados pela iniciativa privada.

O lucro é o único recurso que permite o cumprimento de programas sociais. A existência de melhores condições de trabalho. o pagamento de melhores salários. O atendimento médico e social. Os planos de alimentação, habitação e transporte de trabalhadores. A suplementação de seguros e aposentadoria. E, através do seu contínuo investimento, é o principal recurso para a criação de novos empregos.

O lucro é o instrumento fundamental na economia de mercado.

O lucro, no mais amplo sentido da palavra, é a força principal para motivação e inovação. O lucro estabelece orientação para a produção. Ele indica em que setores a força de trabalho e o capital devem ser empregados para satisfazer a demanda de consumo da maneira mais adequada e barata possível.

O lucro deve fornecer os recursos para os programas de produção e os esforços de vendas, para crianças de novos mercados, para pesquisa e desenvolvimento, para treinamento, expansão da produção e conservação ambiental.

Outra importante função do lucro é atrair capital de risco para os negócios. Sem lucro não existe capital de risco.

O lucro também se destina a pagar dividendos aos acionistas, interesses aos credores e impostos ao Governo.

Sem lucro, portanto, não pode haver investimento privado, nem empresa e, em última análise, nem sistema de economia de mercado.

O lucro é neutro: não é bom nem mau. O que pode ser questionado é a forma como ele foi obtido ou aplicado.

Parece mentira que com essa folha de serviços, o lucro ainda tenha inimigos. A estes devemos recordar que o lucro é neutro. Não é bom nem mau. O que pode ser questionado é a forma como ele foi obtido ou aplicado.

É claro que não defendemos o lucro antissocial, proveniente da eliminação da livre concorrência, de monopólios, de acordos para dominar mercados, de manobras para iludir o consumidor ou de recursos fraudulentos.

Referimo-nos ao lucro legítimo, instrumento fundamental no sistema de economia de mercado e sem o qual o sistema não existiria. Obtido com honestidade, eficiência e respeito humano e destinado com sabedoria e sentido social.

Portanto é imprescindível que aqueles que combatem genericamente o lucro se conscientizem que em verdade estão combatendo o próprio sistema econômico liberal, base essencial à democracia.

É necessário entender e promover o verdadeiro significado do lucro como instituição de fundo econômico, social e político, antes que seja tarde demais. Ao invés de ser atacado, ele tem de ser defendido. Pois isso significa defender os interesses de cada um e da sociedade como um todo.

MOVIMENTO
NACIONAL PELA
LIVRE INICIATIVA.

Coordenação do Conselho Nacional de Propaganda e participação deste veículo de comunicação.

IstoÉ, nº 257, 25/11/81. p. 56.

b.

A empresa moderna tem necessidade de crescer. De se expandir. Ampliar negócios, alargar a faixa de empregos novos. São obrigações da empresa. Aceito a empresa que não cresce por falta de mercado, ou falta de estrutura, ou de recursos humanos, técnicos e financeiros para o crescimento. Mas a economia de mercado não admite a empresa que escolhe ser pequena só porque teme o ônus da maior dimensão. Esta empresa tem a vocação da derrota, tanto quanto os homens sem grandeza que as dirigem.

Propaganda, nº 244, novembro/1976.

c.

Para enfrentar serviços que não escolhem hora nem lugar, a solução inteligente é um caminhão com a facilidade de manutenção de um Mercedes-Benz.

Um vazamento de água, um poste tombado, um reparo urgente na via pública são situações que exigem das equipes de manutenção dos serviços públicos um permanente estado de prontidão. Isso sem falar naquelas tarefas rotineiras, como coleta de lixo, que devem ser executadas com eficiência e regularidade. Para enfrentar serviços como estes, só mesmo um caminhão com as qualidades do Mercedes-Benz:

1 – Resistente e confiável, o Mercedes-Benz não vai falhar na hora em que você mais precisar dele.

2 – Com um pequeno raio de viragem, o Mercedes-Benz, é mais fácil de manobrar.

3 – Manutenção fácil e simples. Com o Mercedes-Benz, as equipes de trabalho podem se concentrar na manutenção do que é essencial: os serviços na cidade.

4 – Ampla gama de opções: sempre existe o Mercedes-Benz adequado para cada aplicação – na conservação de ruas, na entrega do gás, na coleta do lixo, nos consertos da rede elétrica, no corpo de bombeiros.

Se a sua empresa ou a sua cidade precisarem de soluções inteligentes de transporte, pense no Mercedes-Benz.

Um autêntico veículo de utilidade pública.

Soluções inteligentes em transporte.

Mercedes-Benz

d. MAIS UM FERIADO PARA OS BRANCOS

Negro no Brasil não conhece seu lugar nem reflete sobre o seu destino. Por isso, o Treze de Maio, data da Abolição da Escravatura, continua sem nenhuma significação, especialmente para os negros que não gostam de pensar sobre os seus problemas, "criados pelos brancos", segundo o professor Eduardo Oliveira e Oliveira, sociólogo formado pela USP, com vários cursos de pós-graduação, especialista na área de relações sociais e preocupado com a experiência do negro no Brasil.

Eduardo acha que o "Treze de Maio é data para refletir, não para comemorar". Refletir sobre o papel do negro; "No ano que vem, a abolição vai completar 90 anos e ainda não sabemos nada sobre o destino desse grupo", diz Eduardo, que em 1975, escrevera uma Carta Aberta ao Presidente Geisel sobre o problema. Geisel, depois de recusar o convite de várias associações negras para participar das comemorações do Treze de Maio, tinha prometido "recuperar a data", principalmente em termos de feriado. Eduardo afirmou nessa carta:

"– Recuperar o Treze de Maio como feriado é fazer os paulistas viajarem para Guarujá, os baianos para Itapoã e os cariocas para o Arpoador."

"O que me parece terrível é que o negro saiu da sua condição de escravo sem nenhuma acumulação primitiva, seja de capital ou intelectual. Por isso que até hoje não surgiram condições para o negro elaborar e articular sua situação. O que vemos, então, é a imensa população negra dentro dos mais baixos escalões do mercado de trabalho e sem condições de progredir."

"O negro brasileiro está procurando no *soul* (o que não é de todo negativo, já que é uma identidade negra) e está se projetando na África, principalmente agora que ela ressurge como potência. Mas na medida em que ele se identifica com a África ele esquece a sua identidade aqui dentro, a sua condição de negro dentro da realidade socioeconômica. Todo negro brasileiro quer descender de realezas e impérios africanos. Todos querem se identificar com o império do Benim (a religião iorubá, de onde surgiu o candomblé brasileiro), esquecendo Angola, Congo etc., verdadeiras fontes de formação cultural do negro aqui."

"*Que caminhos se estariam abrindo hoje, para o negro no Brasil?*"

"Me parece que não se está abrindo caminho nenhum, ou melhor, estão se abrindo os caminhos normais de um país em desenvolvimento, com os negros ocupando as faixas mais baixas do sistema de trabalho. Atualmente virou moda falar de negro. Diz-se muita coisa, escreve-se muito, mas nada se faz em termos práticos. Tudo muito teórico, muito acadêmico, defesas de tese, ou maneiras de angariar fundos de organismos internacionais. Eu não sei quem está disposto a se dedicar às relações raciais no Brasil, para fazer disso um instrumento de trabalho, de pesquisa científica. Por exemplo, no próximo encontro da Sociedade Brasileira Para o Progresso da Ciência, (SBPC) haverá um simpósio especial sobre Brasil Negro. Vamos ver se de lá surge alguma proposta a nível prático."

Eu acharia muito difícil dizer "o problema do negro no Brasil" porque nem o negro está definido. A partir do momento em que retiraram o item cor dos recenseamentos, com o argumento de que não há racismo no Brasil, esvaiu-se a última oportunidade que tínhamos de calcular o número real da população negra, e em que condição social ela está. Por isso digo problemática e não problema. As vítimas reais dessa situação de preconceitos não tem nem condição de entendê-la. Mas existe uma problemática, quando uma pessoa vai a um clube e não deixam ela entrar; existe uma problemática, senão não existiria a lei Afonso Arinos, que protege os direitos dos negros; existe uma problemática, senão não sairia no jornal...

Estar aqui, sendo não branco, é como estar na casa mas não ser da casa. E quando eu digo preconceito, é pensar no negro como um cidadão de segunda categoria, ou como a mãe preta, ou a mulata gostosa.

Quanto mais o negro consegue ascender social e culturalmente, mais ele vai sentindo as dificuldades, os olhares, as negativas, as desculpas. Enquanto ele pertence às camadas menos favorecidas, ele está integrado na sua classe – de marginal ou boia-fria.

De Mirna Grzich.
Folha de S. Paulo.
13/5/77.

9
A partir dos temas propostos abaixo:
– proponha uma tese geral;
– construa uma argumentação:

O progresso
A cultura livresca
A cultura popular
A intolerância
A mecanização
Os partidos políticos
Esporte amador e esporte profissional
Os parques infantis nos grandes aglomerados urbanos.

10

A ARTE DE PERSUADIR

Qualquer que seja o objeto de persuasão, é mister ter em conta a pessoa a quem se quer persuadir; é preciso conhecer seu espírito e seu coração, que princípios ela abraça, que coisas ela ama; e em seguida assinalar, na coisa de que se trata, que relações ela tem com os princípios reconhecidos, ou com os objetos deliciosos pelos encantos que se lhe atribuem. De sorte que a arte de persuadir consiste antes em concordar do que em convencer, assim como os homens se governam mais por capricho que por razão!

PASCAL. *Da arte de persuadir.*

Que forma de persuasão Pascal privilegia neste texto? Que técnica ele preconiza?
Em que domínios atuais esta forma de persuasão se encontra particularmente ativa? Dê exemplos precisos.

11

Nos textos seguintes:
– esquematize a narrativa segundo a progressão dos fatos;
– evidencie os procedimentos de valorização das personagens, do cenário, ou das ações;
– caracterize as relações entre as personagens. De que tipo(s) de narrativa(s) se trata?

a.

A RIVALIDADE CAMPINEIRA CHEGA AO PACAEMBU

Sentado ao centro de uma mesa de reuniões, cadeira de espaldar alto, à sua frente um bloco de papéis onde anota cifras rapidamente, Leonel Martins de Oliveira, o jovem presidente do Guarani tem às costas um enorme armário que toma toda a parede repleta de troféus conquistados por seu clube. Apesar do olhar quase infantil não denunciar nenhuma apreensão, Leonel confessa-se preocupado:
– Temos que conseguir o maior número de ônibus que pudermos até sábado. Estamos contatando todas as empresas de Campinas e da região. A FEPASA ficou de confirmar até amanhã um trem especial somente para levar mais torcedores para São Paulo. Precisamos levar de 25 a 30 mil pessoas ao Pacaembu para apoiar o time.
Ao saber desta pretensão do presidente do Guarani, na frente do Estádio Moisés Lucarelli, Conceição, que se intitula a torcedora mais fanática da Ponte Preta (uma espécie de Elisa, a torcedora símbolo do Corinthians), dá uma grande gargalhada e afirma:
– Aqueles lá de baixo? Não conseguem levar nem três mil pessoas para o Pacaembu no sábado. Nem pagando. Assim mesmo, estou sabendo de um amigo meu, torcedor da Ponte Preta, que vai pegar

carona no ônibus deles e lá em São Paulo vai passar para o lado da torcida do Botafogo. É isso mesmo. Vamos torcer para o Botafogo. Viva o Botafogo!

Este estado de espírito revela bem o nível de rivalidade entre os torcedores da Ponte Preta e do Guarani. A torcida da Ponte Preta, a maior de Campinas, tem mais um motivo para se identificar com o Botafogo que, apesar de pertencer a outra cidade, é também o time mais popular, rivalizando com o Comercial, que na ordem das coisas seria o Guarani de Ribeirão Preto.

Mas nem isso, nem a má campanha do Guarani que chegou à classificação com a mais fraca campanha dos quatro times que disputarão as semifinais do primeiro turno do Campeonato Paulista este fim de semana, conseguem abalar a convicção de Leonel Oliveira de que uma grande quantidade de pessoas virá à capital para torcer pelo seu time.

– A torcida do Guarani pode não ser tão grande como a da Ponte, mas é muito fiel. Mesmo reconhecendo que o time não vive uma boa fase não irá negar o seu estímulo. Depois de estarmos facilitando ao máximo. Os torcedores que comparecerem uniformizados só precisarão pagar o ingresso, pois o transporte será por nossa conta. Eles devem comparecer aqui na frente do estádio ao meio-dia de sábado para apanhar os ônibus. Os que preferirem a caravana que sairá da avenida Moraes Sales, pagarão quinze cruzeiros mais o ingresso. Os que preferirem o trem, pagarão apenas cinco cruzeiros mais o ingresso. O trem vai parar na Água Branca. Todas as caravanas têm a saída prevista para o meio-dia. Ontem e hoje já veio uma porção de gente procurar os ingressos. Infelizmente eles só chegarão hoje (ontem) à tarde: 10 mil arquibancadas, mil numeradas e 4 mil ingressos de menores. Não vai dar. [...]

Ontem o Guarani treinou em dois períodos. Todos fizeram física pela manhã, treinaram velocidade, sendo que os goleiros treinaram individualmente com o preparador físico Carioca. À tarde, houve um treino tático e técnico – primeiro jogadores de defesa e ataque separadamente, depois juntos. Hoje haverá mais física pela manhã e um coletivo à tarde, quando Paulo Emílio definirá a equipe.

AQUINO, José Roberto. *Folha de S. Paulo.* 12/5/77.

b.

PAUL ÉLUARD. UM HOMEM NOVO A CADA NOVO AMOR

Num dia de março de 1924, Éluard desapareceu e o boato de sua morte se espalhou em Paris. Os pais e os amigos foram incapazes de dar a menor notícia do poeta. Artigos necrológicos apareceram na imprensa.

André Breton, preocupado com a sorte do amigo, fala dele nestes termos: "Quem é ele? Onde vai? O que se tornou? O que se tornou o silêncio em torno dele?".

De fato, Éluard, terrivelmente cansado e frustrado, quis fugir, esquecer. No dia 15 de março de 1924, embarcava em Marselha no primeiro navio e deixava a França, sem dar sinal de vida.

Foi um longo percurso em volta do mundo, uma viagem sem fim preciso, que o levou à Oceania, à Malásia e à Índia. Sabe-se muito pouco sobre essa viagem.

Partia para perder-se e o que encontrou no caminho foram imagens mágicas que depois, talvez por serem desconhecidas antes, não pararam de persegui-lo: as Antilhas, o Panamá, a Oceania.

Parou no Taiti, nas Ilhas Cook, Nova Zelândia, Austrália, Célèbes, Java, Sumatra, Indochina e Ceilão.

Muitos pensaram que Éluard percorria o mundo para fugir. Na realidade, estava à procura de Gala, que partira para o Extremo Oriente.

E, em Singapura – graças a que milagre? – após sete meses de aventura, ele a encontra, ao mesmo tempo que é encontrado pelos amigos. Resultado: todos embarcam num cargueiro de volta à Marselha e Paris.

Éluard e Gala voltam à vida dos anos loucos, desta vez em Montmartre, frequentado pelos surrealistas. Ele agora é famoso poeta de "Mourir de ne pas Mourir" e "Capitale de la Douleur", e é também o homem que aderiu ao Partido Comunista (em 1927), com Louis Aragon, Benjamim Péret e André Breton.

Mas no amor, tudo vai mal. Gala já não é a mesma mulher, aquela "princesa longínqua", a "pequena russa sonhadora", a "loura menina das neves". Ela se mostra desconhecida, jovem, ardente, que sonha com o luxo, prazer e paixão.

Brilhante, sedutora, genial, falante, transforma-se em "musa do surrealismo". Uma noite encontra-se com Salvador Dalí num bar. Foi amor à primeira vista, com final feliz: os dois se casam.

Em "Défense de Savoir" (Proibido Saber), "L'Armour" (O Amor), "La Poésie" (A Poesia) – escritos em colaboração com André Breton e René Char – e em "Immaculée Conception" (Imaculada Conceição) – escrito com Breton – Éluard descreve a sua dor.

Mas o poeta continua loucamente apaixonado por Gala. Ela também, apesar do amor que sente por Dalí, continua ligada a Éluard. Eles se escrevem. E suas cartas são a de dois amantes. Durante meses, anos, fica confuso, triste, errando pelas ruas quando a noite chega, sem sonhos.

É nessa época que escreve "La Vie Immédiate" (A Vida Imediata) e "La Rose Publique" (A Rosa Pública).

E, certa noite, reencontra a alegria numa esquina. Anda sem destino, quando, de repente, pára ao lado de uma mulher jovem que olha um quadro de Miró, exposto numa vitrine.

Rosto de madona, imensos olhos pretos, ela parece perdida na solidão da noite. Usa um casaco surrado, um pobre chapeuzinho ridículo com uma pluma lastimável. Tanta beleza perdida desperta nele, subitamente, os encantos da infância pobre em Saint-Denis.

Tomado por repentino fervor, aborda a mulher. Abre a porta de um táxi, onde os dois entram sem uma palavra.

Quem é essa desconhecida encontrada na rua? Uma pobre dançarina de um café concerto qualquer. De origem alsaciana, chama-se Maria Benz, mais conhecida como Nush. Foi uma criança educada na profissão de seus pais, pobres comediantes ambulantes. Ela também ganha a vida com dificuldade, mas não se queixa. Parece até que ama essa vida precária, difícil. Sempre viveu entre pobres. Fala neles com ternura e respeito.

Ele tinha imaginado e descrito esse encontro num dos poemas de "La Vie Immédiate" (A Vida Imediata).

Mais, julho/1974. pp.72-3.

2.3.5. A função metalinguística nas mensagens escritas: definir e explicar

Lembrete: a *metalinguagem* é a linguagem que fala da própria linguagem. É um instrumento necessário sempre que se quer definir ou exprimir um aspecto qualquer da linguagem (do código) que se está utilizando (ver 1.6.1).

Assim, a função metalinguística intervém essencialmente nos textos explicativos ou didáticos. Todavia, ela se revela não só na linguagem científica, mas sempre que uma linguagem "fala" das significações da linguagem ou mesmo de um outro código.

Barthes, por exemplo, mostrou que os textos que comentam as fotografias das revistas de moda constituem uma metalinguagem na medida em que explicitam o "código" relativo à vestimenta (exemplo: texto que acompanha uma fotografia na revista *Elle*...

O *smoking*: paletó comprido e acinturado, fechado com um só botão e com fenda nas costas. De cada lado da calça larga: um friso em cetim tom sobre tom).

O texto comenta a fotografia, explicita-a, chama a atenção do leitor para seus detalhes. Constitui uma linguagem "sobre" uma outra linguagem, a da fotografia.

Neste capítulo, consideraremos somente as técnicas de expressão da *definição* e da *análise-explicação*.

a. A definição

Denomina-se *lexicografia* a técnica dos dicionários. Para a lexicografia, o problema da definição não é dos mais simples. Como definir uma palavra? Podem-se distinguir, a *grosso modo*, dois tipos de dicionários, propondo dois tipos de definições:

– os dicionários enciclopédicos, que escolhem definições que fornecem o máximo de informações possíveis sobre os *objetos* aos quais as palavras remetem;

– os dicionários de "língua", que se prendem mais às palavras, à sua forma, sua origem, seus empregos, – do que aos objetos.

No primeiro caso, encontraremos definições descritivas, precisas, que procuram reunir os traços característicos do objeto, e que vão do geral ao específico.

Exemplo

> **Leão.** [Do lat. *leone*] *S.m.***1.** O mais conhecido dos mamíferos/ da ordem dos carnívoros,/ da família dos felídeos *(Panthera leo)*/ o qual habita as estepes e as savanas densamente cobertas de arbustos./ Atualmente restrito à África, chegou a habitar a Península Balcânica, na Europa./ Pode atingir 2,70 m de comprimento da cauda à cabeça,/ e pesar 200 a 250 kg;/ a cor varia do amarelo laranja ao cinzento amarelado./ Predador,/ caça nas aguadas, onde surpreende, principalmente, zebras e antílopes./ Gestação de três meses, com dois a três filhotes de cada vez./
>
> FERREIRA, Aurélio Buarque de Holanda. *Novo dicionário da língua portuguesa*. Rio de Janeiro, Ed. Nova Fronteira.

Separamos no texto os traços principais que, efetivamente, vão do geral (mamífero) ao particular.

No segundo caso, a definição descritiva poderá ser substituída por uma definição nominal ou vir acompanhada dela, utilizando os sinônimos (palavras equivalentes) ou antônimos (palavras contrárias), e ser completada por exemplos ou citações que precisam tal ou tal emprego da palavra. Certos dicionários alargam o domínio estrito da definição agrupando em torno de um termo de base os termos derivados e compostos ou os termos de sentido análogo.

Exemplo

> LÍQUIDO, adj. (quím.) diz-se dos corpos cujas moléculas, sem perderem a aderência, são dotados de extrema mobilidade tomando por isso a forma dos vasos que as contem. (Opõem-se a *sólido* e a *gasoso*.) (Xaroposo, viscoso.) (Fig.) Perfeitamente determinado; apurado, ajustado; que não tem já deduções a experimentar; liquidado: o *líquido* produto de uma conta de venda; pagando juros excessivos que os seus rendimentos *líquidos* não comportam (Brito Camacho, *Cerros e Vales*, p. 183). // Com./*Dívida líquida*, a que resultou da liquidação ou ajuste de contas; (jur.) aquela cuja importância se acha determinada ou pode determinar-se dentro do prazo de nove dias. (Cód. civil, art. 765, nº 3, § 1º). // *Estado líquido*, o estado próprio dos corpos líquidos. // *O líquido elemento*, a água. // *O líquido império* (poet.), o mar. // *Líquido cristal* (poet.), a água cristalina e pura: Aqui Narciso em *líquido cristal* se namora de sua formosura (Camões). // (Gram.) *Consoante líquida*, a que, vinda depois de outra consoante com a qual forma um grupo na mesma sílaba, conserva distinto o seu som natural; tais são as letras *l, r* e também *m* e *n*. // –., s. m., um corpo líquido; bebida ou alimento líquido. // F. Lat., *liquidas*.
>
> *Dicionário Contemporâneo da Língua Portuguesa – Caldas Aulete.*

De passagem, notem-se as outras informações dadas pelo dicionário: natureza gramatical, etimologia etc.

b. A análise, a explicação, o comentário

Esses três exercícios têm por objetivo comum a decodificação detalhada de um texto. Trata-se de aclarar seus pontos obscuros, de destacar nitidamente suas articulações e seu conteúdo, de interpretar suas intenções e seus prolongamentos. No entanto os modos de investigação diferem:

– A *análise* limita-se a exibir as ideias e os fatos essenciais de um texto, assim como suas relações, e a caracterizar sumariamente seu tom, seu estilo, o gênero a que pertence. Esclarece as intenções do autor, ordena logicamente suas ideias, partindo da *ideia diretiva* do texto à qual relata as ideias secundárias. Ela não *comenta* o texto; não o *julga*. Permanece, portanto, o tanto quanto possível, *objetiva*.

Para executar uma análise, cumpre:

1. Determinar a ideia diretiva do texto.
2. Determinar o tom ou o estilo de conjunto da passagem e a partir daí deduzir o tipo de texto considerado (para tanto, é útil um estudo das funções representadas).
3. Precisar as ideias secundárias e suas relações com a ideia diretiva.
4. Ressaltar as articulações lógicas do texto.

– A *explicação* de texto executa um estudo mais profundo. Compõe-se:

• De uma *introdução*, que situa o texto no seu contexto e que precisa eventualmente suas condições de produção (data, lugar etc.);

• De uma *rápida caracterização do tom*, do conteúdo, e dos objetivos do texto (retrato, descrições, panfleto etc.);

• De uma *descrição de seu "movimento"* ou de sua organização geral (o que é abusivamente designado pela palavra "plano");

• De uma *explicação detalhada*, respeitando a ordem do próprio texto. Sem valorizar cada palavra, trata-se de explicar o texto em detalhe, isto é, à medida de seu desenvolvimento, de elucidar as passagens difíceis, de dar conta das ideias e de seu encadeamento (em particular, de salientar as articulações do texto), de comentar tal ou tal aspecto do texto referindo-se à época em que foi escrito, ao gênero a que pertence, ao objetivo visado por ele etc. Não se deve parafrasear o autor, mas aclarar, elucidar e sobretudo mostrar como o texto se *organiza e se desenvolve*. Em suma, deve-se conduzir simultaneamente uma *descrição* e uma *explicação-interpretação* do texto.

De uma *conclusão*, que reúna, numa rápida síntese, os elementos essenciais da explicação analítica e julgue os objetivos e o valor do texto. Esse juízo deve ser proferido relativamente a esses objetivos e ao gênero do texto, e estar fundamentado nos elementos da análise. Evitar os juízos bruscos, peremptórios e não fundados, sejam eles positivos ou negativos.

Para ser bem realizada, a explicação do texto será precedida de uma análise semelhante àquela que definimos acima.

A explicação de texto é, em geral, praticada oralmente. Seria longo e fastidioso escrevê-la, posto que ela obriga a se retomar cada detalhe do texto. Para o texto escrito, portanto, preferir-se-á o comentário à explicação.

– O *comentário*. Há dois tipos de comentários: *o comentário corrido* e *o comentário detalhado*.

O *comentário corrido* assemelha-se à explicação de texto, mas, geralmente tem por objeto textos mais longos. Por isso, não entra nos detalhes e examina o texto por "blocos", com o mesmo objetivo que a explicação: dar conta da organização do texto, de suas ideias, esclarecê-lo, apreciar seus propósitos, seu valor e sua função.

O *comentário detalhado* aplica-se geralmente a textos curtos, mas organiza os elementos da análise num plano. Diferentemente da explicação de texto, que estuda o texto no seu desenvolvimento, o comentário detalhado ordena de maneira metódica, por "rubricas", os elementos de maior interesse descobertos na página.

Numa análise preliminar, determinar-se-á:
– o tipo de texto considerado: gênero, tom;
– a organização de conjunto: movimento, plano, articulações...;
– o objetivo do texto;
– os meios mobilizados para atingir esse objetivo (ver a análise).

Em seguida, a partir dos elementos dessa análise, será construído o plano do comentário, procurando-se primeiro determinar uma *parte descritiva* para, em seguida, passar à

interpretação e à *apreciação* do texto. O comentário comportará portanto:
• Uma *introdução* que fixa em algumas frases o principal interesse do texto e anuncia o plano adotado.
• Um *desenvolvimento organizado* em "partes", por exemplo:
1.ª parte, descritiva: movimento do texto, temas ou ideias principais, suas relações;
2.ª parte, explicativa: interpretação, busca das significações do texto;
3.ª parte, reflexiva: apreciação dos objetivos e dos meios utilizados, papel, lugar e valor do texto.
• Uma *conclusão*.

A dificuldade reside na determinação dos pontos de vista ou dos níveis, segundo os quais a descrição e a interpretação serão conduzidas. A esse respeito, convém determinar com cuidado o tipo de texto com que se está lidando e conduzir o estudo a partir desse elemento (ver sobre esse ponto 2.4).

Análise, explicação e comentário aplicam-se geralmente aos textos literários.

Completar-se-á, portanto, esta seção com a leitura da seção 2.4 e tomar-se-á o cuidado de sempre lembrar que a explicação e o comentário devem permitir a passagem da análise do conteúdo denotado para a análise do conjunto das *conotações*.

Exemplo

> O que convencionalmente se chama saúde é simplesmente um aspecto momentâneo, transportado para um plano abstrato, de um estado mórbido, um caso particular já superado, reconhecido, definido, consumado, eliminado e generalizado para uso da sociedade. Assim como uma palavra só entra no Dicionário da Academia Francesa quando gasta, despojada do frescor de sua origem popular ou da venusidade de seu valor poético, quase sempre mais de cinquenta anos após sua criação (a última edição do douto dicionário é de 1878) e a definição que dela se dá a conserva, a embalsama, apesar de decrépita, numa pose nobre, falsa, arbitrária, que ela jamais conheceu no momento em que estava em voga, quando era atual, vigorosa, ime-

diata, assim a saúde, reconhecida como um bem público, não passa de um triste simulacro de uma doença fora de moda, ridícula, imóvel, algo de solenemente caduco que mal se aguenta em pé entre os braços de seus aduladores e que lhes sorri com seus dentes postiços. Lugar comum, clichê filosófico, é alguma coisa morta. E é talvez a morte.

CENDRARS, Blaise. *Moravagine*.

1. *Análise preliminar*, válida para os três tipos de exercícios.

Situação do texto: O texto é extraído de um romance de Blaise Cendrars, *Moravagine* (1926). Está situado no começo do livro, quando o narrador, médico, apresenta suas observações e suas reflexões a respeito da doença e da saúde.

Ideia diretiva: A saúde é um estado mórbido, estático, uma forma de morte.

Mas o texto contém uma longa comparação, quase uma digressão:

A saúde é, como as palavras do dicionário da Academia Francesa, algo desvitalizado e estático.

Tom e estilo: O texto defende um paradoxo num tom polêmico caracterizado pelo vigor dos termos, pela acumulação de adjetivos, pelas comparações e imagens surpreendentes (manifestações da função expressiva: trata-se da apresentação de uma tese pessoal e particularmente original).

Organização do texto: Apresentação da tese na primeira frase. Comparação com as palavras do dicionário da Academia, imagens que reforçam a tese. Conclusão: a saúde é talvez a morte.

Note-se que a tese é afirmada, mas nunca demonstrada. O autor procura persuadir bem mais pela força de suas afirmações e pelo poder de sugestão de suas imagens do que por argumentos.

A organização dos temas e das imagens caracteriza-se por um jogo de oposições:

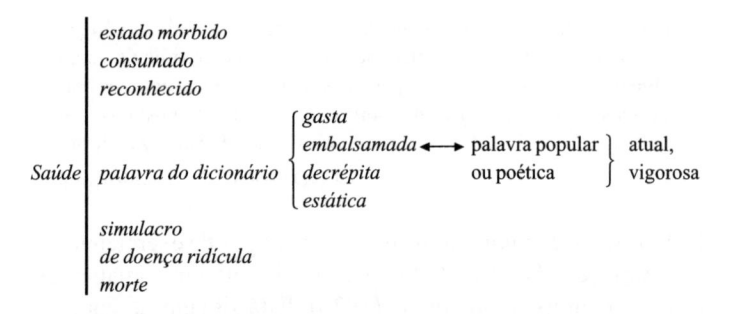

	estado mórbido			
	consumado			
	reconhecido			
Saúde	palavra do dicionário	{ gasta embalsamada ⟷ decrépita estática	palavra popular ou poética	atual, vigorosa
	simulacro			
	de doença ridícula			
	morte			

Tanto a saúde como as palavras do dicionário são *imóveis e mortas,* ao passo que a doença (implicitamente oposta à saúde) e as palavras populares e poéticas são *imóveis e vivas.*
Observemos, finalmente, que aqui se trata, essencialmente, de saúde e de doença *mentais.*

2. Análise proposta

Nesse texto extraído de *Moravagine,* o narrador, um médico, tenta desmistificar a noção de saúde. Afirma, num tom polêmico e violento, que a saúde mental é apenas um estado mórbido, imóvel, uma espécie de morte, talvez a própria morte. Assim, a saúde se assemelha às palavras do dicionário, desvitalizadas, estáticas; é do lado da doença e da poesia que a vida se encontra.

3. Explicação de texto

Não tentaremos escrever a explicação desse texto. A introdução, a caracterização do tom, do objetivo e do movimento do texto que estão indicadas acima.
A explicação detalhada salientaria:
– na primeira frase, a apresentação do paradoxo, a oposição ao que é *convencional* e "para uso da sociedade" (e que será desenvolvida a propósito do dicionário), o acúmulo de adjetivos e seu valor expressivo.
– na segunda frase, a estrutura da grande comparação, a explicação da palavra *venusidade* (Vênus, deusa da Beleza e do Amor: venusidade conota Beleza *e* a Vida), a oposição entre

vida e morte, o acúmulo de adjetivos, a força das imagens (pouco a pouco se constitui a imagem da morte: "dentes postiços").

– nas duas últimas frases, o liame com o que precede, a preparação de ideia de morte, a fusão operada entre saúde e linguagem (utilização dos termos "lugar-comum... clichê"), a recusa do que é comum (cf. "a saúde reconhecida como um bem público").

Conclusão: O objetivo do texto não consiste somente em expor um brilhante paradoxo sobre a saúde, mas em linguagem viva (a da poesia). De modo mais geral, ele defende o movimento, a evolução, que são a vida, contra o imobilismo, o conformismo (simbolizado pelo dicionário), que são a morte.

4. *Comentário detalhado*

Aqui indicaremos somente um dos planos possíveis. Este será completado pelas indicações fornecidas acima.

Introdução. O texto, extraído de *Moravagine* de Blaise Cendrars, constitui a apresentação, feita por um médico, de um curioso paradoxo: a saúde é talvez a morte. No entanto, a maneira como essa surpreendente tese foi sustentada pelo autor nos mostrará que ela é bem mais do que uma brilhante e inútil divagação.

I. *Descrição do texto:*
   a. Movimento do texto (ver acima).
   b. Características do estilo: a afirmação, os modos de persuasão (comparações, imagens).
   c. Organização dos temas: saúde/doença, palavras do dicionário/palavras poéticas, imobilidade/movimento, vida/morte (ver o esquema).

II. *Interpretação do texto*:
   a. Sentido manifesto: a saúde como a morte.
   b. Num nível profundo: o movimento, a evolução, a originalidade opostos à imobilidade e ao conformismo. Sentido *moral* do texto.
   c. No nível poético: definição e defesa da linguagem poética. A poesia como impulso vital.

Conclusão. Quem fala é bem mais um poeta do que um médico. Mas a escrita é aqui definida como ação, assim como a doença. Desse modo, a criação poética é uma doença, vale dizer, a própria vida.

Vê-se que, para além do paradoxo, uma ética e uma estética confundidas se exprimem nesse texto.

c. *Exercícios*

1

Em que medida os textos abaixo parecem-lhe constituir "metalinguagens"?

Texto 1

O que é uma geometria plana afim?
 Axiomaticamente, é:
 • um conjunto P (chamado "conjunto de pontos" ou "conjunto de blocos");
 • um conjunto R (chamado "conjunto de retas" ou "conjunto de variedades");
 • uma relação binária em R chamada paralelismo e uma relação binária de P para R chamada relação de incidência, cujas propriedades são definidas por três axiomas.

CORNE-LAURENT-ROBINEAU. *La géometrie, action et structure*. Paris, Casterman, 1972.

Texto 2

1. Imagem:
  – informações claras, sem ambiguidade:
   "Batman" e "Robin" (já é do conhecimento dos aficcionados dos Q [Quadrinhos]) ;
   "Batman faz gesto de parar";
   "o chofer do caminhão";
   "o automóvel na frente do caminhão";
   "o caminhão de entrega";
   "as árvores (sinais secundários contextuais, de simples composição)".
  – informações com ambiguidade:
   "o gesto de Batman";

"a ação de Batman";
"a posição dos dois veículos (colisão ou encontro? colisão batmóvel X caminhão ou caminhão X batmóvel?)";
"o tipo dos veículos";
"a pessoa que está no caminhão";
"o gesto de Robin".

2. Texto:
   – legenda:
   O batmóvel [...] fixa uma informação sobre o carro de Batman mas é redundante (já é do contexto dos leitores dos quadrinhos); [...] dá uma fechada no caminhão [...] fixa o significado da cena e destrói a ambiguidade da imagem.
   – balão de Batman:
   /Espere/ é redundante, porque o gesto de Batman diz a mesma coisa.
   /leiteiro/fixa o significado do "chofer do caminhão".
   /quero fazer-lhe uma pergunta/ acrescenta uma nova função à ação narrativa e esclarece o motivo que deu origem a esta cena.
   – balão de Robin:
   /E é bom ter as respostas certas/. Esta frase é redundante pois, como continuação da frase anterior de Batman, traz as mesmas informações.
   – letreiro no caminhão:
   Leite, Leite. Fixa, como índice, o significado do caminhão ("caminhão de entrega do leite"). É redundante em relação ao texto de Batman (/leiteiro/)

   CAGNIM, Antonio Luiz. *Os quadrinhos*. São Paulo, Editora Ática, 1975. p. 145-6.

Texto 3

Conjunto de calça ajustada em algodão e blusa de gola *rulé* lilás bem clarinha e blusão longo em malha listrada com *coulissé* no decote, punhos e quadris, e conjunto amarelo de calça e vestido reto com capuz em algodão, usando com blusa de gola *rulé* bem ampla.

Desfile. nº 90. março/1977.

2
Consulte os principais dicionários de uma biblioteca. Determine sua natureza, seus objetivos, as datas em que foram publicados. Faça um estudo comparativo das definições

propostas para um mesmo termo. A esse propósito, poderá ser estudada a evolução dos sentidos das palavras.
Termos propostos:
ingenuidade
povo
pasto
átomo
baleia
etc.

3
Elabore definições:
– descritivas,
– nominais,
– com o auxílio de exemplos,
para cada uma das seguintes palavras:
exilado
verbo
autoridade
barco
pescoço
operário
enganar
etc.
Deverão ser levados em conta os diferentes sentidos dos termos e, principalmente, seus usos figurativos. Compare suas definições com as de um dicionário recente.

4
No seguinte texto:
– determine a ideia diretiva;
– destaque o encadeamento das ideias e as articulações lógicas.

[...] o escritor se habituou a produzir para públicos simpáticos, mas restritos, e a contar com a aprovação dos grupos dirigentes, igualmente reduzidos. Ora, esta circunstância, ligada à esmagadora maioria dos iletrados que ainda hoje caracteriza o país, nunca lhe permitiu diálogo efetivo com a massa, ou com um público de leitores suficientemente vasto para substituir o apoio e o estímulo de pequenas *elites*. Ao mesmo tempo, a pobreza cultural destas nunca permitiu a formação de uma literatura complexa, de qualidade rara, salvo as devidas exceções. *Elite* literária, no Brasil, significou até bem pouco tempo, não refinamento de gosto, mas apenas capacidade de interessar-se pelas letras.

Correspondendo aos públicos disponíveis de leitores – pequenos e singelos – a nossa literatura foi geralmente acessível como poucas, pois até o Modernismo não houve aqui escritor realmente difícil, a não ser a dificuldade fácil do rebuscamento verbal que, justamente porque se deixa vencer logo, tanto agrada aos falsos requintados. De onde se vê que o afastamento entre o escritor e a massa veio da falta de públicos quantitativamente apreciáveis, não da qualidade pouco acessível das obras.

Daí o êxito (dentro das limitações apontadas) de todo escritor de talento, apesar de muita demagogia romântica em contrário. Nenhum exemplo mais significativo que o de Euclides da Cunha, *difícil*, afrontando os poderes, fustigando o Exército – e no entanto aceito triunfalmente pelo Exército, pelos poderes, pelos leitores.

> CÂNDIDO, Antônio. *Literatura e sociedade.* 5ª ed. São Paulo, Companhia Editora Nacional, 1976. pp. 85-6.

5
Redija uma análise do seguinte texto:

De *Aruanda* a *Vidas secas*, o Cinema Novo narrou, descreveu, poetizou, discursou, analisou, excitou os temas da fome: personagens roubando para comer, personagens matando para comer, personagens fugindo para comer, personagens sujas, feias, descarnadas, morando em casas sujas, feias, escuras: foi essa galeria de famintos que identificou o Cinema Novo com o *miserabilismo*, hoje tão condenado pelo Governo do Estado da Guanabara, pela Comissão de Seleção para Festivais do Itamaraty, pela crítica a serviço dos interesses oficiais, pelos produtores e pelo público – este último não suportando as imagens da própria miséria. Este *miserabilismo* do Cinema Novo opõe-se à tendência do digestivo, preconizado pelo crítico mor da Guanabara, Carlos Lacerda: filmes de gente rica, em casas bonitas, andando em automóveis de luxo: filmes alegres, cômicos, rápidos, sem mensagens, e de objetivos puramente industriais. Estes são os filmes que se opõem à fome, como se, na estufa e nos apartamentos de luxo, os cineastas pudessem esconder a miséria moral de uma burguesia indefinida e frágil, ou se mesmo os próprios materiais técnicos e cenográficos pudessem esconder a fome que está enraizada na própria incivilização. Como se, sobretudo, neste aparato de paisagens tropicais, pudesse ser disfarçada a indigência mental dos cineastas que fazem este tipo de filmes. O que fez do Cinema Novo um fenômeno de importância internacional foi justamente seu alto nível de compromisso com a verdade; foi seu próprio *miserabilismo*, que, antes escrito pela literatura de 30, foi agora fotografado pelo cinema de 60; e, se antes era escrito como denúncia social, hoje passou a ser discutido como problema político. Os próprios estágios do *miserabilismo* em nosso cinema são internamente evolutivos. Assim, como observa Gustavo Dahl, vai desde o fenomenológico (*Porto das caixas*), ao social (*Vidas secas*), ao político (*Deus e o diabo*), ao poético (*Ganga Zumba*), ao demagógico (*Cinco vezes favela*), ao experimental (*Sol sobre a lama*), ao documental (*Garrincha, alegria do povo*), à comédia (*Os mendigos*), experiências em vários sentidos, frustradas umas, realizadas outras, mas todas compondo, no final de três anos, um quadro histórico que, não por acaso, vai caracterizar o período Jânio-Jango: o período das grandes crises de consciência e de rebeldia, de agitação e revolução que culminou no golpe de abril. E foi a partir de abril que a tese do cinema digestivo ganhou peso no Brasil, ameaçando, sistematicamente, o Cinema Novo.

ROCHA, Glauber. "Uma estética da fome". In: *Revista Civilização Brasileira*. n° 3, julho/1965. pp. 167-8.

6

Faça, visando um comentário, a análise do seguinte texto:

Antes de a arte ter moldado nossas maneiras e ensinado nossas paixões a falar uma linguagem afetada, nossos costumes eram rústicos, mas naturais; e a diferença dos procedimentos anunciava, ao primeiro olhar, a dos caracteres. No fundo, a natureza humana não era melhor; mas os homens encontravam segurança na facilidade de se penetrarem reciprocamente; e essa vantagem, cujo valor já não percebemos, lhes poupava muitos vícios.

Hoje em dia, quando pesquisas mais sutis e um gosto mais refinado reduziram a princípios a arte de agradar, impera em nossos costumes vil e enganosa uniformidade, e todos os espíritos parecem ter sido atirados num mesmo molde: continuamente a polidez exige, o decoro ordena; segue-se continuamente os usos, jamais o próprio temperamento. Não mais se ousa parecer o que se é; e, nessa perpétua coerção, os homens que foram esse rebanho a que se denomina sociedade, colocados nas mesmas circunstâncias, farão todos as mesmas coisas, se motivos mais poderosos não os impedirem disso. Portanto, jamais se saberá com segurança com quem se está tratando: será preciso, pois, para conhecer o amigo, aguardar as grandes ocasiões, isto é, esperar que passe o tempo, pois é justamente por essas ocasiões que seria essencial conhecê-lo.

Que cortejo de vícios não acompanhará essa incerteza! Não mais amizades sinceras; não mais estima real; não mais confiança segura. As suspeitas, os temores, a frieza, a reserva, o ódio, a traição ocultar-se-ão permanentemente sob o véu uniforme e pérfido da polidez, sob essa urbanidade tão louvada que devemos às luzes de nosso século. Não mais se profanará por juramentos o nome do Senhor do Universo, mas se o insultará por blasfêmias, sem que nossos escrupulosos ouvidos venham a ofender-se. Não se louvará o próprio mérito, mas rebaixar-se-á o mérito dos outros. Não se ultrajará grosseiramente o inimigo, mas se o caluniará com astúcia. Os ódios nacionais estender-se-ão, mas em nome do amor à pátria. À ignorância menosprezada substituir-se-á um perigoso pirronismo. Haverá excessos proscritos, vícios desonrados; outros, porém, serão decorados com o nome de virtude: será preciso tê-los ou afetá-los. Quem quiser que glorifique a sobriedade dos sábios deste tempo; de minha parte, não vejo nisso mais que um refinamento de intemperança tão indigno de meu elogio quanto sua artificiosa simplicidade.

ROUSSEAU, J.-J. *Discurso sobre as ciências e as artes* (1750).

7

Determine o plano de um comentário detalhado do texto de Rousseau acima citado.

8

Redija o comentário detalhado do seguinte poema de Carlos Drummond de Andrade, reproduzido no jornal *O Estado de Minas*, no dia 15 de agosto de 1976.

TRISTE HORIZONTE

Por que não vais a Belo Horizonte? a saudade cicia
e continua branda: Volta lá.
Tudo é belo e cantante na coleção de perfumes

das avenidas que levam ao amor,
nos espelhos de luz e penumbra onde se projetam
os puros jogos de viver.
Anda! Volta lá, volta já.

E eu respondo, carrancudo: Não.
Não voltarei para ver o que não merece ser visto,
o que merece ser esquecido, se revogado não pode ser.
Não o passado cor de cores fantásticas,
Belo Horizonte sorrindo púbere núbil sensual sem malícia,
lugar de ler os clássicos e amar as artes novas,
lugar muito especial pela graça do clima
e pelo gosto, que não têm preço,
de falar mal do Governo no lendário Bar do Ponto.
Cidade aberta aos estudantes do mundo inteiro, inclusive Alagoas,
"maravilha de milhares de brilhos vidrilhos"
mariodeandramente celebrada.
Não, Mário, Belo Horizonte não era uma tolice como as outras.
Era uma provinciana saudável, de carnes leves pesseguincas..
Era um remanso, era um remanso
para fugir às partes agitadas do Brasil,
sorrindo do Rio de Janeiro e de São Paulo: tão prafrentex as duas!
e nós lá: macio amesendados
na calma e na verde brisa irônica...

Esquecer, quero esquecer é a brutal Belo Horizonte
que se empavona sobre o corpo crucificado da primeira.
Quer não saber da traição de seus santos.
Eles a protegiam, agora protegem-se a si mesmos.
São José no centro mesmo da cidade
explora estacionamento de automóveis.
São José dendroclasta não deixa de pé sequer um pé de pau
onde amarrar o burrinho numa parada no caminho do Egito.
São José vai entrar feio no comércio de imóveis,
vendendo seus jardins reservados a Deus.
São Pedro instala supermercado.
Nossa Senhora das Dores,
amizade da gente na Floresta,
(vi crescer sua igreja à sombra do Padre Artur)
abre caderneta de poupança,
lojas de acessórios para carros,
papelaria, aviário, pães de queijo.
Terão endoidecido esses meus santos

e a dolorida mãe de Deus?
Ou foi em nome deles que pastores
deixam de pastorear para faturar?
Não escutem a voz de Jeremias
(e é o Senhor que fala por sua boca de vergasta):
"Eu vos introduzi numa terra fértil,
e depois de lá entrardes a profanastes.
Ai dos pastores que perdem e despedaçam
o rebanho da minha pastagem!
Eis que os visitarei para castigar a esperteza de seus desígnios."

Fujo
da ignóbil visão de tendas obstruindo as alamedas do Senhor.
Tento fugir da própria cidade, reconfortar-me
em seu austero píncaro serrano.
De lá verei uma longínqua, purificada Belo Horizonte
sem escutar o rumor dos negócios abafando a litania dos fiéis.
Lá o imenso azul desenha ainda as mensagens
de esperança nos homens pacificados – os doces mineiros
que teimam em existir no caos e no tráfico.
Em vão tento a escalada.
Cacetetes e revólveres me barram
a subida que era alegria dominical de minha gente.
Proibido escalar. Proibido sentir
o ar de liberdade destes cimos,
proibido viver a selvagem intimidade destas pedras
que se vão desfazendo em forma de dinheiro.
Esta serra tem dono. Não mais a natureza
a governa. Desfaz-se, com o minério,
uma antiga aliança, um rito da cidade.
Desiste ou leva bala. Encurralados todos,
a Serra do Curral, os moradores
cá embaixo. Jeremias me avisa:
"Foi assolada toda a serra; de improviso
derrubaram minhas tendas, abateram meus pavilhões.
Vi os montes, e eis que tremiam.
E todos os outeiros estremeciam.
Olhei para a terra, e eis que estava vazia,
sem nada nada nada."

Sossega, minha saudade. Não me cicies outra vez
o impróprio convite.
Não quero mais, não quero ver-te,
meu Triste Horizonte e destroçado amor.

9

A partir do seguinte texto:
– faça uma análise preliminar;
– redija uma análise;
– redija um comentário detalhado.

O mito é o homem simplificado – contra isto nada se tem a objetar. Porém a mitificação do homem não tem necessariamente que ser mistificadora – pois contra isto muito se pode e deve objetar. Em nada nos aborrece o mito de Espartacus, embora saibamos que talvez não tenha sido tão enorme sua valentia. Nada nos aborrece em Caio Graco e sua Reforma Agrária. Porém o mito de Tiradentes nos perturba. Por quê?

O processo mitificador consiste em magnificar a essência do fato acontecido e do comportamento do homem mitificado. O mito de Caio Graco é muito mais revolucionário do que deve ter sido o homem Caio Graco, porém é verdade que o homem distribuiu terras aos camponeses e foi por isso morto pelos senhores da terra. A diferença entre o homem e o mito é, aqui, apenas da quantidade, pois a essência do comportamento e dos fatos é a mesma: magnificam-se os dados essenciais e eliminam-se os circunstâncias. Seus cozinheiros, seus vinhos e seus amores, por exemplo, não integram o mito, embora possam ter integrado o homem. Para a instituição do mito Caio Graco é irrelevante saber se o romano tinha amantes ou se gostava delas, como para a instituição do mito Tiradentes é igualmente irrelevante acrescentar-lhe sua filha ilegítima e sua concubina, embora para Joaquim José pudessem ser as duas relevantíssimas – o que em nenhum momento duvidamos.

Se a mistificação de Tiradentes tivesse consistido exclusivamente na eliminação de fatos inessenciais, nenhum mal haveria. Porém as classes dominantes têm por hábitos a "adaptação" dos heróis das outras classes. A mitificação, nestes casos, é sempre mistificadora. E sempre é o mesmo o processo: eliminar ou esbater, como se fosse apenas circunstância, o fato essencial, promovendo, por outro lado, características circunstanciais à condição de essência. Assim foi com Tiradentes. Nele, a importância maior dos atos que praticou reside no seu conteúdo revolucionário. Episodicamente, foi ele também um estoico. Tiradentes foi revolucionário no seu movimento como o seria em outros momentos, inclusive no nosso. Pretendia, ainda que romanticamente, a derrubada de um regime de opressão e desejava substituí-lo por outro, mais capaz de promover a felicidade do seu povo. Isto ele pretendeu em nosso país, como certamente teria pretendido em qualquer outro. No entanto, este comportamento essencial ao herói é esbatido e, em seu lugar, prioritariamente, surge o sofrimento na forca, a aceitação da culpa, a singeleza com que beijava o crucifixo na caminhada pelas ruas com baraço e pregação. Hoje, costuma-se pensar em Tiradentes como o Mártir da Independência, e esquece-se de pensá-lo como herói revolucionário, transformador de sua realidade. O mito está mistificado. Não é o mito que deve ser destruído, é a mistificação. Não é o herói que deve ser empequenecido; é a sua luta que deve ser magnificada.

Brecht cantou: "Feliz o povo que não tem heróis". Concordo. Porém nós não somos um povo feliz. Por isso precisamos de heróis. Precisamos de Tiradentes.

BOAL, Augusto. "Quixotes e heróis." In: *Teoria e Prática*. nº 1, Teoria e Prática Editora, 1967. pp. 133-4.

2.3.6. A função poética nas mensagens escritas

Não consideraremos nesta rubrica os textos literários (ver 2.4).

A função poética caracteriza-se pela valorização da mensagem em si mesma e por si mesma. Digamos, para simplificar, que a função poética intervém sempre que a forma e a estrutura da mensagem reforçam ou modificam o seu conteúdo (ver 1.6.1).

As manifestações essenciais da função poética são:
– o ritmo;
– o jogo das sonoridades;
– as imagens.

a. O ritmo

Trata-se do movimento geral da frase ou do texto, que resulta do relacionamento de segmentos de comprimentos variável. A *cadência* (ou mesmo *tempo*) de uma frase define-se pela repetição de um certo número de sílabas, pela disposição dos cortes, dos acentos; esses fatores impõem seu ritmo a um texto escrito.

Frases longas, frases entrecortadas, ritmo binário ou ternário, presença ou ausência de pausas, oposição entre segmentos desiguais enriquecem o conteúdo da mensagem. Deve-se, portanto, estudar o ritmo de um texto nas suas relações com o significado do texto.

O verso representa a máxima exigência rítmica e não é raro encontrar "versos brancos" em certos textos em prosa particularmente trabalhados.

Exemplo

    A pátria não é ninguém: são todos; e cada qual tem no seio dela o mesmo direito à ideia, à palavra, à associação. A pátria não é um sistema, nem uma seita, nem um monopólio, nem uma forma de governo: é o céu, o solo, o povo, a tradição, a consciência, o lar, o berço dos filhos e o túmulo dos antepassados, a comunhão da lei, da língua e da liberdade. Os que a servem são os que não invejam, os que não infamam, os que não conspiram, os que não sublevam, os que não desalentam, os que não emudecem, os que não se acobardam, mas resistem, mas ensinam, mas esforçam, mas pacificam, mas discutem, mas praticam a justiça, a admiração, o entusiasmo.

    BARBOSA, Rui. *Palavras à juventude*. 4ª ed. Elos, Guanabara, 1961. p. 15.

Estude o comprimento dos vários segmentos de frase, a repetição de grupos rítmicos e seus efeitos.

b. O jogo das sonoridades

As combinações expressivas de sonoridades são infinitas.

Uma das mais correntes é a *harmonia imitativa* que, sobre o modelo da onomatopeia, procura reproduzir pelos sons da fala utilizados o ruído denotado pelo sentido das palavras.

Essa técnica levou a que se considerassem certos sons da fala como particularmente aptos para "reproduzir" ruídos de natureza determinada. Teríamos assim:
– vogais "agudas", "claras", "brilhantes", "escuras";
– consoantes "momentâneas" (t), "contínuas" (m);
– "sibilantes" (s), "líquidas" (l) etc.

Na verdade, é preciso tomar cuidado com essas classificações precipitadas de que lançam mão os poetas com carência de inspiração – ou de habilidade técnica. O valor expressivo das mensagens mantém estreita relação com o *ritmo* da mensagem e o *sentido* das palavras. Por outro lado, uma sonoridade só tem valor quando combinada com outras e não pode aspirar a uma "significação" autônoma.

Assim, Mallarmé se queixava do fato do "timbre" da palavra francesa *jour* (dia) ser escuro e o da palavra *nuit* (noite) ser claro; mas Roman Jakobson observa que é possível paliar esse inconveniente cercando os termos com palavras que, pelo som ou pelo sentido, corrigirão essa contradição entre o sentido e a sonoridade.

As repetições e as combinações de sonoridades reforçam o sentido da mensagem e podem até chegar a lhe dar um segundo sentido, não explícito, mas sugerido. Assim, quando a semelhança das sonoridades leva à assimilação de dois termos no plano da significação, a confusão entre som e sentido pode se produzir.

Exemplo

O *slogan* publicitário "A Atma é ótima" fornece um exemplo de associação de termos pelo som e, consequentemente, pelo sentido.

c. As imagens

São abundantemente utilizadas nos discursos políticos, publicitários ou outros, cujos autores se servem, tanto quanto os poetas ou os prosadores, do vasto capital das figuras de retórica (cf. 1.5 e 2.4); as metáforas, as metonímias, as comparações "adornam" o discurso e o enriquecem de múltiplas sugestões.

Exemplo

> Miseráveis de nós, e miseráveis dos nossos tempos, pois neles se veio cumprir a profecia de São Paulo: [...] "Virá tempo, diz São Paulo, em que os homens não sofrerão a doutrina sã." [...] "Mas para seu apetite terão grande número de pregadores feitos a montão e sem escolha, os quais não façam mais que adular-lhes as orelhas." [...] "Fecharão os ouvidos à verdade, e abri-los-ão às fábulas." *Fábulas* tem duas significações: quer dizer fingimento e quer dizer comédia; e

tudo são muitas pregações deste tempo. São fingimento, porque são sutilezas e pensamentos aéreos, sem fundamento de verdade; são comédia, porque os ouvintes vão à pregação como à comédia; e há pregadores que vêm ao púlpito como comediantes. Uma das felicidades que se contava entre as do tempo presente, era acabarem-se as comédias em Portugal; mas não foi assim. Não se acabaram, mudaram-se; passaram do teatro ao púlpito. [...]
Pouco disse São Paulo em lhe chamar comédia, porque muitos sermões há que não são comédia, são farsa. Sobe talvez ao púlpito um pregador dos que professam ser mortos ao Mundo, vestido ou amortalhado em um hábito de penitência (que todos, mais ou menos ásperos, são de penitência; e todos, desde o dia que os professamos, mortalhas); a vista é de horror, o nome de reverência, a matéria de compunção, a dignidade de oráculo, o lugar e a expectação de silêncio; e quando este se rompeu, que é o que se ouve? Se neste auditório estivessem um estrangeiro que não nos conhecesse e visse entrar esse homem a falar em público naqueles trajes e em tal lugar, cuidaria que havia de ouvir uma trombeta do Céu; que cada palavra sua havia de ser um raio para os corações, que havia de pregar com o zelo e com o fervor de um Elias, que com a voz, com o gesto e com as ações, havia de fazer em pó e em cinza os vícios. Isto havia de cuidar o estrangeiro. E nós que é o que vemos? – Vemos sair da boca daquele homem, assim naqueles trajes, uma voz muito afetada e muito polida, e logo começar com muito desgarro, a quem? – A motivar desvelos, a acreditar empenhos, a requintar finezas, a lisonjear precipícios, a brilhar auroras, a derreter cristais, a desmaiar jasmins, a toucar primaveras, e outras mil indignidades destas. Não é isto farsa a mais digna de riso, se não fora tanto para chorar?

Nessa passagem do *Sermão da Sexagésima* (1655), o padre jesuíta Antônio Vieira apoia toda sua crítica à linguagem afetada e ao comportamento de alguns pregadores (ele visa, na verdade, aos dominicanos) num jogo de imagens organizadas a partir de uma comparação do púlpito com o teatro: os pregadores (dominicanos) são "comediantes", produtores de "fábulas", cujos sermões representam, mais do que "comédias", verdadeiras "farsas". Observemos que a efusiva cadeia de imagens com que culmina a expressão da crítica de Vieira nesse texto – "[...] a requintar finezas, a lisonjear precipícios, a brilhar auroras, a derreter cristais, [...]" – constitui um exemplo bem representativo daquela prática discursiva que torna os sermões de

Vieira particularmente indicados para o estudo da utilização, em prosa, dos diversos recursos da retórica. Mas a imagem pode ser igualmente utilizada num texto didático para desenvolver ou esclarecer uma ideia. Assim, por exemplo, a terra será comparada a uma laranja para que se dê uma ideia de sua rotundidade.

d. Exercícios

1

Vivemos um instante de afirmação. A Oposição não pode ser neutra. Entre a verdade e o erro, entre o bem e o mal, não há neutralidade possível. A neutralidade confunde-se com a indiferença. A indiferença é omissão ou acumpliciamento, impossível de ocorrer quando os princípios básicos da democracia estão abalados ou sendo destruídos. [...]
Um grupo que se constitui em donatário do Brasil impõe a sua vontade discricionária; molda as instituições à sua maneira; rasga postulados constitucionais permanentes por motivos domésticos ou grupais; fecha o Congresso para tais abusos praticar; legisla sem Legislativo, num ato de força com finalidade eleitoral, fatos de suma gravidade que a Nação, pelo que sofre, jamais esquecerá.
"Mas sem essa crença na lei não há pátria. A pátria é lei humanada nos corações dos que a servem. A pátria é esfera divina da consciência e da palavra livre. Onde a palavra se amordaça, onde a consciência se retrai, comprimida, a pátria é o exílio profanado e sem repouso, sob o regime abominável da força."
Assim bradava Rui Barbosa, cuja cadeira no Senado será ocupada, dentro em pouco, por senador sem voto e sem povo, que nem o Estado representa, senão o visgo pegajoso da servilidade. Não, não será senador aquele que for eleito indiretamente por colégios eleitorais pré-fabricados.
Na cadeira de Rui não pode sentar-se um picareta da República.
(*Trecho do discurso pronunciado pelo deputado Alencar Furtado em 26 de abril de 1977.*)

Estude os ritmos e as sonoridades nessa passagem.

2

Pergunta-se – se os gozos, se os prazeres pertencem unicamente a um pequeno número de homens? – se a maioria, se as classes proletárias, se os Spartacus da civilização moderna têm de escolher entre o pensamento ignominioso nas gemônias do século XIX, ou nas barricadas, nascidas do desespero, que a miséria e o ardor do martírio obriga a levantar? Pergunta-se – se o monopólio, se a concorrência são os dogmas injustos, e tirânicos, que hão de destruir as massas, como o carro do ídolo Jagrenat, entre os índios, esmaga o crânio dos brâmanes, ou se a associação, esse credo dos assalariados das indústrias, que os economistas vitoriam, pode acabar com o pauperismo, e obstar à ignorância os povos, peládio desumano a que os ambiciosos se seguram?

COUTINHO, Carlos Ramiro. In: CASTELO BRANCO, Camilo, *O Visconde de Ouguela*. Rio de Janeiro, Ed. Organização Simões, 1954. p. 33.

Estude o ritmo dessa passagem.

3

Estude o ritmo dessa passagem extraída de um discurso pronunciado em 1976, na *TV Gazeta de São Paulo*, pelo coronel Erasmo Dias, então secretário da Segurança Pública de São Paulo.

Nós gostaríamos que você que é ferroviário da FEPASA, da Rede Ferroviária Federal, você que é guarda-cancela, você que é da manutenção da estrada, você que é da estação de Mauá, você que é operário que vai usar o trem, você que é o patrão que vai precisar que o operário chegue na hora, e pode não chegar na hora; é preciso que todos nós entendamos que tudo isso depende de nós e se todos nós procurarmos resolver todos esses problemas da melhor forma o próprio atraso dos trens se esvairá e o trem entrará no horário e se um dia, pela falha mecânica ou coisa que o valha, ele acontecer, nós saberemos revelar tudo isso. Não é culpa do ferroviário, não é culpa do guarda de trem, não é culpa do operário, não é culpa do patrão. Se os senhores vissem, meus amigos, a cara do chefe da estação de Mauá, tiraram o paletó do homem, rasgaram o paletó do homem, e quase mataram o homem, e é um operário como outro qualquer. Se os senhores vissem a cara do chefe da estação de Engenheiro Trindade; o pobre homem está hoje espavorido de medo. Então no fim, nós todos acabamos nos matando nesse todo.

4

Tem-se dito com toda a propriedade que a escravidão é um cancro social.

Pois bem: porque não praticaremos a respeito daquela precisamente o mesmo que seria praticável em relação a esta?

Terrível moléstia é um cancro, contra a qual dobram-se impotentes ainda os mais vigorosos esforços da ciência. O cautério mesmo não produzirá mais do que a irritação e quando a julgardes golpeada e morta – a hidra terá apenas retraído-se, aprofundando as cem caudas, como para fortalecer um novo bote, e vir a raivar à superfície.
Ah! não vos demoreis: tentai o último recurso: – estirpai-a.

> PINTO, Elzeário. *Emancipação dos escravos*. Bahia, 1870. p. 1.

Estude a significação da imagem central do texto e aprecie sua função.

5

Nesse trecho extraído da crônica que Caetano Veloso escreveu sobre Milton Nascimento (na revista *Música do Planeta Terra*, nº 4, 1976), estude:
– o ritmo e sua função;
– as imagens, sua significação, sua função.

MIL TONS

Milton é música, mistério. [...] Milton é um buraco preto. Milton é a mãe de Nina Simone, a avó de Clementina, o filho futuro do neguinho que a gente via upa na estrada do Zumbi de Edu, de Guarnieri, de Elis. Milton é nossa grande alegria. Milton vinha vindo sozinho pelo caminho e todas as estrelas brilhantes se apagaram à sua passagem pra só voltarem a brilhar em sua voz quando ele cantasse. E o céu ficou negro e sem luz e então houve muito mais luz. Rogério disse que Milton é um mistério que o Brasil entendeu. [...]

Fui um dia cantar em Belo Horizonte e não tirei o boné de Milton da cabeça e chamei Milton de Milton Renascimento porque parecia ter havido uma revolução sexual em Minas, uma virada de era astral, novo horizonte. João Gilberto, que tudo ensina a todos nós, me ensina a entender que não devo querer parar no dizer que Milton destrói minha discussão com Ion sobre Beatles X John Coltrane, sobre "Domingo" X "Tropicália". Que não devo querer parar no dizer que várias discussões interessantes são violentamente interrompidas pelo simples som de Milton e que muitos saberes têm, assim, de ser anulados para que se saiba mais. Som imaginário, som real. Eu amo Milton. Não me sinto muito à vontade usando palavras para me referir a ele. Nem meias palavras bastam. Nem o silêncio. Nem música. Nenhum mistério.

6

Estude a composição rítmica do seguinte texto publicitário:

> **Marido amantíssimo, pai extremoso, amigo fiel.**
> **Quase um homem.** Para a mulher, quase sempre uma rosa. E bombons. E presentes no Dia dos Namorados, no Dia das Mães, no aniversário de casamento.
> É fundamental não esquecer nenhuma data.
> Acompanhar ao supermercado, notar a mudança de penteado, elogiar o vestido novo, tudo isto conta ponto a favor.
> Isto é amor.
> Para os filhos, todo o carinho do Mundo. Não existe nada mais importante na vida. Razão de viver, extensão da existência. Todo cuidado é pouco. Ajudar nos exercícios, acompanhar nos estudos, participar do futebol, perdoar sempre.
> Uma viagem de férias pode ser paga em prestações suaves. E não existe melhor recompensa. Amor paterno.
> Para os amigos, tudo. O homem bom vive rodeado de amigos. Uma ajuda aos parentes mais chegados é sinal de generosidade.
> E os outros?
> Os outros são os outros.
> Ninguém vai sentir culpa por não perguntar ao vizinho da frente por que a ambulância esteve lá cinco vezes numa semana.
> Nem deixar de dormir à noite porque não parou para ajudar um homem caído, no meio da rua, atrapalhando o trânsito.
> Certamente outra pessoa faria isso.
> Talvez um homem.
>
> Caixa Econômica Federal

7

Reúna alguns *slogans* publicitários (revistas, cartazes, rádio ou televisão) e estude sua estrutura rítmica ou sonora. Esse trabalho pode ser feito em pequeno grupo e resultar na composição de um dossiê ou de uma dissertação sobre a técnica do *slogan*.

8

Mesmo exercício que o 7, mas a partir de *slogans* políticos.

2.3.7. Conclusão

Repitamos aqui que a maioria das mensagens escritas se utiliza de várias funções da linguagem estreitamente imbricadas.

Seja para efeito da *análise* (a *leitura*) ou da *fabricação* (a *escrita*), deve-se definir:
- o conteúdo da mensagem, seu suporte informacional;
- a situação de comunicação, isto é:
  a personalidade do destinatário,
  o objetivo visado;

de onde decorrem:
- a atitude do destinador;
- a escolha dos meios a serem usados, e a utilização de tal ou tal função.

Exemplo

Suponha-se um livro de Ciências para alunos da quinta série sendo elaborado:
- o conteúdo da mensagem é definido pelos programas escolares;
- a personalidade do destinatário, alunos de 10 a 12 anos, força o destinador a dar a seu texto uma *legibilidade* particular (escolha das palavras, estrutura das frases, disposição tipográfica);
- o objetivo visado, de tipo *didático*, obriga a que se recorra à função metalinguistica; o aspecto um pouco impessoal e seco desse tipo de texto será corrigido, para uso das crianças, por elementos pessoais e afetivos (função conativa).

Assim as "técnicas" expostas neste capítulo não devem ser consideradas como receitas, mas como elementos para serem utilizados segundo situações sempre diferentes, sempre particulares. Esses elementos só têm valor quando ajustados a cada destinatário e a cada tipo de comunicação.

2.4. A COMUNIÇÃO E A EXPRESSÃO LITERÁRIAS

2.4.1. Os elementos da comunicação literária

Retomemos o esquema geral da comunicação (1.1.1) e explicitemos seus elementos, relacionando-os com a comunicação literária.

– o destinador é um indivíduo: o "*autor*". Ele é inventor, criador, produtor de ideias. Ele é principalmente aquele que organiza e estrutura o texto segundo um plano que ele mesmo determinou;

– o destinatário é virtual, ao mesmo tempo preciso e impreciso: é o "*público*". Ele pode, no entanto, ser definido dentro de certos limites traçados.

• Pelo autor: ele tem *seu* público e procura satisfazê-lo;

• Pelo gênero: um romance de aventuras não atinge o mesmo público que um romance de amor; um ensaio filosófico não atinge o mesmo público que uma coletânea de poemas etc.;

• Pelo tipo de distribuição: grande difusão, livros de bolso, obras de luxo, tiragens limitadas etc.

A produção literária inscreve-se, portanto, num processo intelectual e num processo econômico, eles próprios historicamente situados: como um leitor atual "recebe" um poema do século XV? Como um estudante, financeiramente desfavorecido, toma conhecimento de uma obra de luxo de tiragem limitada ou de uma edição original?

– o canal de comunicação mais comum é o *livro*. O livro é o suporte da mensagem, mas é também um objeto portador de significações, por seu formato, sua aparência, sua organização, sua maneabilidade, sua espessura etc.

O contato do leitor com o livro é *físico*, antes de ser intelectual. Tocar um livro, sua capa, virar suas páginas, correr os olhos – no Ocidente – de cima para baixo e da esquerda para a direita são atividades físicas favorecidas ou desfavorecidas por certos fatores: a leitura é um ato concreto; o aspecto físico do livro orienta o leitor.

Por outro lado, o contato psicológico entre o destinador e o destinatário é "diferido". O diálogo entre o autor e o leitor é impossível e as tentativas para estabelecê-lo revelaram-se ilusórias (correspondência, conferências, assinaturas etc.). Só o teatro realiza um certo tipo de comunicação entre o autor e seu público, porém, através da direção e do trabalho dos atores. De maneira geral o autor está separado de seu leitor pelo espaço e pelo tempo. A mensagem literária é difundida;

– o *conteúdo* da mensagem é em princípio fixo. Sua perenidade é assegurada pela impressão, pela conservação nas bibliotecas etc. Na realidade – e esta é uma característica específica da mensagem literária – o conteúdo da mensagem varia:

• Segundo as disposições psicológicas e a experiência própria de cada leitor.

• Segundo a sensibilidade e os valores próprios de cada época.

O autor produz uma mensagem da qual somente uma parte, por sinal variável, será recebida e da qual outra parte será modificada, reconstruída segundo novos sistemas de significação. Toda leitura é mais ou menos uma tradução, portanto uma traição. Mas é esta a condição para a obra continuar "falando" aos leitores. Assim, a sociedade descrita por Aluísio Azevedo será interpretada por um leitor moderno à luz dos conhecimentos contemporâneos.

– o *código* é o elemento mais complexo da comunicação literária. A mensagem literária comporta uma parte *semântica*; possui um sentido compreensível como o sentido de uma mensagem utilitária qualquer; utiliza o código da língua comum ao autor e aos leitores: a língua portuguesa, por exemplo.

Mas a mensagem literária têm uma intenção *estética*. Sua meta não é utilitária. Não estabelece uma comunicação ordinária mas uma comunicação que se situa num outro nível: o nível artístico. Nessa perspectiva, ela superpõe ao código linguístico utilizado um código *estético* mais ou menos complexo.

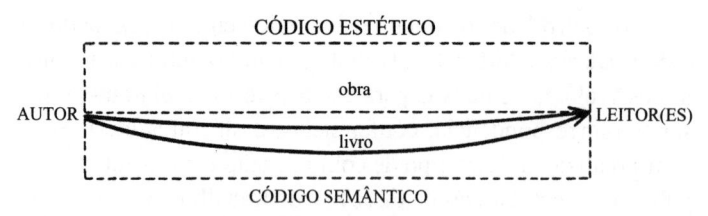

```
           CÓDIGO ESTÉTICO
       ┌─────────────────────────────┐
       │           obra              │
AUTOR  │─────────────────────────────│ LEITOR(ES)
       │           livro             │
       └─────────────────────────────┘
           CÓDIGO SEMÂNTICO
```
Esquema da comunicação literária

2.4.2. Mensagem literária e referente

É possível notar-se, no esquema acima, a ausência do referente. De fato, se consideramos que o referente é o contexto situacional real, somos forçados a constatar que ele está ausente na comunicação literária, unilateral e "diferida". Restam os *referentes textuais* produzidos pelo próprio texto e que remetem ao texto. Assim uma *mesa*, num romance, não remete a uma mesa real; é um objeto textual que poderá servir na sequência da ação: é em torno dessa mesa que os protagonistas vão discutir, é com ela que vão levantar uma barricada etc.

A linguagem literária só é pois referencial (ou denotativa) do ponto de vista conceitual (a palavra *mesa* remete a um conceito do leitor, não a um objeto verdadeiro).

A mensagem literária constitui-se num sistema fechado no qual os elementos tomam sua significação e seu valor nas suas relações mútuas. Ela cria suas próprias convenções a partir do código estético adotado pelo autor. Não se pode ler os elementos separados da mensagem sem integrá-los no conjunto fechado que constitui a obra. Além dos referentes conceituais comuns ao autor e aos leitores – necessários à leitura e à compreensão do texto, obviamente – a obra cria seu próprio sistema de referentes textuais.

Alguns autores, poetas sobretudo, dedicaram-se à tarefa de restringir, suprimir mesmo, os referentes contextuais para construir obras cujos elementos não têm significação senão por suas relações. Concretizam eles dessa forma o sonho de Flaubert: construir uma obra sobre nada, que por si só se mantenha de pé – isto é, apenas pelo jogo de seus constituintes.

A EXPRESSÃO E A COMUNICAÇÃO ESCRITAS

Obra que não visa mais à comunicação e que não têm outra razão senão a de *ser*. Obra hermética, gratuita, inútil, mas criação total. No entanto esse projeto não é nunca realizado. Os poetas não podem fazer outra coisa que utilizar palavras e por essa razão não escapam à *significação*. Obras também obscuras quanto aquelas de Mallarmé ou de René Char têm suas interpretações; elas constituem um universo autônomo, mas remetem também ao nosso universo e são então "legíveis", mesmo que isso custe um grande esforço. Criar uma linguagem inteiramente nova seria o único meio de construir a obra total. Alguns poetas tentaram essa tarefa. Para eles, é claro, a comunicação conta menos que a expressão pura e a criação.

2.4.3. A conotação

Designamos com esse termo tudo aquilo que uma palavra pode sugerir, implicar, clara ou confusamente, além do seu significado propriamente dito (ou *denotação*). É o conjunto dos valores afetivos que se dá à palavra, ou ainda o conjunto dos valores que lhe dá o contexto em que ela é empregada (ver 1.3.1).

Ora, a linguagem literária, como acabamos de ver, se constitui num sistema de significações fechado sobre si mesmo. Ela cria e desenvolve, a *partir* da linguagem comum, segundos sentidos que lhe são próprios. Ela é pois fortemente *conotativa*. O que importa antes de tudo num texto literário é não tanto a significação evidente das palavras (denotação), mas sim seu poder de sugestão (conotação). Assim ao feixe de significações se superpõe um feixe de conotações que dá o "sentido" verdadeiro do texto.

Exemplo:

MEDITAÇÃO SOBRE O TIETÊ

É noite. E tudo é noite. De baixo do arco admirável
Da Ponte das Bandeiras o rio
Murmura num banzeiro de água pesada e oliosa.
É noite e tudo é noite. Uma ronda de sombras,
Soturnas sombras, enchem de noite tão vasta

O peito do rio, que é como si a noite fosse água,
Água noturna, noite líquida, afogado de pressões
As altas torres do meu coração exausto. De repente
O ódio águas recolhe em cheio luzes trêmulas,
É um susto. E num momento o rio
Esplende em luzes inumeráveis, lares, palácios e ruas,
Ruas, ruas, por onde os dinosauros caxingam
Agora, arranha-céus valentes donde saltam
Os bichos blau e os punidores gatos verdes,
Em cânticos, em prazeres, em trabalhos e fábricas,
Luzes e glória. É a cidade... É a emaranhada forma
Humana corrupta da vida que muge e se aplaude.
E se aclama e se falsifica e se esconde. E deslumbra.
Mas é um momento só. Logo o rio escurece de novo,
Está negro. As águas oliosas e pesadas se aplacam
Num gemido. Flor. Tristeza que timbra a um caminho de morte
É noite. E tudo é noite. E o meu coração devastado
É um rumor de germes insalubres pela noite insone e humana.

> ANDRADE, Mário de. "Meditação sobre o Tietê."
> *Lira paulistana. Poesias completas.* São Paulo, Livraria Martins Editora, p. 305.

O poeta constrói sua imagem sobre o rio Tietê através de imagens que valem mais por suas conotações do que pelas suas denotações:
– de um lado a treva, as sombras: as *apreensões*, o temor;
– de outro lado a luminosidade, o esplendor, o movimento: a *euforia*, o *prazer*.

No conjunto sobressai, no entanto, aquilo que se poderia chamar de sentido mais profundo do texto e que seria algo como "o movimento pesado e surpreendente da vida humana". É o que se depreende dos oito primeiros versos e dos cinco últimos que comprimem a luminosidade explícita dos versos intermediários.

O regime conotativo do texto literário impõe uma leitura em vários níveis. A comunicação literária não é direta, simples; é ambígua, complexa. Ela exige um esforço particular e nela se cuida evidentemente de critérios de legibilidade. Notemos, no entanto, que existe uma "subliteratura", de grande consumo, atenta para a articulação da capacidade de compreensão do maior número de pessoas. As conotações não são, no entanto, nulas nesse gênero de obra. Acontece, porém, que elas se limitam em geral a alguns estereótipos de fácil acesso. Essas obras não criam verdadeiramente novos sistemas de significação, elas apelam para sistemas aceitos e recebidos por todos. Utilizam-se, na verdade, de códigos estéticos latentes, de estrutura simples, de arquétipos, de clichês literários.

O romance policial e o romance "água com açúcar" (escrito ou em forma de fotonovela), a telenovela, certos tipos de música popular são grandes assimiladores de arquétipos literários. É lógico que não se deva contestar o gênero – existem grandes romances policiais e belas músicas populares – mas sim, o tipo de utilização que fazem desses gêneros alguns autores que não são criadores, mas fabricantes de obras que seguem certas receitas já aprovadas.

Tudo isso significa que a conotação não é privilégio dos textos literários com finalidade estética. A maior parte das palavras que utilizamos têm conotações, às vezes múltiplas e sutis. O conjunto dessas conotações constitui uma mensagem que se superpõe à mensagem denotativa. No entanto, num texto literário, as conotações são organizadas de maneira a reiterar (ou opor) e a constituir uma rede com valor significativo (ver o texto de Mário de Andrade). Numa mensagem comum a conotação tem um valor expressivo ou conativo; numa mensagem literária, ela tem valor poético.

2.4.4. A função poética, fundamentos da mensagem literária

Ritmos, sonoridades, imagens manifestam seus valores significativos de forma evidente num *soneto* (número fixo de versos, versos regulares, rimas, aliterações, comparações ou metáforas etc.), mas são também importantes num *romance* (partição em capítulos de extensão relativa que impõe seu ritmo à ação, distribuição da sequência por oposição ou simetria, repetições das situações ou das descrições etc.): podemos fazer rimar situações como fazemos rimar as palavras. Nesse caso a função poética deve ser considerada no conjunto da obra como um todo, como no trecho em que ela se insere.

A mensagem literária centra-se sobre si mesma: o esforço do autor incide sobre a estrutura e a forma dessa mensagem, isto é, nela a função poética é predominante. É por ela que se manifesta o código estético e que os elementos do código da língua se transfiguram tomando novas significações. A função poética impõe uma reavaliação total da linguagem comum.

2.4.5. As outras funções da linguagem na mensagem literária

Elas se superpõem à função poética. Do mesmo modo com que esboçamos uma tipologia das mensagens escritas segundo a predominância dessa ou daquela função somada à função referencial de base (cf. 1.3.1), vamos tentar estabelecer uma tipologia dos gêneros literários segundo a predominância de alguma função que se acrescenta à função poética.

Função Poética

Função expressiva	Obra em que domina o "eu", a personalidade do autor: confissões, diários íntimos, memórias, cartas, poemas líricos (leve-se em conta o *processo de mascaramento do eu*). Exemplos: Kafka (*Carta a meu pai*), Graciliano Ramos (*Memórias do cárcere*), Pedro Navas (*Baú de ossos*), soror Mariana Alfordado (*Cartas de amor*).
Função conativa	Obra em que o destinatário está implicado de maneira direta: discursos, exortações, sermões, súplicas, orações, teatro político e didático. Exemplos: Brecht (e seu teatro político), Oswald de Andrade (teatro), Augusto Boal (teatro), Padre Vieira (sermões), Gianfrancesco Guarnieri (teatro).
Função referencial	Obra em que dominam o "ele" e o "isso", os heróis e os acontecimentos: narrativas, epopeia, história.

	Exemplos: Homero (*Ilíada, Odisseia*), Camões (*Os Lusíadas*), Machado de Assis, Guimarães Rosa.
Função metalinguística	Obra em que domina o projeto didático: as narrativas educativas, poemas didáticos. Exemplos: as fábulas de La Fontaine, os livros infantis de Monteiro Lobato.
Função fática	Obra em que domina o desejo de comunicar, de tocar o leitor: obras "grito", obras "sinal". No entanto, como distinguir o que é expressão pura do que é comunicação, o que é desejo de se exteriorizar do desejo de tocar? A função fática, dificilmente, pode, por si mesma, fundar um gênero literário.
Função poética	Obra em que a função poética se manifesta em estado puro, por si mesma: poesia pura, poesia de essência da poesia (ver 2.4.2). Exemplo: poesia parnasiana, Mallarmé, Augusto de Campos, Haroldo de Campos.

Essa classificação não tem nada de absoluto. Sabemos que a personalidade de um autor se exprime nas obras mais aparentemente impessoais e se mascara nas "confissões". Nossa preocupação é estabelecer uma classificação simples e operatória, de modo a salientar mais facilmente os códigos próprios a cada gênero.

As dimensões e perspectivas de nosso livro não nos permitem estudar pormenorizadamente cada um dos gêneros definidos acima; vamos nos contentar apenas em traçar as grandes linhas da comunicação poética, narrativa e teatral, entendendo que não estabelecemos separação absoluta entre essas categorias: a poesia pode ser narrativa; o teatro, poético; o romance, dramático.

A análise de uma obra não pode ser conduzida a partir de seu conteúdo (certos romances têm um conteúdo nitidamente narrativo mas, compreendidos a partir de critérios poéticos mais do que de critérios de narratividade); não pode também ser conduzida a partir de uma forma (os "poemas" de Fernando Pessoa são reflexões filosóficas). A análise deve ser conduzida a partir do evidenciamento das funções dominantes e de suas relações que definem o código particular a cada obra.

2.4.6. O poema

Em relação à prosa comum, o poema se define a partir de certas restrições e de certas liberdades.

Restrições no plano métrico:

Frequentemente se confunde a poesia com o verso. Na sua origem o verso tem uma função mnemotécnica; os textos narrativos, líricos e mesmo históricos ou didáticos eram comunicados oralmente, e os versos – repetição de um mesmo número de sílabas ou de um número fixo de acentos tônicos e eventualmente, sequência de palavras delimitada pela repetição de uma mesma sonoridade (rima) – facilitavam a memorização. Mais tarde, o verso tornou-se um meio de "enfeitar" o discurso, meio que se desvalorizou pouco a pouco: a poesia contemporânea é ritmada, mas raramente versificada. Na verdade o valor poético do verso decorre de suas relações com o ritmo, com a sintaxe, com as sonoridades, com o sentido das palavras. O poema é um todo.

À restrição constituída pelo verso pode ser acrescentada uma restrição concernente à combinação das *estrofes* e das *rimas*: assim foram criados os poemas de formas fixas (soneto, rondó etc.).

No transcorrer da história da poesia, assiste-se a dois movimentos contrários:

– aumento das restrições, criação de poemas com formas fixas, acrobacias poéticas diversas (rimas encadeadas, acrósticos etc.);

– enfraquecimento (justaposição de metros diferentes) e liberação (franqueamento de regras, de rima, poemas em versos livres, poemas em prosa).

Liberdades nos planos sintáticos e semânticos:

Os poetas enfraquecem a sintaxe, fazendo-a ajustar-se às exigências do verso e da expressão poética. Sem se permitir verdadeiras incorreções gramaticais, eles se permitem "licenças poéticas".

Além disso eles trabalham o sentido das palavras em direções contrárias:
– seja dando a certos termos uma extensão ou uma indeterminação inusitadas;
– seja utilizando sentidos raros, em desuso ou novos;
– seja criando novas palavras.

Tais liberdades aparecem mais particularmente na utilização das imagens. Assim, Jean Cohen ao estudar o processo de fabricação das comparações poéticas, observa que a linguagem corrente faz espontaneamente apelo a comparações "razoáveis" (pertinentes) do tipo "a terra é redonda como uma laranja" (a redondeza é efetivamente uma qualidade comum à terra e a uma laranja) ao passo que a linguagem poética fabrica comparações inusitadas tais como:

> Belo como a coisa nova
> na prateleira até então vazia.
>
> MELLO NETO, João Cabral de. *Morte e vida severina*.

Ou, então, estranhas como:

> A terra é azul como uma laranja.
>
> ÉLUARD, Paul.

Finalmente, o poema se monta sobre critérios rítmicos e sonoros, estudados em 2.3.6.

2.4.7. O problema da ruptura

Na descrição que fizemos da linguagem literária, e mais particularmente da linguagem poética, parece que sua característica essencial é de se separar da linguagem comum. Em outras palavras, a linguagem literária seria uma ruptura em relação à norma, cultivaria a anomalia sintática, semântica, rítmica, sonora etc. Na medida em que ele exprime a personalidade de um autor, o estilo seria um desvio dos hábitos da língua, uma distorsão.

No entanto, a noção de norma é fluida. A linguagem científica não se confunde com a linguagem poética, mas, apesar disso, ela chega a constituir uma ruptura em relação à linguagem comum. O que vem a ser afinal essa linguagem comum? A de um médico ou de um benzedor? A do *Estado de S. Paulo* ou do *Notícias Populares* ou, ainda, do *Pasquim*? Pode-se observar aí a relatividade da noção de norma.

Se de um ponto de vista geral é bastante prático operar, por exemplo, com a distinção verso/prosa, cada obra deverá ser estudada de um ponto de vista particular, levando-se em conta a dupla face da mensagem por ela constituída:
 – a obra é uma *criação* e como tal "é portadora" da mensagem individual do autor por intermédio de seu sistema de significações;
 – a obra é comunicação e, como tal, utiliza o código comum a um grupo social (código de linguagem, código de gênero).

É da relação entre *criação* e *comunicação* que nasce o valor da obra. Uma obra que é somente criação é incompreensível, ela está por demais distanciada do público; uma obra que é apenas comunicação é banal, estática, obra morta (cf. 2.4.3). Renovando a relação entre o criar e o comunicar é que o autor produz uma obra viva.

2.4.8. A narrativa

Baseando-se na certeza de que a narrativa tem suas convenções, a crítica contemporânea sistematizou a pesquisa e a descrição de seus "códigos". Assim, tentou ela estabelecer uma lista das situações narrativas e das funções que podem desempenhar as personagens e mostrou que essas situações e funções são englobáveis num número limitado. A demonstração é particularmente convincente quando se trata de contos populares, de lendas ou de narrativas pertencentes à subliteratura (romances policiais de grande consumo, fotonovela, filmes de consumo do grande público etc.).

Exemplo

Podemos extrair um "modelo" de narrativa a partir do seguinte esquema:
Ordem existente – ordem perturbada – ordem estabelecida, na qual os seguintes tipos de personagens vão intervir:
– vítima (objeto da perturbação);
– vilão (sujeito da perturbação);
– herói (sujeito do restabelecimento da ordem);
eventualmente com personagens secundários que serão adjuvantes (ajudarão o herói);
ou oponentes (ajudarão o vilão ou farão oposição ao herói). Eis um trecho que pode ilustrar bem esse modelo:

A LENDA DA VELHA GULOSA (Ceiuci)

Conta-se que um menino pescava, trepado no jirau quando a velha gulosa veio pelo igarapé, a manejar a tarrafa, e ao ver-lhe a sombra no fundo da água, atirou a rede mas não o prendeu. Ao ver aquilo, o moço pôs-se a rir em cima do jirau.
– Ah! você está aí? – perguntou a velha gulosa. – Desça para o chão, meu neto!
O menino não quis descer.
– Olhe que eu mando marimbondos!
E ele firme. Diante disso, mandou uma nuvem de marimbondos, mas não adiantou. Ele cortou um ramo e afugentou os insetos.
– Desça, meu neto, senão eu mando formigas tocandiras.
Ainda não desceu. Ela mandou as formigas. Estas, então, conseguiram atirá-lo na água. A velha jogou a tarrafa, envolveu-o e levou-o para casa. Quando lá chegou, largou-o no terreiro e foi buscar lenha. Logo depois chegou a filha, viu aquele embrulho e comentou:
– Mamãe quando chega da caçada fala o que conseguiu matar, mas hoje não quis contar nada. Quero ver o que ela trouxe.
Desembrulhou a rede e um moço saiu, pedindo-lhe:
– Esconda-me, por favor!
Ela escondeu-o. Para isso, cobriu de cera um pilão, embrulhou-o na tarrafa e deitou-o no mesmo lugar. A velha veio do mato, ateou fogo embaixo do moquém e pôs o fardo em cima. Esquentando-se o pilão, a cera derreteu-se e a velha aparou. Mas o fogo queimou a tarrafa e o pilão apareceu. Compreendendo que tinha sido lograda, ameaçou a filha:
– Se não me mostrares a caça, eu te matarei!

A moça sentiu medo e mandou-o cortar palmas de naçabi para fazer cestos. Quando os cestos ficaram prontos, se transformaram em antas, veados, porcos e todas as caças. A velha tratou de devorá-las. Quando o prisioneiro viu aquilo, foi fazer uma armadilha onde caiu muito peixe. A velha correu atrás e entrou no cerco, pondo-se a comer peixes. Ele atirou-lhe um cacho de cocos tucum, feriu-a e fugiu.

A moça avisou-o:

– Quando você ouvir um pássaro cantar kan-kan, kan-kan é minha mãe que anda por perto para agarrá-lo.

Ele andou muito. Em certo ponto, porém, ouviu um pássaro que cantava kan-kan, kan-kan. Correu mais ainda. Quando chegou onde os macacos estavam fazendo mel, pediu socorro.

Eles o meteram dentro de um pote vazio. A velha veio, não viu ninguém e seguiu para diante. Livre da perseguidora, correu mais ainda. De novo ouviu kan-kan, kan-kan. Bateu na toca do urutu e pediu-lhe que o escondesse. A cobra escondeu-o. A velha chegou e, como não o encontrasse, foi-se embora.

Dali a pouco, ouviu o urutu conversar com sua mulher; projetavam fazer um moquém com o hóspede, para comê-lo moqueado. Quando estavam preparando o moquém, um macanã cantou lá fora.

– Ah! Vovô macanã! Preciso falar com você! – gritou o moço.

O macanã veio saber o que era.

– Estes dois urutus querem comer-me!

O macanã entrou na toca e devorou as duas cobras. Livre, foi para o campo, encontrou um tuiuiú que estava pescando na lagoa em um covo e pediu-lhe que o levasse consigo. Quando o pernalta acabou de pescar, mandou-o entrar no covo e voou com ele. Como não pudesse levá-lo mais longe, deixou-o no galho de uma grande árvore. Lá de cima o homem viu uma casa. Desceu e foi para lá. Chegando à beira da roça, encontrou uma mulher que ralhava com a cutia, para não comer a sua mandioca.

A mulher levou-o para casa, perguntou-lhe de onde vinha e ele contou-lhe tudo. Tinha sido roubado pela velha gulosa à beira do igarapé, quando ainda era menino, e agora já estava velho, de cabeça branca. Assim mesmo a mulher lembrou-se dele: era seu filho.

In: *Estórias e lendas dos índios, antologia ilustrada do folclore brasileiro*. São Paulo, Gráfica e Editora Edgraf Ltda., pp. 106-8.

A narrativa citada acima tem um esquema bastante claro:

Uma ordem natural é perturbada: a relação próxima entre a mãe e o filho é dissolvida pela ação do vilão (a velha gulosa).

A mãe pode ser considerada a vítima por excelência, ao passo que o filho resume duas funções: a de vítima e de herói. É por sua resistência à ação da velha gulosa que ele vai reconstituir a ordem original. São adjuvantes (lutam em favor do herói) a filha da velha, os macacos, o macanã. São oponentes (lutam em favor do vilão) os marimbondos, as formigas, os urutus.

Note-se que as convenções da narrativa podem ser reconhecidas mais facilmente se adotar a distinção operada por certos críticos entre *ficção* e *narração*.

A *ficção* é o conjunto de elementos da narrativa propriamente dita: circunstâncias, fatos, personagens. É a parte resumível da narrativa. A ficção se manifesta nos elementos referenciais do texto.

A *narração* é a organização verbal da narrativa. É a manifestação do narrador que organiza e apresenta os elementos da narrativa numa certa ordem, num certo tom e segundo intenções particulares. A narração se manifesta por elementos expressivos, conativos, e poéticos do texto.

Assim, na narrativa que transcrevemos acima:
– a ficção é representada pelos elementos brutos da narrativa (um rapaz é raptado por uma velha gulosa que pretende devorá-lo; na tentativa de fugir é ajudado pela filha desta e por alguns animais, até que é devolvido a seu lugar de origem).

A partir destes elementos, podem ser construídas narrativas bem distintas. É aqui que intervém a narração. No texto que citamos pertencem à narração (entre outros elementos):
– a progressão das denominações para o herói: do conjunto *menino-moço* para a denominação *homem*. Essa progressão sugere o tempo prolongado da ação;
– a omissão da ordem inicial: a figura da mãe (decisiva no final) é omitida no começo da estória e não se sabe qual a ordem que está sendo violada;
– o anúncio do restabelecimento da ordem na última frase.

Apesar desses pormenores no plano da narração é possível pensar-se em outras narrativas distintas que se aproximam do quadro de componentes básicos da ficção do texto acima.

É indispensável que se tome consciência dos códigos da narração, que se percebam claramente as convenções da narrativa e suas razões de ser. Uma narrativa não é algo solto, é organizada segundo objetivos precisos. Ficção e narração poderão ser extraídas a partir das seguintes questões:
• *O que é que se conta*? Elementos da ficção.
• *Quem conta*? Elemento essencial da narração: existe um narrador expresso (observável através de um "eu") e nesse caso quem é ele (um personagem, o próprio autor)? Existe um narrador oculto sob a máscara de uma narrativa impessoal? onde ele aparece?
• *A quem se conta*? Há um destinatário implicado na narrativa? E por quê? Que importância isso pode ter para a compreensão do texto?
• *Como se conta*? Segundo que ordem (cronológica? Com voltas ao passado?)? Qual o ponto de vista? Quais as expressões? Qual o tom etc.?
• *Por que se conta*? A que objetivos – filosóficos, políticos, morais, estéticos – a narração está obedecendo?

Compreender-se-á logo que uma história não vale tanto por si mesma quanto pelo seu modo de apresentação, que não chega jamais a ser inocente: um narrador sabe ser um orientador, um condutor, ele sabe onde quer levar seu leitor. Contar uma história é também mentir. Pode-se tentar permanecer sensível aos encantos da mentira sem no entanto ser envolvido por ela.

2.4.9. O teatro

A comunicação teatral é bastante complexa. O autor de uma peça estabelece um contato com o público, mas de maneira indireta, através da execução da peça (cenários, atores). Durante o desenrolar de uma peça de teatro, a comunicação se estabelece:
– entre as personagens da peça, no nível da intriga, na cena;
– entre os atores e o público, do palco à plateia.

Mas sabemos que uma das convenções mais arraigadas do teatro consiste em que o ator ignore o espectador (deixamos de lado formas de teatro nas quais o ator se mistura com o público, estabelece um diálogo com ele, chegando até mesmo a agredi-lo ou determinar que participe ativamente do espetáculo: cf. as experiências do Living Theater no palco internacional, e no plano do teatro brasileiro, as experiências levadas por José Celso Martinez ao dirigir *Roda viva, O Rei da vela, Gracias senõr*. Pois bem, eliminando essas formas, e considerando apenas o teatro tradicional, pode-se pensar que existe entre o palco e a plateia um *muro virtual*.

Por outro lado, o público ignora:
– a situação, no momento em que a peça se inicia;
– os acontecimentos passados ou presentes que cercam o que se passa no palco.

O diálogo teatral deve assim recorrer a certas convenções destinadas a trazer ao espectador as informações necessárias à compreensão dos acontecimentos. Ele difere do diálogo real em que se faz frequentes referências à *situação* das personagens (cf. 1.4.3). Por outro lado, trata-se de um diálogo orientado para o desencadeamento de uma *intriga*:

BODAS DE SANGUE

Noivo:
   – Mãe.
Mãe:
   – Que é?
Noivo:
   – Já vou.
Mãe:
   – Aonde?
Noivo:
   – À vinha. (*dispõe-se a sair*)
Mãe:
   – Espera.
Noivo:
   – Queres alguma coisa?
Mãe:
   – Filho, o almoço.

Noivo:
— Deixá-lo... comerei uvas. Dá-me a navalha.
Mãe:
— Para quê?
Noivo:
— Para cortá-las.
Mãe (*entredentes, procurando-a*):
— A navalha, a navalha... Malditas sejam todas, mais o patife que as inventou...
Noivo:
— Mudemos de assunto.
Mãe:
— ... e as escopetas e as pistolas, e a menor das facas, e até as enxadas e garavanços da eira.
Noivo:
— Bem.
Mãe:
— Tudo que pode cortar o corpo de um homem. Um homem formoso, com a sua flor na boca, que vai às vinhas, ou aos olivais que lhe pertencem, porque são seus, porque os herdou...
Noivo (*abaixando a cabeça*):
— Não fales.
Mãe:
— ... e esse homem não volta. Ou, se volta, é para se lhe por uma palma em cima, ou um prato de sal grosso, para que não inche. Não sei como te atreves a levar uma navalha em teu corpo, nem como eu deixo tal serpente na arca.
Noivo:
— Ainda não basta?
Mãe:
— Cem anos que vivesse, não falaria de outra coisa. Primeiro, teu pai, que cheirava a cravo, e apenas três anos o gozei. Em seguida teu irmão. E é justo, e é possível que uma coisa pequena como uma pistola ou uma navalha dê cabo de um homem, que é um touro? Não me calaria nunca. Passam-se os meses e o desespero pica-me nos olhos e até nas pontas do cabelo.
Noivo (*forte*):
— Vamos acabar?
Mãe:
— Não, não vamos acabar. Pode-me alguém trazer teu pai? E teu irmão? E depois, o presídio. Mas o que é o presídio? Ali comem, ali fumam, ali tocam instrumentos! Meus mortos, cheios de erva, sem

fala, reduzidos a pó. Dois homens que eram dois gerânios... Os assassinos no presídio, calmamente, olhando a paisagem...
Filho:
– Queres que os mate?
GARCIA LORCA, Federico. *Bodas de sangue*. Rio de Janeiro, Livraria Agir Editora, 1960. (Trad. de Cecília Meireles.)

As informações sobre a arma dos acontecimentos trágicos são fornecidas ao espectador, pois cada um dos personagens está a par dos fatos. Por outro lado, a tônica colocada sobre o medo, o temor (por parte da mãe) prepara a sequência dos acontecimentos. O diálogo informa o espectador e prepara a intriga.

A comunicação teatral é igualmente visual: os gestos, as mímicas dos atores, os elementos do cenário trazem ao espectador informações suplementares. Nesse nível, existem igualmente códigos de comportamento gestual e da cenografia que exigiriam um estudo particular.

Finalmente, ao nível da intriga e das personagens, é possível, como para o romance, estabelecer um repertório das situações dramáticas e das funções e extrair "modelos" de farsa, do drama burguês, e sem dúvida, mais modernamente, do teatro político.

Essa codificação é visível no teatro francês do século XVII, em que se chegou a estabelecer um código rigoroso dos gêneros dramáticos, dos quais apresentamos alguns elementos esquemáticos:

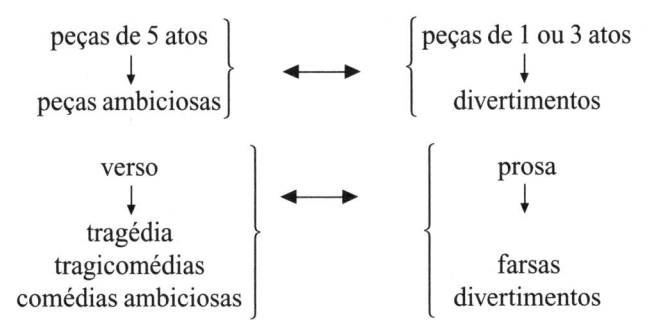

$$\left.\begin{array}{c} \text{peças de 5 atos} \\ \downarrow \\ \text{peças ambiciosas} \end{array}\right\} \longleftrightarrow \left\{\begin{array}{c} \text{peças de 1 ou 3 atos} \\ \downarrow \\ \text{divertimentos} \end{array}\right.$$

$$\left.\begin{array}{c} \text{verso} \\ \downarrow \\ \text{tragédia} \\ \text{tragicomédias} \\ \text{comédias ambiciosas} \end{array}\right\} \longleftrightarrow \left\{\begin{array}{c} \text{prosa} \\ \downarrow \\ \text{farsas} \\ \text{divertimentos} \end{array}\right.$$

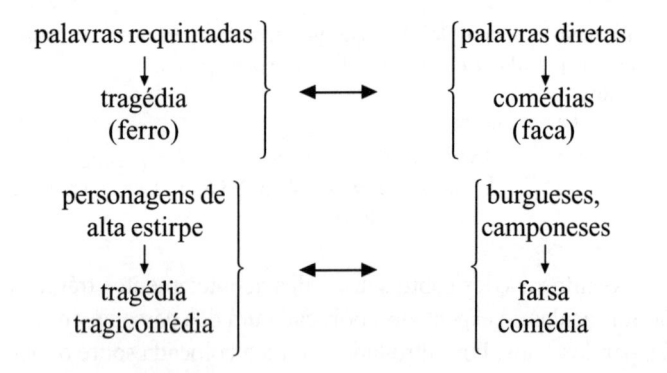

palavras requintadas ⟷ palavras diretas
↓   ↓
tragédia   comédias
(ferro)   (faca)

personagens de   burgueses,
alta estirpe   camponeses
↓   ⟷   ↓
tragédia   farsa
tragicomédia   comédia

2.4.10. Conclusão

Nos parágrafos precedentes delineamos apenas as direções de estudo sobre a expressão literária. Naturalmente, esse delineamento deve ser complementado através de outras leituras. O essencial de nossa tarefa era indicar que a literatura é um fenômeno de comunicação específica, pois ela gera seus próprios códigos estéticos. A incompreensão, a irritação, ou a recusa categórica da literatura vêm frequentemente de um desconhecimento desses códigos. Por percebê-los de forma confusa, tende-se a classificar a literatura como artificial. Ora, é justamente pelo código estético que se funda o fenômeno literário e se manifesta a criatividade dos escritores e dos poetas.

2.4.11. Exercícios

1

(A ARTE MODERNA É ARTE DO SONHO)

Quem quisesse resumir numa palavra a característica principal da arte moderna encontrá-la-ia, perfeitamente, na palavra *sonho*. A arte moderna é a arte de sonho.

Modernamente deu-se a diferenciação entre o pensamento e a ação, entre ideia do esforço e o ideal, e o próprio esforço e a realização. Na Idade Média e na Renascença, um sonhador, como o infante D. Henrique, punha o seu sonho em prática. Bastava que o sonhasse. O mundo humano era pequeno e simples. Era todo o mundo até à época moderna. Não havia a complexidade de poder a que chamamos democracia, não havia a intensidade de vida que devemos àquilo que chamamos industrialismo, nem havia a dispersão da vida, o alargamento da realidade que as descobertas deram e resulta no imperialismo. Hoje o mundo exterior humano é desta complexidade tripla e horrorosa. Logo no limiar do sonho surge o inevitável pensamento da impossibilidade (a própria ignorância medieval era uma força de sonho). Hoje tudo tem o como e o porquê científico e exato.

Explorar a África seria aventureiro, mas não é já tenebroso e estranho; procurar o Polo seria arriscado, mas já não é. O Mistério morreu na vida: quem vai explorar a África ou o Polo não leva em si o pavor do que virá a encontrar porque sabe que só encontrará cousas cientificamente conhecidas ou cientificamente cognoscíveis. Já não há ousadia:... É que são (os de hoje) homens de ciência, homens de prática. E os grandes homens antigos eram homens de sonho.

....

Desde que a arte moderna se tornara arte pessoal, lógico era que o seu desenvolvimento fosse para uma interiorização cada vez maior – para o sonho crescente, cada vez mais para mais sonho.

PESSOA, Fernando. *Páginas de doutrina estética.* 2ª ed. Edições Ática, Lisboa, 1973. pp. 153-4.

Em que consiste a comunicação literária moderna para Pessoa?
A que fatores se deve esse tipo de comunicação?
Que tipo de relação têm a arte com a realidade mais imediata?
Você concorda com a opinião de Pessoa sobre Arte? Por quê?

2

O LIVRO COMO OBJETO

O livro, este objeto que temos nas mãos, encadernado ou brochura, de formato mais ou menos grande, de preço mais ou menos elevado, é evidentemente apenas um dos meios pelos quais podem se conservar as palavras. Não só é possível fixar a escrita em sólidos de tipo diferente, como os "volumes" da antiguidade, mas dispomos hoje de variadas técnicas para "congelar" aquilo que dizemos, sem mesmo precisar recorrer à escrita, para gravá-lo diretamente – com seu timbre e suas entonações, em discos, em fitas magnéticas ou em películas cinematográficas.

O fato de que o livro, tal qual o conhecemos hoje, tenha prestado os maiores serviços ao espírito durante alguns séculos, não implica de modo algum que ele seja indispensável ou insubstituível. A uma civilização do livro poderia muito bem suceder uma civilização da gravação. O simples apego sentimental, como o que nossos avós conservaram durante alguns anos pela iluminação a gás, só merece, evidentemente, um sorriso de indulgência; conheci uma velha senhora que pretendia que o frio de um armário com gelo era de melhor qualidade do que o de uma geladeira elétrica.

É por isso que todo escritor honesto se encontra hoje diante da questão do livro, esse objeto através do qual tantos acontecimentos se produziram: será conveniente que ainda nos apeguemos a ele, e por quê? Quais são suas verdadeiras superioridades, se é que ele as têm, com relação aos outros meios de conservar nossos discursos? Como utilizar ao máximo suas vantagens?

Ora, a partir do momento em que se examina tal problema com um espírito suficientemente frio, a resposta parece evidente, mas ela implica, certamente, consequências que podem desorientar os menos liberais de nossos censores: a única, mas considerável superioridade que possui não só o livro mas toda escrita sobre os meios de gravação direta, incomparavelmente mais fiéis, é o desdobramento simultâneo a nossos olhos daquilo que nossos ouvidos só poderiam captar sucessivamente. A evolução da forma do livro, desde a tábua até a tabuleta, desde o rolo até a atual superposição de cadernos, foi sempre orientada para uma maior acentuação dessa particularidade.

> BUTOR, Michel. "O livro como objeto." In: *Repertório*. São Paulo, Ed. Perspectiva, 1974. (Trad. e org. de Leyla Perrone-Moisés.)

Separe as ideias essenciais do texto.
Precise, através de exemplo, o que pode ser, num livro, "o desdobramento simultâneo a nossos olhos daquilo que nossos ouvidos só poderiam captar sucessivamente".

3

Exercícios para serem realizados em grupos:
Uma pesquisa sobre o objeto-livro:
– os formatos mais conhecidos, o equilíbrio entre o número de páginas e o formato, tipos de encadernação;
– a tipografia: anotar as diferenças entre os dicionários, os romances, os poemas (consultar uma coletânea de poemas tradicionais e, por exemplo, o texto *Um lance de dados jamais abolirá o acaso* de Mallarmé, traduzido por Haroldo de Campos – São Paulo, ed. Perspectiva, 1976); ver ainda o papel das partes em branco, das margens etc.;

– verificar como se organizam normalmente (em que lugar do livro) as notas, os quadros, o índice;
– verificar os tipos de ilustração mais conhecidos; tentar uma relação entre ilustração e preços de livros;
– verificar qual o tipo de efeito que podem provocar os livros-objeto, como a *Caixa preta* de Augusto de Campos. (Essa pesquisa poderá ser feita com editores, com livreiros, em bibliotecas e poderá favorecer a discussões orais ou à realização de um pequeno arquivo, ou de uma exposição.)

4

UNS INHOS ENGENHEIROS

Onde eu estava ali era um quieto. O ameno âmbito, lugar entre-as-guerras e invasto territorinho, fundo de chácara. Várias árvores. A manhã se-a-si bela: alvoradas aves. O ar andava, terso, fresco. O céu – uma blusa. Uma árvore disse quantas flores, outra respondeu dois pássaros. Esses, limpos. Tão lindos, meigos, quê? Sozinhos adeuses. E eram o amor em sua forma aérea. Juntos voaram, às alamedas frutíferas, voam com uniões e discrepâncias. Indo que mais iam, voltavam. O mundo é todo encantado. Instante estive lá, por um evo, atento apenas ao auspício.

Perto, pelo pomar, tem-se o plenário deles, que pilucam as frutas: *gaturamossabiassanhaços*. De seus pios e cantos respinga um pouco até aqui. Vez ou vez, qual que qual, vem um, pessoativo, se avizinha. Aonde já se despojaram as laranjeiras, do redondo de laranjas só resta uma que outra, se sim podre ou muruchuca, para se picorar. Mas há uma figueira, parrada, a grande opípara. Os figos atraem. O sabiá pulador. O sabiazinho imperturbado. Sabiá dos pés de chumbo. Os sanhaços lampejam um entrepossível azul, sacam-se oblíquos do espaço, sempre novos, sempre laivos. O gaturamo é o antes, é seu reflexo sem espelhos, minúscula imensidão, é: minuciosamente indescriptível. O sabiá, só. Ou algum guaxe, brusco, que de mais fora se trouxe. Diz-se tlique – e dá-se um dissipar de voos. Tão enfins, punhado. E mesmo os que vêm a outro esmo, que não o de frugivorar. O tico-tico, no saltitanteio, a safar-se de surpresa em surpresa, tico-te--tico no levitar preciso. Ou uma garricha, a chilra silvetriz das hortas, de traseirinho arrebitado, que se espevita sobre a cerca, e camba – apontada, iminentíssima. De âmago: as rolas. No entre mil, porém, este par valeria diferente, vê-se de outra espécie – de rara oscilabilidade e silfidez. Quê? Qual? Sei, num certo sonho, um deles já acudiu por "*o apavoradinho*", ave Maria! e há quem lhes dê o apodo de *Mariquinha Tece-Seda*. São os que sim sós. Podem-se imiscuir com o silêncio. O ao alto. A alma arbórea. A graça sem pausas. Amavio. São mais que existe o sol, mais a mim, de outrures. Aqui entramos dentro da amizade.

> GUIMARÃES ROSA, João. *Ave, palavra*. Rio de Janeiro, Livr. José Olympio Editora, 1970. pp. 46-7.

Nesse texto há um conteúdo, compreensível por todos. Tente separá-lo.

De acordo com as informações de 2.4.5., a que tipo de texto pertence esse trecho? Por quê?

Estude os códigos e os tipos de referentes possíveis desse texto.

5
Separe as conotações dos seguintes trechos e tente compará-las.

1. Oh! que saudades que tenho
Da aurora da minha vida,
Da minha infância querida
Que os Anos não trazem mais!
Que amor, que sonhos, que flores,
Naquelas tardes fagueiras,
à sombra das bananeiras,
Debaixo dos Laranjais!

   Como são belos os dias
   Do despontar da existência!
   – Respira a alma inocência
   Como perfumes a flor;
   O mar é – lago sereno,
   O céu – um manto azulado,
   O mundo – um sonho dourado,
   A vida – um hino d'amor!

   > ABREU, Casimiro de. *Poesia completas*. São Paulo, Edição Saraiva, 1954. p. 62.

2. Oh que saudades que eu tenho
Da aurora da minha vida

Das horas
De minha infância
Que os anos são trazem mais
Naquele quintal de terra
Da rua de Santo Antônio
Debaixo da bananeira
Sem nenhum laranjais.

Eu tinha doces visões
Da cocaína da infância
nos Banhos de astro-rei
Do quintal de minha ânsia
A cidade progredia
Em roda de minha casa
Que os anos não trazem mais

Debaixo da Bananeira
Sem nenhum laranjais

ANDRADE, Oswald de. *Poesia reunidas*. 4.ª ed. Rio de Janeiro, Ed. Civilização Brasileira, 1974. p. 162.

6

Seguem alguns fragmentos de obras literárias. Após o exame das funções neles representadas, tente definir o gênero a que elas pertencem:

Texto 1

Sucedeu, então, um fato extraordinário de todo imprevisto.

O inimigo desairado revivesceu com vigor incrível. Os combatentes que o enfrentavam desde o começo, desconheceram-no. Haviam-no visto, até aquele dia, astucioso, negaceando na maranha das tocaias, indomável na repulsa às mais valentes cargas, sem par na fugacidade com que se subtraía aos mais improvisos ataques. Começaram a vê-lo heroico.

A construção de milhares de baionetas circulantes, estimulara-o, enrijara-o; dera-lhe, de novo, a iniciativa nos combates. Estes principiaram, desde 23, insistentes como nunca, sulcando todos os pontos num rumo gigante, estonteador, batendo, trincheira por trincheira, toda a cercadura do sítio.

Texto 2

De que servem estes desenganos dos que partem senão de escarneamento dos que ficam? e contudo apetecemos antes o mandar, com perigo tão evidente, do que ser mandados, com quietação tão segura. Somos como os bugios, que fazem notáveis gestos de espanto e sentimento quando algum deles cai das árvores no rio; mas, tanto que a corrente o levou dos seus olhos tornam a sua dança em que andavam sobre o mesmo rio. O Evangelho clama que a porta do céu é estreita, e, ratificando mais a sua sentença a boca do mesmo Deus, declara que, ainda daqueles que fazem suas diligências por entrar, muitos não entram [...]

Texto 3

Tudo somado, devias
precipitar-te – de vez – nas águas.
Estás nu na areia, no vento...
Dorme, meu Filho.

Texto 4

Dizer-se de alguém que é um poeta de água doce é, para mim, o maior elogio que se possa fazer a esse alguém. Porque eu também sou um prosador de água doce. Nasci à beira-rio, à margem do Paraíba, do rio que inspirou tantas melodias do *schiavo* de Carlos Gomes, tantos versos adoráveis do campista Azevedo Cruz. Sou, dentro da pitoresca designação indígena, um piraquara.

De mim para mim, acho que todos os que moram nas proximidades do mesmo rio têm uma alma comum. O mar é cosmopolita, não dá fisionomia particular a nenhuma região, ao passo que o rio dá um ar de família aos que lhe nascem nas vizinhanças [...]

Texto 5

Por aqui vou sem programa,
sem rumo,
sem nenhum itinerário.
O destino de quem ama
é vário,
como o trajeto do fumo.

Minha canção vai comigo.
Vai doce.
Tão sereno é seu compasso

que penso em ti, meu amigo.
– Se fosse
em vez da canção, teu braço!
....

Texto 6

Meu caro amigo, me perdoe por favor
Se eu não lhe faço uma visita
Mas como agora apareceu um portador
Mando notícias nessa fita
Aqui na terra tão jogando futebol
Tem muito samba, muito choro e *rock'n'roll*
Uns dias chove, noutros dias bate sol
Mas o que eu quero lhe dizer que a coisa aqui está preta
Muita mutreta prá levar a situação
Que a gente vai tomando, que também, sem a cachaça
Ninguém segura esse rojão.

7

Estude nos trechos 5 e 6 do exercício nº 6 e na "Balada de Santa Maria Egipcíaca" do exercício nº 8:
– as restrições métricas;
– as liberdades sintáticas;
– as liberdades semânticas;
– as imagens.

8

Nas narrativas que seguem:
– tente definir as funções das personagens;
– tente distinguir os elementos da ficção dos elementos da narração.

Texto 1

A VITÓRIA-RÉGIA

Era uma vez uma tribo de índios que viviam às margens do grande rio. Nos igarapés silenciosos as cunhãs cantavam e sonhavam seus lindos sonhos de virgens. As cunhãs ficavam horas e horas mirando a beleza da lua branca, o fascinar das estrelas, o céu recamado de constelações.

O aroma da noite tropical embalava os sonhos. Um dia, Neca-neca, a cunhã mais sonhadora, subiu numa árvore mais alta para ver se pegava a lua. Não conseguiu. Pressurosa com suas companheiras, noutro dia, foram aos montes distantes para tocarem com as mãos a lua, as estrelas. Nada. Quando lá chegaram a lua estava tão distante que voltaram tristonhas para suas malocas, e na rede onde se embalavam, embalaram a desilusão. Ficaram tristes porque, caso tocassem a lua ou as estrelas, tornar-se-iam uma delas.

Noutra noite, Neca-neca deixou sua rede, muito tristonha, desiludida porque não conseguira apanhar a lua. Eis que olha e vê na água remansosa do lago a lua branca ali refletida. Era uma noite de lua cheia. Lá estava a lua grande, bela, refletida nas águas. Sua imobilidade no lago tranquilo era um convite. A cunhã alegrou-se. Certamente ela veio banhar-se nas águas do lago para que eu pudesse apanhá-la. Veio satisfazer os meus pedidos feitos em pensamento.

Ela veio. Lança-se sobre as águas profundas, misteriosas e desaparece. Mas a lua apiedou-se da cunhã e transformou-a numa flor – a vitória-régia. É por isso que a vitória-régia tem o mais oloroso dos perfumes. É inebriante. Suas pétalas são estiradas à flor da água para melhor receberem a luz da lua. É por isso que em noites de lua cheia, as cunhãs que são vitórias-régias, aparecem no meio da flor que tem um brilho todo especial. Os raios brancos da lua são como véus de noiva a cobrir todas as flores do lago e ofuscam tanto, que mais parecem "estrelas d'água" a disputar o seu brilho com milhares de vagalumes, que povoam a noite tropical.

In: *Brasil, histórias, costumes e lendas*. Fasc. 10, São Paulo, Editora Três. s/d.

Texto 2
BALADA DE SANTA MARIA EGIPCÍACA

Santa Maria Egipcíaca seguia
Em peregrinação à terra do Senhor.

Caía o crepúsculo, e era como um triste sorriso de mártir.

Santa Maria Egipcíaca chegou
à beira de um grande rio.
Era tão longe a outra margem!
E estava junto à ribanceira,
Num barco,
Um homem de olhar duro.
Santa Maria Egipcíaca rogou:
– Leva-me ao outro lado.
Não tenho dinheiro. O senhor te abençoe.

O homem duro fitou-a sem dó.

Caía o crepúsculo e era como um triste sorriso de mártir.

Não tenho dinheiro. O Senhor te abençoe.
Leva-me ao outro lado.
O Homem duro escarneceu: – Não tens dinheiro,
Mulher, mas tens teu corpo. Dá-me o teu corpo, e vou levar-te
E fez um gesto. E a santa sorriu.
Na graça divina, ao gesto que ele fez.
Santa Maria Egipcíaca despiu
O manto, e entregou ao barqueiro
A santidade de sua nudez.

> BANDEIRA, Manuel. *50 poemas escolhidos.* MEC, 1959. p. 9.

9

Tentar aplicar o exercício 8 sobre romances, fotonovelas, poemas narrativos etc.

Pode-se realizar esse tipo de estudos através de pequenos grupos, comparando-se os resultados obtidos, e, por meio da comparação, pode-se chegar a certos tipos de narrativas (como novelas policiais, novelas de terror, de ficção científica, de amor etc.).

10

Determine as convenções teatrais no diálogo abaixo:

(entra o fantasma)

Marcelo – Calma, não continueis: olha que ele vem aí de novo!
Bernardo – Com a mesma figura do rei que morreu.
Marcelo – Tu, que tens cultura, fala com ele, Horácio.
Bernardo – Não se parece com o rei? Repare bem, Horácio.
Horácio – Parecidíssimo. Estou arrasado de medo e de espanto.
Bernardo – Ele quer que lhe falem.
Marcelo – Interroga-o, Horácio.
Horácio – Quem és tu, que usurpas ao mesmo tempo esta hora da noite e a forma nobre e generosa com que a majestade defunta da Dinamarca costumava caminhar? Em nome do céu eu te conjuro, fala!

Marcelo — Ele se ofendeu.
Bernardo — Vede, vai-se embora depressa!
Horácio — Fica! Fala, fala! Eu te conjuro, fala.
(sai o fantasma)
Marcelo — Foi-se, e não responderá.
Bernardo — Então, Horácio! Estás pálido e tremendo. Não achas que é mais que fantasia? Que pensas a respeito?
Horácio — Por Deus, eu não acreditaria sem o testemunho legítimo e sensível dos meus próprios olhos.
Marcelo — Não se parece com o rei?
Horácio — Como tu contigo mesmo; a mesma armadura que ele tinha quando combateu o Norueguês ambicioso, o mesmo olhar carrancudo de quando, na raiva duma discussão matou no gelo o Polaco de trenós. É estranho.
Marcelo — Duas vezes antes desta, na mesma hora morta, com passo marcial ele surgiu em nossa guarda.
Horácio — Não sei exatamente o que pensar, mas sinto no fundo de minha opinião que isso anuncia alguma mudança inesperada em nossa pátria...

> SHAKESPEARE, William. *A tragédia de Hamlet.* Trad. de Oliveira Ribeiro Neto, São Paulo, Livraria Martins Editora, pp. 118-9.

11

Trabalho para ser efetuado coletivamente e a seguir por pequenos grupos:

– determinar um "modelo" simples de narrativa com as funções das principais personagens;

– a partir de tais elementos construir vários tipos de narrativa; começando-se pelo estabelecimento da estrutura de conjunto da narrativa, seu tom, seu estilo e passando-se depois à redação do texto completo.

Pode-se, por exemplo, construir: uma fábula em versos alexandrinos ou em prosa; uma narrativa oral, na 1.ª pessoa do ponto de vista de uma personagem; uma narrativa cômica, na 3.ª pessoa; um conto triste etc.

12

Mesmo exercício que o precedente, mas visando a construir uma peça de teatro de um ato:

– determinação coletiva do "modelo" da peça e de seus principais personagens;
– através de pequenos grupos, determinar a estrutura do ato (ordem e importância respectiva das cenas) e do tipo de peça (comédia, tragédia etc.);
– redação do diálogo e das indicações cênicas (cenário, movimento de personagens etc.).

13
Praticar a poesia não é trabalho muito fácil. Pode-se dizer que só o talento define decisivamente esse trabalho. Mas há exercícios que permitem tomar contato com o material do poeta: as palavras, os sons, os ritmos.

a. a partir do estudo dos procedimentos utilizados por um poeta, sugere-se que os alunos façam recriações. É o caso das paródias (cf. a paródia de "Ouvir Estrelas" de Olavo Bilac, realizada por Juó Bananère) ou, ainda, de reinvenções entre as quais podem citar-se as modernizações de cantigas medievais, feitas por Guilherme de Almeida, por Manuel Bandeira, ou recriações desse mesmo tipo de cantigas feitas por Mário de Andrade.

b. grupos de 4 ou 5 estudantes definem uma estrutura de frase (exemplo: sujeito nominal + adjetivo + verbo no futuro + adjunto adverbial de tempo). Passa-se uma folha sobre a qual cada um escreve a palavra ou grupo de palavras correspondentes à função escolhida, escondendo-a dos outros. Constroem-se dessa forma frases estranhas.
Pode-se a seguir lê-las, julgá-las, e, a partir das melhores, "continuar o poema...".

3. A expressão e a comunicação oral

3.1. ELEMENTOS E CARACTERÍSTICAS DA COMUNICAÇÃO ORAL

3.1.1. Condições físicas e psicológicas da comunicação oral

A comunicação oral "passa" do aparelho fonador humano ao ouvido humano. Esta passagem compreende três aspectos:
– um aspecto *fisiológico*, vinculado ao estudo da sensibilidade às variações de frequência (de altura), de intensidade e de periodicidade das ondas sonoras. Sem entrar em detalhes, diremos que existem limites, além ou aquém dos quais a percepção fica confusa;
– um aspecto *psicolinguístico*, vinculado ao estudo da língua enquanto conjunto de segmentos conhecidos e reconhecidos; receber uma mensagem oral é o mesmo que caracterizar seus componentes gramaticais, semânticos, simbólicos, estilísticos; esta categorização se dá a partir da cultura e da experiência do receptor, em suma, de seus hábitos;
– um aspecto *psicológico*, vinculado aos problemas de atenção e de personalidade. A comunicação oral só é possível:
• Se o emissor da mensagem não ultrapassar certos limites fisiológicos precisos (que variam de acordo com os indivíduos e as situações: existem pessoas de "ouvido ruim", mas também salas de aula que dão para ruas barulhentas...).

• Se a mensagem for identificável, isto é, se suas condições de emissão permitirem o reconhecimento de um código comum ao emissor e ao receptor.

• Se o contato psicológico se mantiver de ambas as partes, isto é, se o emissor prender a atenção do receptor e se este adaptar seu comportamento às condições particulares da comunicação.

Os "ruídos", isto é, perturbações que podem ocorrem no transcurso da comunicação oral, são de origem:

– física (verdadeiros barulhos, voz muito baixa, fala muito rápida);

– linguística (dificuldades de decodificação por parte do receptor);

– psicológica (falta de atenção, elementos passionais interferindo na mensagem etc.).

3.1.2. O *feedback* (retroação)

Já sabemos (cf. 1.1.3) que a redundância é um meio de diminuir os efeitos do "ruído". Há um outro meio, próprio da comunicação oral, toda vez que esta se desenvolve numa situação de intercâmbio e de reciprocidade. Trata-se do *feedback* (isto é, "realimentação").

O termo foi emprestado da cibernética e designa o sinal que permite controlar e regular uma operação, enquanto ela se efetua. No domínio da comunicação, o *feedback* designa o conjunto dos sinais perceptíveis que permitem conhecer o resultado da emissão da mensagem: se foi recebida ou não, compreendida ou não.

O *feedback* pode ser uma resposta verbal ou não verbal (sinal de cabeça, por exemplo).

Nota-se que o efeito perturbador dos ruídos pode ser corrigido ou interrompido pelo *feedback*. É ainda necessário que o *feedback* seja viável e seja favorecido pelo emissor. Um professor pode dar uma aula de uma hora – ou um curso de um ano!... – sem que os alunos entendam uma palavra. Se eles têm oportunidade de intervir, suas perguntas e seus comentários constituem um *feedback* precioso, com base no qual o professor poderá adaptar seu curso e torná-lo mais claro. Se eles não têm esta oportunidade, o *feedback* será constituído pelos exames finais (uma espécie de "resposta" ao curso), que tem uma chance muito grande de serem catastróficos!

O *feedback* pode adquirir várias formas:
– repetição completa e sistemática das informações (exemplo: repetição da mensagem transmitida pelo telefone);
– verificação *final* através de uma pergunta do emissor (exemplo: pergunta do tipo "todo mundo compreendeu?", interrogações escritas etc.);
– verificação, *à medida que a comunicação vai se processando*, por perguntas do emissor ("certo?", "vocês estão me seguindo?...");
– verificação através das perguntas do(s) receptor(es);
– verificação por meio de sinais não verbais do(s) receptor(es), em decorrência dos quais o emissor pode ajustar seu discurso.

O *feedback* favorece a comunicação. Dissipa as inquietudes, os receios e as tensões no relacionamento entre emissor(es)-receptores.

No entanto, é bom notar que o *feedback* não é sempre possível. Seu emprego ou não depende do tipo da comunicação oral.

3.1.3. Tipos de comunicação oral

Variam essencialmente de acordo com a situação respectiva do emissor e do receptor. Vários casos devem ser considerados:
– o receptor está presente e próximo: neste caso (concretizada na *conversação*), o contato é imediato; é preciso, então, distinguir:
• a situação de *intercâmbio*: os interlocutores conversam efetivamente, os papéis do emissor e do receptor se invertem, o *feedback* é possível (conversa, curso ou aula com diálogo, perguntas e respostas etc.).
• A situação de *não intercâmbio*: o receptor, ainda que presente e próximo, não tem a possibilidade imediata de responder e de assumir o papel de emissor (aula expositiva, discurso, sermão, comunicação teatral). Nestes exemplos, nota-se que a proximidade dos receptores é menor e que a situação exige quase sempre a utilização de alto-falantes, microfones etc.

– o receptor está ausente e distante.
Nesta circunstância, o intercâmbio é exceção. Entretanto, ele se estabelece na conversa telefônica, em que o contato é *imediato*. Na maior parte dos casos, que ocorrem nesta situação, o contato não é imediato e o intercâmbio só pode ser indireto. Às vezes, efetua-se através de um canal de comunicação diferente (exemplo: faz-se uma pergunta aos ouvintes de uma cadeia de rádio, eles respondem por carta ou por telefone; há um *feedback*, mas não imediato).

O não intercâmbio é regra geral. A mensagem é difundida, o que supõe um esforço de clareza e de adaptação por parte do emissor. Neste caso, especificam-se:
– a *mensagem estritamente oral*, na qual as informações só são transmitidas pela voz do emissor (rádio);
– a *mensagem mista*, simultaneamente oral e visual (cinema, televisão); as informações veiculadas pela imagem permitem que o emissor torne seu discurso mais leve.

A este respeito, compararemos a reportagem esportiva radiofônica (*todas* as informações – lugares, fatos – são transmitidas pela voz do repórter: sua fala é rapida, suas frases truncadas) com a reportagem esportiva televisionada (a maior parte das informações é fornecida pela imagem: o repórter fala mais claramente, faz comentários etc.).

Nos itens seguintes, estudaremos alguns tipos de comunicações orais realizadas nos quadros escolares, universitários e profissionais, especificando a situação de intercâmbio e a de não intercâmbio.

3.2. COMUNICAÇÃO ORAL COM INTERCÂMBIO

3.2.1. O diálogo

Aqui entram em jogo um emissor e um receptor (às vezes vários, mas neste caso, trata-se de uma reunião e os problemas dos diálogos se complicam por problemas inerentes ao grupo; consideraremos, por enquanto, o diálogo entre dois interlocutores).

O diálogo implica um *sentido* e um *resultado*. Não se dialoga no vazio, mas para se informar ou se defrontar com alguém. Extraindo do diálogo uma significação global, diremos que não se trata de conseguir que um dos dois interlocutores se incline diante do outro, mas que o diálogo enriqueça, de uma maneira ou de outra, seus participantes.

O diálogo supõe, da parte de quem fala, a vontade de se fazer compreender, e, da parte de quem ouve, a decisão de ouvir e de compreender. Mas estas condições se chocam com obstáculos difíceis de superar; assim é que entram em jogo a personalidade do receptor, seus gostos, suas ideias, suas paixões e superpõe-se à mensagem efetivamente emitida uma "segunda" mensagem constituída por suas reações, suas respostas, suas resistências implícitas.

Exemplo

Existe um exercício simples – a que chamaremos de *exercício de reformulação* –, que permite tomar consciência dos obstáculos que intervém no recebimento oral de uma mensagem.

Colocam-se frente a frente dois indivíduos: um será o emissor; o outro, o receptor. Propõe-se um tema de reflexão sobre o qual o emissor deverá emitir sua opinião; este tema será escolhido de modo a engajar a personalidade do emissor, expressando suas ideias pessoais.

– O receptor ouvirá sem tomar nota, depois reformulará as palavras do emissor. Dessa maneira, o *feedback* será constituído por uma repetição das informações transmitidas (repetição incompleta: o receptor se limitará a resumir as ideias do emissor).

– O exercício dura de 10 a 15 minutos. A conversa é gravada.

– O auditório anotará suas observações. Ao final do intercâmbio, o auditório será requisitado a apresentar o que observou: as reformulações foram corretas? Quais deformações foram observadas? O que elas indicam?

Depois de escutar a gravação, os participantes poderão verificar as observações e notar os desvios operados:

– pelo receptor;
– pelo auditório, que terá recebido tanto as mensagens do emissor quanto do receptor.

Eis o texto de um exercício de reformulação realizado com estudantes sobre o tema "O que você acha da pena de morte?":

EMISSOR: "Bom, ahn... Primeiro, a pena de morte, eu acho que é absolutamente ahn é um fato ahn... que... é, para as pessoas que a enfrentam, automaticamente elas tem medo, se a gente diz: você faz tal coisa, então você vai ser condenado, automaticamente ele vai recuar com relação ao... à ação que vai praticar. A partir do momento que não se aplica a pena de morte, as pessoas dizem: bom, a gente vai ser condenado, mas tem sempre uma maneira de se safar.
RECEPTOR: Ahn... Então a pena de morte tem... é boa, como um fim, é um exemplo, e as pessoas recuam diante de uma má ação, porque elas pensam antes na pena de morte. Por outro lado, se ela não existisse, ahn, haveria sempre um recurso ahn... à... sempre um recurso de se regenerar mais ou menos... (palavra incompreensível)... a pena de morte não seria um fim, é isso.
EMISSOR: Mas... ahn... Eu sou... ahn... pessoalmente um pouco contra também, porque quando a gente, a pena de morte, quando tem pena de morte, isto é, quando a pessoa é condenada, não se pode mais ahn... enfim, quando se mata alguém, essa pessoa não viverá mais, ela não vai mais ter... afinal de contas, ela vai... quando ela morrer, ela, ela não vai mais poder pensar no que fez e... (20 segundos de silêncio). Quando ela for condenada a, vamos por aí, 30 anos de prisão, ela vai ter tempo de se arrepender, é uma besteira (risos)... não deixa de ser uma besteira encerrar o indivíduo num cárcere e tudo... só que ele vai ter tempo de compreender, de ver o mal que ele fez e... de sofrer, muito mais do que se estivesse morto.
RECEPTOR: Então, a pena de morte não é um meio de fazer expiar os crimes de uma pessoa, pois, uma vez que ela está morta, ahn... acabou (risos)... Se ela passar 30 anos na cadeia, automaticamente ela vai ter tempo de se arrepender e, finalmente, ela talvez possa ser recuperada.
EMISSOR: Quando se aplica ahn... a pena de morte também, se o julgamento teve alguma falha, não há nenhuma ahn... nenhuma possibilidade de retorno; agora, se é uma condenação a prisão, ahn... há possibilidade de retorno.
RECEPTOR: Se há pena de morte, não há nenhuma possibilidade de recurso (risos), mas se um indivíduo é condenado à prisão perpétua, pode-se sempre consertar um erro de julgamento.

Aponte, nas reformulações, as informações deformadas ou acrescentadas. Você pode determinar as causas das distorções da mensagem inicial? Qual é a posição respectiva dos interlocutores com relação à pena de morte?

Percebe-se que o diálogo necessita:

– do reconhecimento do interlocutor com um *ser diferente de mim* autônomo, capaz de ter ideias, concepção da existência, reações, sentimentos pessoais diferentes dos meus;

– do sentimento de que o interlocutor é, mesmo assim, *semelhante a mim,* que ele tenta me comunicar alguma coisa e que eu posso compreender o que ele me diz.

Em outros termos, trata-se de ter simpatia pelo interlocutor, sem perder de vista que ele é um outro. Duas condições devem ser simultaneamente atendidas:

– se se leva muito longe a simpatia, abdica-se da própria personalidade, acerta-se tudo, não há mais diálogo, não há mais intercâmbio;

– se se acentua a "distância" do outro, o interlocutor não recebe mais a mensagem, fecha-se sobre si mesmo, a comunicação é cortada.

Designa-se pelo termo *empatia* esta atitude de compreensão lúcida, esta atenção ao outro e ao que ele procura exprimir. A empatia exclui tanto a crítica quanto a aprovação afetiva.

3.2.2. A entrevista

Há dois tipos de *entrevista*. O *primeiro* caracteriza-se pela especificidade da mensagem de cada um dos interlocutores: um coloca as *perguntas*, o outro fornece as *respostas.*

Da parte de quem faz as perguntas, a entrevista implica uma preparação séria do questionário. Este *questionário* deverá ser:

– *ordenado,* quer cronologicamente (perguntas sobre a vida ou a carreira de um indivíduo), quer logicamente (de acordo com os objetivos buscados, deverá ser traçado um plano das perguntas a serem formuladas);

– *adaptado ao interlocutor,* à sua personalidade, ao seu nível sociocultural (ver nível de linguagem);

– *adaptado à situação*, ao momento da entrevista. Ainda que previamente preparado, o questionário pode se revelar incompleto; a entrevista pode tomar rumos imprevisíveis; o entrevistador deve estar preparado para se curvar às exigências da situação, sem perder de vista os objetivos que quer atingir;
– *redigido* de maneira a evitar as confusões, as ambiguidades, as respostas "forçadas" etc.

Exemplo

INFLUÊNCIA DA PESQUISA SOBRE A PESQUISA

As respostas podem variar de maneira bastante notável, de acordo com o modo pelo qual a pergunta é colocada. Lembremo-nos de um exemplo clássico:
Em 1940, foi colocada nos Estados Unidos a mesma questão, sob duas formas diferentes:
Forma A: Você acha que os Estados Unidos deveriam fazer mais do que fazem atualmente para ajudar a Inglaterra e a França?
Forma B: Você acha que os Estados Unidos deveriam fazer mais do que fazem atualmente para ajudar a Inglaterra e a França, na sua luta contra Hitler?

RESPOSTA	FORMA A	FORMA B
Fazer mais..........	13%	22%
Não fazer mais...	75%	66%
Sem opinião.......	12%	12%

No fundo, as duas perguntas eram idênticas, mas a introdução da palavra Hitler arrastou 9% das respostas para a proposta intervencionista. Estas pessoas influenciáveis não quiseram parecer insensíveis com relação a um inimigo da democracia.
Uma boa fé total do condutor da pesquisa é, portanto, necessária, sem ser, contudo, suficiente. A despeito das precauções tomadas, o interrogado se encontra num estado anormal. Não estamos nem pensando no puro desejo de enganar, mais raro que o desvio inconsciente. Mas acontece que os hesitantes, os indecisos, tendem a querer causar uma boa impressão e temem indispor o condutor da pesquisa ou apresentar-se a seus olhos sob um ângulo negativo. Este estado de espírito, já sensível quando se trata de questões de fato (nos "orçamentos familiares" estabelecidos pelas pesquisas, os gastos com

álcool são sempre mínimos), fica ainda mais evidente quando se trata de opiniões e de intenções.

SAUVY, Alfred. *A opinião pública*. Paris, PUF, 1956.

O questionário é um fator determinante para o bom andamento deste tipo de entrevista.

No momento de redigir um questionário, os seguintes problemas devem ser levantados:
• A pergunta é necessária?
• Ela não é muito complexa? Não se pode subdividi-la?
• Ela pode ser respondida?
• Ela não é muito pessoal ou muito geral (no 1º caso, o interrogado não responderá ou mentirá, no 2º caso, sua resposta será banal)?
• Ela não orienta a resposta?
• Ela é clara, sem ambiguidade?
• A ordem das perguntas facilita as respostas?

O *comportamento do entrevistador* também é um fator determinante.

Adotando uma atitude que não seja nem condescendente, nem servil, o entrevistador deve, antes de tudo, mostrar que ouve com interesse as respostas e que se esforça por registrá-las com toda a fidelidade possível.

Ele deve:
• dar ao interlocutor tempo de responder;
• não discutir as respostas;
• não revelar seu pensamento ou influenciar o interlocutor;
• reformular as respostas;
• fazer um breve balanço no fim da entrevista e agradecer ao interlocutor.

Quanto ao *entrevistado*, deve procurar compreender a pergunta formulada e responder a ela de maneira direta, clara, concisa... e franca.

Um *segundo tipo de entrevista* difere do que foi exposto no sentido de que um verdadeiro diálogo se estabelece entre os interlocutores, que trocam opiniões, ideias, argumentos. Entretanto, os princípios enunciados acima continuam válidos, particularmente o da adaptação ao interlocutor e à situação.

Uma entrevista deste tipo é utilizada pelos médicos, magistrados, sacerdotes, representantes, vendedores, jornalistas, psicólogos, psiquiatras, assistentes sociais etc. Graças a uma troca de opiniões ou de fatos, visa a colher dados, a informar ou a motivar. É indispensável, neste caso:
– definir rigorosamente o objetivo da entrevista e seu modo de apresentação;
– apresentar claramente o assunto ao(s) participante(s);
– levar em conta as condições materiais, físicas e psicológicas da entrevista;
– atentar para a mentira, para os julgamentos sobre as aparências, para o poder de sugestão do observador sobre o assunto.

Uma entrevista desta natureza adquire várias formas, por exemplo:
– entrevista sobre uma *enquete* ou sobre uma pesquisa (é recomendável a utilização de um questionário);
– a entrevista livre (uma sondagem, por exemplo) é uma conversa solta, no decorrer da qual o entrevistador colhe elementos biográficos e sobretudo psicológicos sobre o entrevistado;
– entrevista dirigida: rigorosamente estruturada e conduzida pelo entrevistador, de acordo com um plano bastante preciso;
– entrevista não dirigida: caracteriza-se pela atenção silenciosa do entrevistador; este, após a apresentação dos objetivos, deixa o participante exprimir-se sem intervir, confiando a ele, dessa maneira, o cuidado de descobrir sozinho os diferentes aspectos do problema e as eventuais soluções.

Existe, certamente, uma estratégia própria da entrevista, que foge, entretanto, ao escopo deste livro.

3.3. OS DIFERENTES TIPOS DE REUNIÕES COM INTERCÂMBIO

3.3.1. A reunião-discussão

É conduzida por um coordenador encarregado de dar vida ao grupo e de cuidar para que o intercâmbio entre as partes se realize a contento. O desenrolar deste tipo de reunião varia segundo os objetivos.

Consideremos o seguinte exemplo:
- a discussão gira em torno de um *tema* previamente fixado (debate, mesa-redonda, discussão de cineclube etc.).

Neste caso, o coordenador se incumbirá de:
• precisar os dados da discussão;
• abrir a discussão, se houver necessidade, dando-lhe uma direção determinada, levando os participantes a opinar, reagir e questionar (é a fase mais difícil; todos sabem que um debate ou uma discussão de cineclube "desamarram-se" lentamente; o cuidado do coordenador será o de não frear esse processo, mas de favorecê-lo);
• reformular e recolocar as opiniões expressas; não emitir sua opinião, apenas devolver ideias e questões ao grupo, sem influenciá-lo;
• assegurar a boa circulação das ideias;
• favorecer o intercâmbio;
• tentar dar a palavra a todos, sem, entretanto, forçar um ou outro participante; se isto acontecer, corre-se o risco de emperrar o debate;
• efetuar uma síntese final.

A personalidade do coordenador deve se anular, em proveito da participação do grupo. Ele deve sobretudo evitar manter um diálogo com participantes isolados e procurar, antes de tudo, estimular o intercâmbio generalizado. Um outro exemplo:
- a discussão é preparatória para uma decisão ulterior (comunicação de estudo, equipes de decisão etc.).

O papel do coordenador é semelhante. Entretanto, a reunião deverá ser dirigida de maneira mais rígida, uma vez que ela leva a uma tomada de decisão. O coordenador deverá, então, cuidar para que os objetivos da reunião sejam atingidos. Ele se preocupará mais com a tarefa a cumprir do que com a participação dos indivíduos.

3.3.2. O *brainstorming* ("tempestade de ideias")

O *brainstorming* tem como objetivo a produção intensiva, por um pequeno grupo, de ideias novas e originais. O método do *brainstorming* baseia-se na capacidade criativa dos grupos.

Só se aplica na busca de ideias novas e que necessitam de imaginação e criatividade.

Reúne-se um grupo de dez pessoas no máximo. O problema é colocado de uma maneira clara, com todas as especificações pertinentes (documentos, números etc.); ele incide sobre uma questão relativamente simples (se ela é muito complexa, será decomposta em questões mais simples, que serão objeto de outros *brainstormings*).

Os participantes, depois de tomar conhecimento do problema, apresentam, durante uma hora mais ou menos, suas ideias.

Eles têm toda a liberdade de emitir as ideias mais extravagantes e absurdas possíveis, mas devem se esforçar para enunciar o número máximo de ideias no menor período de tempo; não lhes cabe criticar as ideias emitidas; ouvem as ideias dos outros às quais associam as suas.

A imaginação é livre, desaparece o espírito crítico, a audácia se solta pouco a pouco, a espontaneidade e a confiança se desdobram: a criatividade do grupo atinge o clímax.

O *coordenador*, sem manifestar reação visível às ideias, limita-se a passar a palavra aos participantes, reformular as ideias confusas, encorajar cada um igualmente. Ele pode, nos momentos de vazio, realizar sínteses parciais, reagrupando as ideias convergentes, para reativar a emissão.

Durante esta fase, os *observadores*, em silencio, anotam todas as ideias emitidas. A seguir, é feita uma lista das ideias, a partir da qual serão selecionadas as mais originais, as mais viáveis e as mais eficazes.

Os participantes não fazem parte do "júri".

3.3.3. O método de casos

Um *caso* é a descrição de uma situação concreta, real e problemática, ocorrida numa sociedade ou numa empresa e que leva à busca de uma solução. Os tipos de casos variam segundo o ambiente considerado. Eis alguns.

– um incidente que ocorre durante o trabalho, no interior de uma classe, de uma empresa, incidente significativo e que levante um problema concernente a todos;

– a exposição de uma situação individual embaraçosa;
– a exposição de uma crise aguda, cuja solução seja urgente.

O *método de casos* consiste em:
– analisar esta situação em grupo (identificar as componentes do problema);
– identificar o problema central (expor as questões--chave);
– discuti-lo (compreender o caso em todos os seus aspectos);
– examinar as diversas soluções apresentadas ao problema colocado, bem como suas consequências;
– selecionar as soluções que parecem preferíveis, expondo suas vantagens.

O *coordenador* solicita a cada participante que tome consciência individualmente do caso e que tente encontrar uma solução ao problema colocado. Durante a reunião do grupo, coloca-se em discussão as soluções propostas, de acordo com os princípios enunciados acima. O comportamento do coordenador é o mesmo que teria numa sessão de *brainstorming* ou numa reunião-discussão.

A sessão se encerra por uma síntese.

À entrevista, ao debate, à reunião-discussão, ao *brainstorming* e ao método de casos, segue-se geralmente a redação de um relatório.

3.3.4. A exposição-participação

É uma maneira viva de conduzir uma exposição. Recorre--se a ela quando o tema tem caráter geral e não exige erudição especializada e precisa. Se o tema for "os recursos econômicos da Nova Zelândia", por exemplo, a exposição-participação não deve ser utilizada, pois os participantes tem pouca chance de se documentar sobre a questão. Por outro lado, uma exposição sobre "a migração nordestina" ou "a situação da mulher na sociedade brasileira" poderá ser levada a termo com a participação do auditório na maior parte das questões levantadas pelo problema.

O *coordenador* deve conhecer perfeitamente, de um lado, o assunto tratado, e, de outro, seu auditório. Numa primeira etapa, ele apresenta o tema em dez minutos, esforçando-se para mostrar sua importância e suscitar o interesse e promover as primeiras participações do auditório.

Numa segunda etapa, abre o diálogo com uma questão cuidadosamente escolhida.

Numa terceira etapa, orienta as respostas e as intervenções num sentido previamente estabelecido por ele (para isso, ele já deverá ter fixado esquemas com limites da exposição e ter escrito num quadro as principais questões a serem abordadas). Deve ter o cuidado de reconduzir o auditório ao tema e a seus elementos principais.

Na conclusão, recapitula os principais pontos tratados, faz algumas observações complementares, se houver necessidade, mas aponta que foi o auditório que, afinal de contas, resolveu a questão.

Exemplo

A partir do tema "O computador", o coordenador poderá:
– expor em alguns minutos a importância crescente do computador e o nascimento do "mito" do computador-milagre;
– fixar, como esquema da exposição, as seguintes questões:
o que é um computador?
para que ele serve?
em que domínios é utilizado?
quais são suas capacidades?
quais são seus limites?
por que ele desencadeia reações tão diversas (admiração, confiança, receio etc.)? (ele tem, é bem verdade, resposta para todas estas perguntas);
– finalizar a exposição com a primeira questão.

3.4. TIPOS DE COMUNICAÇÃO ORAL SEM INTERCÂMBIO

Características gerais

Trata-se da *difusão* de mensagens em que os ouvintes estariam:
• ausentes e distantes (rádio, televisão);
• presentes e próximos (teatro, aula expositiva, conferência, discurso, sermão).

Não trataremos em detalhe, neste livro, da situação de comunicação de um indivíduo com uma multidão. Neste caso, intervém fatores bem complexos de psicologia das massas. Por seu lado, as qualidades de um orador ou de um tribuno devem estar presentes mesmo no nível de comunicação a pequenos grupos. É necessário:
– *caracterizar o "público"*, destinatário da mensagem:
• número de pessoas;
• composição (grupo social a que pertence, idade, sexo etc.);
• circunstâncias de agrupamento (o orador terá maior dificuldade em prender a atenção de um grupo formado à força do que a de um grupo espontâneo);
• código e valores comuns (é preciso falar a linguagem do destinatário).
– *precisar* a natureza e as condições da comunicação:
• a natureza da mensagem (simples informação, exposição documentada, comunicação científica, expressão de uma opinião);
• condições da comunicação (lugar, meios materiais possíveis, tempo disponível, público).

A comunicação oral caracteriza-se pela importância dos elementos conativos colocados em jogo: o destinatário nunca deve ser negligenciado, nem esquecido em proveito da mensagem. Portanto, é preciso impor-se ao grupo não só graças ao interesse da mensagem, mas sobretudo graças ao modo como ela é apresentada.

3.4.1. O estilo da exposição oral

Caracteriza-se por uma espécie de compromisso simultâneo com a língua falada e a língua escrita.

A exposição, pelo seu conteúdo, estrutura e natureza de seu preparo, se aproxima da comunicação escrita, uma vez que supõe:
– uma apresentação séria, seletiva e organizada de uma documentação, um plano elaborado;
– o esforço de correção do vocabulário e da sintaxe, supressão de negligências estilísticas, e de formas familiares ou vulgares da língua falada.

Porém, ao se efetivar, a exposição assemelha-se à comunicação oral, uma vez que:
– deve ser *dita* e não *lida*; a leitura de uma exposição geralmente não é acompanhada pelos ouvintes, porque:
• as informações transmitidas por um texto escrito são muito numerosas, enquanto que as transmitidas por um texto falado são diluídas pelas redundâncias, repetições, pausas, e, por isso mesmo, bem mais acessíveis;
• a leitura "apaga" a personalidade do orador, que não olha para o público e se distancia dele;
• a leitura exclui modos de comunicação não verbais, indispensáveis para manter o contato: olhares, gestos, expressão corporal;
– assimila certos elementos expressivos próprios da língua falada: entonação, acentos, pausas etc.

Em suma, o caráter "escrito" da exposição deve ser corrigido com o cuidado de restabelecer seu caráter oral.

3.4.2. O plano

O plano é capital para o sucesso da exposição, pois dele depende o receptor para compreender as informações e as ideias transmitidas.

As diferentes partes do plano devem se encadear:
• de maneira lógica;

• de modo a operar uma progressão no desenvolvimento do assunto.

O modo mais claro e sugestivo de elaborar um plano é tomar como ponto de partida uma questão ou um enunciado sobre um problema; o plano será montado sobre as eventuais respostas a este problema, que levarão a um progressivo aprofundamento da questão inicial.

O esquema de base da *exposição "problemática"* é o seguinte:
1. Descrição e análise dos elementos do problema.
2. Determinação dos critérios dentro dos quais a solução deve ser escolhida.
3. Explicação e avaliação da(s) solução(ões).

A formulação da questão define, com certeza, o quadro e os limites da exposição. Não existe, efetivamente, um plano-tipo, pois o melhor plano é o que se adapta perfeitamente:
– ao assunto escolhido e ao problema colocado;
– à maneira de considerar o assunto, isto é, ao ponto de vista pessoal adotado pelo autor da exposição.

Portanto, o essencial é *definir* de início este assunto, e este *ponto de vista* e manter o equilíbrio das partes, bem como a progressão da exposição.

Exemplo

Suponhamos uma exposição sobre o assunto: "A Tourada".
O plano depende do ponto de vista adotado.
a. Ponto de vista histórico. O plano deverá ser cronológico; a exposição evocará as origens da tourada e suas funções. Estudará o aspecto atual da tourada, como referência ao passado, às tradições, ao folclore, às influências diversas.
b. Ponto de vista técnico. Os diferentes elementos da tourada deverão ser passados em revista. Será difícil elaborar um plano progressivo, mas pode-se, por exemplo, passar do animal (criação e preparação dos touros) ao homem (escola de toureiros), da técnica propriamente dita à arte da tauromaquia.

c. Ponto de vista sociológico. Partindo de elementos históricos necessários, a exposição levará à análise da tourada no seu papel social. Pode-se considerar o problema, de um lado, do ponto de vista dos toureiros, de outro, do ponto de vista do público (a tourada como catarse, a profissão de toureiro considerada como promoção social: aproximadamente o mesmo que ocorre com o jogador profissional de futebol no Brasil).
d. Ponto de vista literário. A tourada deverá ser, então, considerada como uma tema literário, uma espécie de mito desenvolvido nas lendas, nos romances (Blasco Ibañez, Ernest Hemingway etc.) e no cinema.

O plano varia segundo a adoção de uma ordem histórica (evolução do mito e suas significações) ou temática.

Qualquer que seja sua natureza, o plano é indispensável. Uma exposição não pode ser improvisada. Deve-se desenrolar dentro de um quadro bem estabelecido:

– para o orador, que encontrará nele uma segurança providencial na hora de falar;

– para o auditório, que saberá para onde está sendo levado e do que se trata.

3.4.3. Conclusão

A comunicação oral caracteriza-se pela sutileza. Sabe-se por exemplo, que um professor pode passar da comunicação sem intercâmbio (aula expositiva, exposição) à comunicação com intercâmbio (exposição-participação, aula dialogada etc.). Sabe-se que um orador hábil consegue adaptar o tom, o estilo e até mesmo o conteúdo de seu discurso às reações do auditório. A comunicação oral bem conduzida é o modo de informação e de influência mais direto e eficaz.

3.5. EXERCÍCIOS

3.5.1. Treino da expressão e da argumentação

A favor ou contra a televisão.

Divide-se o grupo em dois subgrupos iguais. Propõe-se um tema de debate. O grupo 1 se encarrega de defender uma tese e o grupo 2 a antítese. O coordenador deixa que os primeiros intercâmbios sejam livres, mas passa, a seguir, a controlá-los, dando a palavra a cada membro alternativamente. Após 10 minutos, os papéis são invertidos, seguindo-se, no entanto, o mesmo processo de participação. Após 10 minutos, recomeça-se o debate, mas, desta feita, sob a forma de livre participação, permitindo-se a cada membro que manifeste sua opinião pessoal.

Sugestão de temas:
A favor ou contra as eleições presidenciais.
A favor ou contra a música popular estrangeira.

(Nota: os temas devem ser suficientemente gerais para permitir a boa participação de todos os membros.)

3.5.2. Os diferentes tipos de comunicação oral

a. O feedback

Determine situações precisas de comunicação oral nas quais:
1. o *feedback* é impossível;
2. o *feedback* é possível mas não realizado;
3. o *feedback* é possível e realizado.

Aprecie em cada um dos casos os efeitos da ausência ou da existência do *feedback*. Sob qual forma o *feedback* lhe parece mais eficaz?

b. Dois tipos de comunicação oral

Determine os elementos característicos e os problemas nas seguintes comunicações orais:
– entrevista radiofônica transmitida diretamente;
– espetáculo teatral televisionado.

c. Trabalho para ser realizado em grupo

Por ocasião de um jogo de futebol:
– gravar a transmissão radiofônica do jogo;
– gravar o comentário televisionado.

Compare as duas gravações. Analise minuciosamente as diferenças observáveis.

3.5.3. O diálogo

a. Reformulação

1. Retomar o exercício proposto em 3.2.1. sobre temas escolhidos pelo grupo.
2. Exercício geral:
– um tema é escolhido pelo grupo;
– todos os participantes se agrupam de dois em dois a fim de dialogar;
– num primeiro tempo (15 minutos por exemplo) um é o emissor e o outro reformula;
– num segundo tempo os papéis são invertidos;
– o grupo se reúne. Os resultados são expostos, as dificuldades são enumeradas, bem como as impressões mais gerais. Cada um toma a palavra. Deve-se empreender esforço no sentido de determinar:
• a porcentagem aproximada das boas e más reformulações que devem ter sido contabilizadas pelos participantes no momento do diálogo;
• as principais formas de distorções;
• as causas das distorções;
• a influência da primeira mensagem sobre a segunda.

b. Questionário

1. Segue um questionário estabelecido por estudantes e utilizado para uma pesquisa sobre jornais.
Quais são as qualidades e os defeitos de tal questionário?
Quais as reações que se poderiam prever da parte das pessoas que deveriam respondê-lo? (Observação: esse questionário não foi enviado aos jornais, mas utilizado pelos estudantes durante as entrevistas.)
Quais as modificações que você gostaria de fazer nesse questionário?

1. Você pode nos descrever sumariamente a origem de seu jornal e a finalidade que o caracteriza atualmente?
2. Qual é sua tiragem e como ela é dividida geográfica e socialmente?
3. Como sobrevive financeiramente seu jornal?
4. Seu jornal é um órgão de um partido político preciso? Se sim, qual é esse partido? Se não, como o Sr. se define em relação às tendências políticas atuais?

2. Uma vez determinados os assuntos para uma pesquisa, tente construir um questionário.

(Entre outros temas possíveis, sugerem-se os seguintes: a qualidade de vida nos grandes centros urbanos, a loteria esportiva, a validade da Torcida organizada.)

c. Entrevistas

1. Observando a atitude do entrevistador nos trechos que seguem, faça uma crítica sobre ela, levando em conta a qualidade de suas questões, sua maneira de se adaptar ao entrevistado.

Texto 1

ENTREVISTA DA REVISTA *STATUS* COM BARBOSA LIMA

Status – Aos oitenta anos de idade, o senhor parece muito mais moço. Qual a receita para esta excelente forma física?
Barbosa Lima – Não posso dar uma receita, mas quando eu era jovem, cultivei praticamente todos os esportes. Futebol, remo, corrida, barra paralela, fiz um pouco de tudo. E andava muito. Certa vez tive a satisfação de saber que podia andar 60 quilômetros num dia. Saí a pé às 4 da manhã de Recife e cheguei a Goiana, no interior, às 6 da noite. Foi uma bela caminhada. E até hoje, de vez em quando, ando 1 légua. Só que não é 1 légua de passeio, mas sim de passo firme, tórax livre para obter todas as vantagens do exercício. Faz muito bem.
Status – O senhor segue algum regime especial?
Barbosa Lima – Jamais obedeci a qualquer regime alimentar. Sou sóbrio por temperamento e índole; não fumo. Bebo moderadamente, pois não me atrai a possibilidade de perder o controle das minhas ações. Mas, se existe um regime que faz bem, é o do trabalho.

Trabalho sempre, continuadamente. O trabalho é mais importante para a saúde do que o ócio. Nada mais prejudicial que o "ócio com dignidade".

Status – Entre os seus artigos sobre política e economia, às vezes surge uma excelente análise crítica sobre o futebol brasileiro. Como está vendo a nossa atual seleção?

Barbosa Lima – Entendo que está faltando ao técnico Brandão uma orientação fundamental, qual seja, a de selecionar jogadores em número suficiente para formar um bom time e treiná-los continuadamente em conjunto. Querer levar uma seleção que jamais jogou completa na fase de preparação me parece um erro. Erro que talvez não criará maiores embaraços nessa fase preliminar de classificação. Mas, quando enfrentarmos os times melhores, vamos sentir então os males desta falha na fase de formação do selecionado.

Status – Mas estaremos tão despreparados assim, diante das maiores forças do futebol internacional?

Barbosa Lima – Você se recorda das Olimpíadas no Canadá? O último jogo de futebol entre a Alemanha Oriental e a Polônia impressionou-me profundamente, não somente pelo alto índice de esportividade com que foi disputado, como pela excelência das virtudes técnicas reveladas. Fiquei com a convicção de que mesmo a equipe principal do Brasil não levaria vantagem com semelhantes competidores. O jogo pelas extremas, com alta velocidade, ocupando todo o espaço e não deixando campo ao adversário, dava a impressão magnífica de eficiência obtida através de exercício permanente e continuado com as mesmas peças. O Brasil deve aprender esta lição.

Status – Bem, não é só no futebol que temos lições a aprender. O senhor completou oitenta anos, sessenta dos quais dedicados à vida pública e ao país. Como vê, hoje, o Brasil?

Barbosa Lima – Esta é uma pergunta abrangente e a resposta é difícil. Mas o Brasil sempre me deu a impressão de uma espécie de arquipélago. As regiões estão distantes geográfica e economicamente, com sentimentos tão diferenciados que é difícil encontrar um denominador comum. São tendências conflitantes, que permitem a coexistência de níveis rudimentares de vida em regiões do Norte e do Nordeste e mesmo nas zonas pobres do Sul, com os centros privilegiados, onde uns poucos vivem com o mesmo *standard* dos habitantes dos países mais ricos da Terra. Creio que se fosse possível definir o Brasil pelo seu lado pior, eu diria que é um país onde grande parcela do povo subsiste num nível de vida de quase escravidão, pois trabalha para comer, quando come. Do outro lado estão os potentados, a minoria que participa do mercado de consumo, com rendas fantásticas, que crescem na medida em que se arrocha o salário do povo.

Status. São Paulo, Editora Três, Março de 1977.

Texto 2

ENTREVISTA DA REVISTA *VEJA* COM FERREIRA GULLAR

Veja – Algumas pessoas comentam o fato de que o "Poema sujo" modifica toda uma estrutura da nossa poesia, do ponto de vista da linguagem. Como você vê isso?

Gullar – Quero que, de princípio, fique bem claro que não fiz o "Poema sujo" para modificar nada. Não fiz o "Poema sujo" para criar uma nova forma de poesia nem para revolucionar a poesia brasileira. Fiz o "Poema sujo" para sobreviver, como em geral sempre faço poesia – no último instante. Quando não é possível fazer mais nada, faço poesia. Agora, é preciso também que seja possível fazer poesia, porque às vezes nem mesmo isso é possível.

Veja – Como você vê o desenvolvimento da literatura hoje no Brasil?

Gullar – No campo da poesia, especificamente, vejo uma coisa muito positiva; o abandono de certo preconceito formalista que dominou e castrou a poesia brasileira durante mais de vinte anos, a partir do concretismo. Quer dizer, um preconceito formalista. Chegou-se a dizer que a poesia deveria ser feita segundo estruturas matemáticas...

Veja – Sobre isso você teve uma conversa com João Cabral de Melo Neto.

Gullar – É. Eu estava conversando com ele, em Barcelona, em 1968, e ele me perguntou por que é que eu tinha rompido com o concretismo. Disse-lhe que foi porque o pessoal inventou que a poesia tinha que ser feita segundo estruturas matemáticas e eu achava isso uma bobagem. Aí ele me disse: "Não, mas pode ser feita, sim. Por exemplo: a 'Educação pela pedra' que eu fiz é tudo dois". Então eu perguntei: "Mas esses *dois* veio de onde? O que é que determinou esse *dois*? Não podia ser três? quatro?". E ele disse que podia. Então essa estrutura matemática aí está furada. Você não pode criar uma estrutura a partir da qual nasça necessariamente a linguagem. Você pode, isso sim, criar uma estrutura e justapor a ela a linguagem, mas isso é arbitrário. A verdade da poesia é a verdade que comove. Quando Newton diz que a matéria atrai matéria na razão direta das massas, isso é uma verdade científica que pode ser aferida. Agora, quando Hegel diz que o concreto é a soma de todas as determinações, isso é uma verdade filosófica que não pode ser aferida como a da ciência. Mas quando Drummond diz: "como aqueles primitivos que carregam consigo o maxilar inferior dos seus mortos e eu te carrego comigo tardes de maio", não é verdade, mas é bonito demais, não é? Se você for aferir no nível da verdade essa frase não vale nada. O que é que sustenta essa frase? É que ela comove. Esse é o conteúdo da poesia. Quando alguém quer transformar a poesia numa coisa racionalista, objetivista, dá com os burros n'água, e castra. Se você elimina do homem o direito de se comover e dizer sua emoção, você pode até adoecer as pessoas. Se numa sociedade se proibisse a expressão da emoção – e às vezes se proíbe, não diretamente, mas pela imposição de uma censura violenta –, se criaria uma enfermidade social, impedindo não só a manifestação da emoção lírica como a da revolta, do protesto.

Veja – E a censura? Há quem diga que ela já está anexada naturalmente à produção de determinada camada de intelectuais.

Gullar – Se isso é verdade, é uma coisa terrível. Eu confesso que me nego a acreditar nisso. Pode ser até que seja verdade, mas simplesmente não quero acreditar. Sou radicalmente contra a censura. Agora, todos esses anos de censura rigorosa sobre as atividades artísticas e culturais no Brasil demonstraram que a intelectualidade brasileira não se rendeu. Ficou provada uma forte resistência à censura, além da grande vitalidade da nossa literatura. Tudo isso que tem saído de livros, revistas, jornais não foi de graça, não. Representa uma luta enorme porque desde 1968, 1969, tem havido prejuízos. Mas a observação direta mostra que o pessoal resistiu apesar de tudo, e continua criando. Eu não sou ufanista, não, mas a gente tem que reconhecer que o Brasil é um país de enorme vitalidade.

Veja – O que é que você acha dessa descoberta repentina da América Latina que está havendo nas artes em geral?

Gullar – Eu que vivi durante algum tempo em alguns países latino--americanos posso dizer o seguinte: o Chile tem pouco a ver com a Argentina, a Argentina pouco a ver com o Peru e os três juntos muito pouco a ver com o Brasil. Não acredito em arte internacional porque a fonte da arte é o particular. Evidentemente, quando um romancista brasileiro fala de sua experiência e da realidade brasileira, está falando da América Latina também. Mas está falando igualmente do mundo contemporâneo. Agora, se a literatura brasileira quiser fazer Garcia Marquez aí não dá pé, porque Garcia Marquez é produto de uma cultura específica. Vai empobrecer muito. Mas o que acho positivo nisso tudo é que, na medida em que nós, latino-americanos tomamos consciência da nossa realidade, que o brasileiro conheça o que é a Venezuela, a Colômbia, o Peru, o Chile... e na medida em que eles também se conheçam entre si e ao Brasil... todos conhecerão os graves, profundos e inacreditáveis problemas do continente latino-americano. A solidariedade latino-americana é um dado fundamental na solução desses problemas, mas, para que isso seja feito com autenticidade e consequência, é preciso que antes cada um se conheça a si mesmo, porque, para que o argentino conheça o brasileiro, é preciso que o brasileiro fale de si mesmo e não de um brasileiro misturado com peruano, chileno etc.

Veja, São Paulo, Editora Abril, 2 de março de 1977.

2. Montar um questionário sobre um tema de interesse do grupo e aplicá-lo a seus colegas. Os observadores deverão se esforçar para apreender o desenvolvimento da entrevista.

(Como tema sugere-se "a repressão sexual".)

O questionário deve ser construído de modo a poder determinar o grau de conhecimento do problema, e o tipo de opinião que se tem sobre ele.

3.5.4. Reunião-discussão

a. Determinar em grupo um certo número de assuntos para debate. A coordenação pode ser feita por voluntários (dois, no máximo).

Os coordenadores preparam a discussão e a seguir conduzem-na segundo as diretrizes fornecidas por 3.3.1. Um ou dois observadores notarão o desenrolar da sessão (um poderá observar os participantes e o outro, os coordenadores).

Após a síntese final, os observadores relatarão suas apreciações a serem discutidas pelo grupo.

b. Mesmo exercício que o precedente, mas a propósito de uma decisão particular a ser tomada segundo os interesses do grupo. É claro que, nesse caso, o assunto não pode ser fornecido *a priori*, a decisão deve se referir aos interesses do grupo num determinado momento.

3.5.5. *Brainstorming*

O *brainstorming* só intervém para resolver problemas reais e atuais. Não se pode criar situação artificial para o *brainstorming* (os participantes não tomariam o caso a sério).

Organizar-se-á assim um *brainstorming* quando se apresentar ocasião oportuna e seguindo-se as sugestões fornecidas em 3.3.2.

3.5.6. Exposição-participação

Os temas de exposição devem ser propostos pelos coordenadores, mas, preferencialmente, devem ser submetidos à aprovação do grupo. Além disso, deve-se notar que a técnica de exposição-participação exige um treinamento particular e que por isso mesmo é importante graduar a dificuldade das exposições. Poder-se-á iniciar com exposições simples e relativamente curtas, referindo-se, por exemplo, à definição de certos termos, de certas noções ou instituições tais como a "linguagem", a "virtude", a "democracia", o "senado" etc. Os observadores farão suas apreciações após cada exposição. O grupo passará depois à discussão de tais apreciações. Após esse período de exposições simples poder-se-á passar para a exploração de temas mais complexos.

Seguem alguns exemplos de exposições-participações realizadas com sucesso por grupos de estudantes franceses:
Que é Belo?
Que vem a ser um grupo?
Que é a publicidade?
Que significa ser responsável?
Que é um sonho? Que significa ele?

3.5.7. Comunicações orais sem intercâmbio

a. Determine, com a ajuda e aprovação do grupo, *temas de exposição*. A seguir, proponha o preparo (individual ou em grupos de no máximo três participantes) do roteiro temático, atentando para:
– as circunstâncias em que será feita a exposição;
– o tipo de público a quem se deverá dirigir.

b. Grave um discurso realizado para um grande público. Procure depois analisar:

— o plano adotado;
— a influência da situação;
— a influência do público (em que pontos precisos se pode observar que o orador está levando em conta o público a quem se dirige);
— as técnicas utilizadas para salientar as ideias mais importantes.

4. A expressão verbal e suas relações com outros meios de expressão

Algumas combinações muitas vezes se estabelecem entre a expressão oral e escrita e outros meios de expressão. Sem pretender um estudo exaustivo, serão propostas aqui algumas diretrizes de estudo e reflexão sobre os produtos resultantes daquelas combinações que, em realidade, se constituem na articulação de códigos distintos que elaboram uma mensagem mais compacta. Aprender a "ler" uma canção, um desenho humorístico, um cartaz, um filme, supõe uma tomada de consciência desses diferentes códigos e das modalidades de suas imbricações.

4.1. LINGUAGEM E MÚSICA

4.1.1. Considerações gerais

Em sua origem, linguagem e música eram inseparáveis: cantos ligados a preces ou magias, narrativas em formas de salmos, melopeias e cantigas populares exprimiam sentimentos religiosos ou profanos. Pouco a pouco operou-se uma separação nítida entre música instrumental e música vocal, que pode ser ilustrada por realizações formalmente distintas como as missas, cantatas, óperas, operetas etc.

A música vocal pode ilustrar textos religiosos (versículos da Bíblia, orações) ou literários (poemas). Mas note-se que, desde as manifestações mais primitivas da música vocal, os textos são já criados dentro de uma melodia. Não se trata de um texto subordinado à música, nem do inverso: música e texto são produzidos quase simultaneamente e na perspectiva de suas relações recíprocas.

A título de exemplificação de alguns problemas relativos à articulação entre expressão verbal e expressão musical são expostas a seguir algumas considerações em torno da *canção*.

4.1.2. A Canção

Trata-se de um gênero de composição de estrutura convencionalmente simples. Por vezes, é possível observarem-se casos em que a letra parece ser mais importante ou dominante em relação à melodia; outras; observa-se justamente o contrário.

Dada a necessidade de imbricar necessariamente melodia, ritmo e letra, é nesse tipo de realização que se pode notar de maneira muito clara a função poética da linguagem tal como foi tratada anteriormente. Sem falar das rimas, das aliterações e dos procedimentos comuns à poesia, saliente-se que as letras das canções recorrem frequentemente às onomatopeias, às sílabas vazias de sentido, destinadas a serem sustentadas pela melodia, com uma função puramente poética. A canção, sobretudo a popular, é o lugar de uma espécie de êxtase verbal em que se pode assumir o prazer da diversão com as palavras, os sons, as assonâncias, consonâncias, dissonâncias, rimas, imagens absurdas e o *nonsense*. A canção é, às vezes, por isso mesmo, a linguagem em liberdade. No entanto, esta liberdade conferida pela canção está limitada pelo cuidado em sua recepção e memorização. Uma boa canção é também algo que se compreende (ou que se intui) facilmente e que se retém na memória. Essa é a razão pela qual a canção recorre naturalmente às formas fixas (estrofes e refrões).

4.1.3. Alguns exemplos

a. Canções e jogos infantis

1. Conteneta pita pita
   pita perruge
   conteneta pita pita
   peta petrim.

2. Pirulito que bate bate
   Pirulito que já bateu
   A menina que eu mais amava
   Coitadinha já morreu.

3. Atirei um pau no gato to
   Mas o gato to
   Não morreu reu reu
   Dona Xica ca
   Admirou-se se
   Do berro do berro
   que o gato deu.

Observe-se que, no exemplo formado apenas de sons, há um *nonsense* completo, ao passo que nos dois primeiros versos do exemplo 2 as palavras são reconhecíveis, mas são ditas apenas como suporte do ritmo e da melodia; no terceiro exemplo, note-se que há um sentido imediatamente apreensível, no entanto, é de se observar que a repetição das últimas sílabas de cada verso quebra o sentido (não há razão linguística para fazê-lo), em benefício do ritmo e da melodia.

b.
Lá detrás daquele morro tem um pé de manacá,
Nóis vão casá, nóis vão prá lá,
Cê qué?
Ora si quero meu amor,
Cê vai?
Essa pergunta num si faiz.
....

Observe-se que aqui o sentido preciso da letra depende da própria necessidade rítmica e melódica; mas, nesse caso, ao contrário do que se pode observar nos exemplos anteriores, não há rupturas na linguagem verbal.

4.1.4. Exercícios

1

Ouça com atenção as composições "Triste Bahia" (LP *TRANSA*) e "Gilberto misterioso" (LP *ARAÇÁ AZUL*) em que Caetano Veloso faz um aproveitamento de um soneto de Gregório Mattos e de um verso de Sousândrade, respectivamente. Comente a qualidade desse aproveitamento.

2

Relembre três composições populares, infantis ou não, em que você perceba diferentes combinações de ritmo, melodia e letras.

3

Selecione três casos de aproveitamento ou adaptação musical de algum poema. Comente a qualidade desse aproveitamento.

4.2. LINGUAGEM E EXPRESSÃO GRÁFICA E PICTÓRICA

4.2.1. As palavras e a pintura

As relações entre as palavras e a pintura (ou desenho) situam-se em três níveis:

– a *designação*; as palavras servem para designar um quadro ou um desenho, por um título; por exemplo, *Guernica*;

– a *descrição*; as palavras servem ao crítico de arte para descrever um quadro e analisar seus elementos constituintes;

– a *ilustração*; a pintura ou o desenho servem para ilustrar um texto (por exemplo, as ilustrações em um romance) ou, inversamente, as palavras integram-se à obra gráfica (por exemplo, as colagens de Picasso).

a. O *título* de uma obra pictórica (e, é claro, as observações que se seguem são em grande parte válidas para obras literárias, cinematográficas etc.) remete:

I. aos personagens – reais ou míticos – representados: *A Gioconda*;
II. ao acontecimento retratado: *A Batalha de Avaí*, de Pedro Américo;
III. ao lugar – real ou mítico – representado: *Vista de Delft*, de Vermeer;
IV. à atitude dos personagens: *Caipiras negaceando*, de Almeida Júnior;
V. a um conceito abstrato, a um símbolo: *Persistência da memória*, de Salvador Dali;
VI. ao quadro em si, enquanto obra pictórica: títulos como *Pintura, Desenho, Aquarela* etc.

Nos quatro primeiros casos, o título remete a todos ou a parte dos elementos figurados; tem uma *função referencial*, sendo o *referente* a cena representada.

No quinto caso, o título interpreta a obra, indica uma significação: tem uma *função metalinguística*.

No sexto caso, o título remete à pintura em si e à sua linguagem específica: tem uma *função referencial*, sendo referente, neste caso, o objeto real constituído pela tela.

Os artistas modernos têm procurado atenuar a função referencial do título. O público estava por demais acostumado a procurar no título uma "explicação" para a tela e contentava-se, então, em considerar a obra na sua relação com o título proposto; não se atentava àquilo que constitui a especificidade da linguagem pictórica. Foi por essa razão que começaram a surgir títulos que se relacionavam com as obras de modo ambíguo, enigmático, ou mesmo contraditório. Uma tela de Magritte – pintor ligado ao Surrealismo – chamada *A chave dos sonhos*, divide-se em seis compartimentos, aparecendo em cada um deles um objeto e um nome. Eis a distribuição desses elementos:

objeto representado	nome escrito
um ovo	a acácia *(l'acacia)*
um sapato de mulher	a lua *(la lune)*
um chapéu coco	a neve *(la neige)*
uma vela acesa	o teto *(le plafond)*
um copo liso	a tempestade *(l'orage)*
um martelo	o deserto *(le désert)*

Neste caso, pode-se afirmar que o título tem uma *função poética*, uma vez que as mensagens icônicas (do grego *eikôn*, "imagem") e verbais "jogam" umas com as outras.

Numa fase seguinte, à medida que a pintura se afasta do figurativo, os títulos remetem apenas à matéria da própria pintura. Com efeito, o título leva a uma mudança na atitude do público face à obra: não mais se procura confrontar a obra com uma realidade exterior, mas sim compreendê-la a partir de seu interior e captar seu funcionamento interno.

b. A *descrição* de uma obra gráfica ou pictórica precisa pôr em palavras as imagens que se impõem globalmente à percepção. Trata-se de exprimir num discurso que se desenvolve no tempo, uma realidade que é imediata. O discurso verbal organiza os elementos do quadro, dispõe-nos em um inter-relacionamento, liga-os. Mas, ao fazê-lo, separa-os também: observar que determinada cor se harmoniza com outra é, ao mesmo tempo, ligá-las no discurso e separá-las na percepção, que era inicialmente global. Em outras palavras, a descrição analisa, separa aquilo que a percepção sintetiza, une (ou seja, aquilo que na percepção é global).

A descrição de uma tela preenche, portanto, uma *função referencial*, uma vez que se refere aos elementos do quadro e à sua disposição, e uma *função metalinguística*, uma vez que é um discurso sobre uma outra linguagem, a linguagem pictórica, e que privilegia uma determinada maneira de ver (de "ler" e de "dizer") o quadro.

Cabe dizer que a descrição de um quadro requer o domínio do vocabulário espacial, bem como o senso de proporção e de cores. Alguns exercícios simples mostrarão como é difícil comunicar através da linguagem verbal a linguagem do espaço, da perspectiva e da cor (cf. exercícios).

c. A *ilustração* está mais no domínio da arte do que no da expressão. Dir-se-á aqui apenas que, às vezes, as palavras transmitem informações no interior do próprio quadro, com função semelhante à que desempenham nas histórias em quadrinhos (ver adiante); outras vezes confundem-se com os elementos pictóricos, perdendo sua função significante (colagens).

4.2.2. O desenho humorístico

A comunidade do desenho humorístico nasce de uma ruptura com a ordem natural das coisas. O desenho contém elementos neutros e um elemento dissonante que cria o humor.

Dentro dessa perspectiva, o papel do texto em relação ao desenho pode variar:

1º caso: o desenho é autossuficiente; o efeito humorístico é puramente visual. É o desenho "sem palavras", como de Nicolielo, reproduzido abaixo, da *Antologia brasileira de humor 2*.
(Porto Alegre, L & PM Editores, 1976. p. 143).

2º caso: o desenho é autossuficiente, mas aparece uma legenda que nada acrescenta, constituindo-se em redundância verbal, como no caso do desenho.

3º caso: o desenho e a legenda criam, pela sua associação, o efeito humorístico; podendo ocorrer duas coisas:

a. o desenho reflete a realidade e a dissonância cômica provém da legenda, como o de Mino, reproduzido da *Antologia brasileira de humor-2*, p. 120.

b. a legenda é neutra, mas torna-se cômica pela sua associação inesperada a um desenho, como o de Reinaldo, *ibidem*, p. 178.

4º caso: a legenda é autossuficiente; na verdade, é uma estória engraçada ilustrada por um desenho, tal como no exemplo reproduzido abaixo, de Mino, também extraído da *Antologia brasileira de humor-2,* p. 120.

Vê-se, então, que o desenho humorístico pode comunicar um tipo especial de mensagem mediante *dois* canais: o desenho e a legenda. É no "jogo" entre estes dois canais que se evidenciam a arte e a técnica do autor.

4.2.3. As palavras nas histórias em quadrinhos

As relações entre as palavras e as imagens nas histórias em quadrinhos são bastante complexas. A história em quadrinhos envolve uma *técnica narrativa*: trata-se de contar uma estória. Inicialmente, o texto da narrativa era o mais importante. Era colocado (e às vezes ainda o é) sob o desenho, constituindo-se este apenas em ilustração da narrativa. Observe-se, como exemplo, os quadros e textos extraídos de *A primeira aventura de Tarzan* (Rio de Janeiro, Ed. Brasil-América, 1975. p. 79).

Tarzan volta à realidade, num sobressalto. Olha para Clayton, o homem que detém o título e as propriedades que lhe pertencem – será ele quem se casará com a mulher amada. Mas, apenas uma palavra, e poderá tirar-lhe tudo isso... e mais Jane! Tarzan toma sua decisão, realiza seu nobre ato de renúncia...

Responde a Jane: – *"O telegrama diz que devo voltar à África."* Ele escuta um soluço contido. Clayton diz, humilde: – *"Devemos a você as nossas vidas. Como ainda quer voltar para aquela floresta?"*. Serenamente, Tarzan responde: – *"Eu nasci lá... Minha mãe era uma macaca... e eu nunca soube quem era o meu pai!"*.

A história em quadrinhos comunica uma mensagem narrativa através de dois canais – a imagem e o texto. Pode-se mesmo dizer que na história em quadrinhos são veiculadas duas mensagens: uma *mensagem icônica* e uma *mensagem linguística*. O relacionamento dessas duas mensagens constitui a mensagem global. como já foi dito, quando se trata do desenho humorístico, esse relacionamento varia segundo a maior ou menor riqueza de cada um dos tipos de mensagem.

A mensagem linguística da história em quadrinhos compreende dois aspectos:

– o *aspecto narrativo* (descrição do quadro, da situação, das ações).

– o *diálogo.* Geralmente apresentado no estilo direto. Ainda que muito semelhante aos diálogos do romance ou do teatro, o diálogo da história em quadrinhos não é, na realidade, uma transcrição da língua falada, mas sim uma linguagem carregada de convenções inerentes ao tipo de narrativa e à sua comunicação a um leitor. As personagens de histórias em quadrinhos falam muito, explicam-se muito, não para si mesmas, mas para o leitor... Encontrar-se-ão, portanto, nos diálogos das histórias em quadrinhos, as mesmas convenções vigentes nos diálogos do romance e do teatro (cf. 1.4.7).

Contudo, do ponto de vista técnico a história em quadrinhos recorre – para apresentar os diálogos – a meios específicos: *balões, apêndices, símbolos diversos.*

O *balão* marca a incorporação do texto à imagem. Enquanto a técnica do "texto sob a imagem" separa nitidamente a mensagem icônica da mensagem linguistica, prestigiando a segunda, a técnica do balão une as duas mensagens e permite infinitas variações em sua interação. Nem é necessário dizer que o desenhista deve ter o cuidado de harmonizar texto e imagem, e, principalmente, de não "espremer" a imagem sob um texto pesado demais.

Constitui-se, pouco a pouco, um verdadeiro código específico da história em quadrinhos, no qual funcionam entre outros os seguintes elementos:

– *disposição dos balões*: a localização dos balões no espaço do desenho indica a ordem cronológica das falas (de cima para baixo, da esquerda para a direita, do plano posterior para o primeiro plano);

– *o contorno dos balões*:
• o balão de contorno liso indica a realidade das falas pronunciadas;
• o balão de contorno em linhas interrompidas indica falas sussurradas;
• o balão de contorno em ziguezague indica mensagem proveniente de um aparelho (rádio, telefone);
– *apêndice*
• ligado à boca do personagem, indica a proveniência das palavras e o ato de falar;
• constituído por uma série de bolinhas, indica o pensamento não expressado;
– *caracteres*
• as palavras, as onomatopeias, os sinais de pontuação (ponto de exclamação, de interrogação) podem "flutuar" no quadrinho, fora do balão: transmitem várias informações (ruídos, sentimentos etc.);
• a espessura do traço das letras tem função expressiva: indica a intensidade da voz;

GOSCINNY E UDERZO. *Asterix*. "O domínio dos Deuses." Cedibra.

– *símbolos*: alguns deles são rigorosamente codificados (o serrote e a tora de madeira = sono profundo, a caveira de pirata sob uma nuvem negra = vontade de matar, ódio); outros são mais variáveis, mas sua significação é sempre clara (uma sequência de sinais garatujados indica palavras de ódio, imprecações que não se podem transcrever).

Dado que a história em quadrinhos pode transformar os signos verbais em signos icônicos, são grandes suas possibilidades de expressar os traços específicos da linguagem falada. Assim, no quadrinho acima, a frase "Que venha a mim a guarda!" exprime, pelo sentido das palavras e pelo ponto de exclamação, um pedido de ajuda. Por estar inscrita num balão grande, que cobre boa parte do desenho, e em caracteres espessos e trêmulos, exprime a intensidade vocal e medo.

Observam-se neste desenho:
- o retângulo que contém a informação temporal (mensagem icônica e mensagem linguistica: é uma simples informação);
- os dois balões e seus apêndices (o apêndice em zigue-zague do balão grande é usado para personagens invisíveis);
- uma espécie de balão irregular e branco, indicando pancadas;
- as onomatopeias sem balão, indicando também as pancadas;
- os símbolos: estrelas, fortemente codificadas;
- as nuvenzinhas indicando movimento.

Não se examinará aqui o conjunto das técnicas narrativas da história em quadrinhos (sucessão de quadros, enquadramento, montagem, cores etc.). O objetivo é mostrar que a história em quadrinhos sabe explorar com originalidade os recursos da linguagem escrita e integrar esta linguagem numa mensagem específica.

4.2.4. Exercícios

a. Palavras e imagens pictóricas

1
Exercício a ser feito em grupo ou individualmente.
Numa visita a um museu ou a uma exposição, anotar os títulos das obras expostas. Estudar a relação entre o título e

o conteúdo ou a forma de cada obra. Estabelecer uma classificação. Determinar as funções dos títulos.

2

O mesmo exercício pode ser feito a partir de um volume de reproduções ou de um catálogo de exposição.

3

Um membro do grupo descreve com precisão um desenho. Os participantes tentam reproduzi-lo a partir da descrição. Não devem fazer nenhuma pergunta. Avaliam-se os resultados. Discute-se a descrição.

4

Sem dar o título do quadro, nem o nome do pintor, um membro do grupo descreve com precisão uma obra célebre. Os participantes procuram descobrir:
– na melhor das hipóteses, o título e o autor da tela;
– a época de sua composição;
– a nacionalidade do pintor;
– a escola ou movimento a que se vincula a obra.

5

Diante da reprodução de um quadro, um membro do grupo começa a descrevê-lo. Se cometer um erro ou der por concluída a descrição, outro a continua, até que o grupo ache que "esgotou" o quadro. Faz-se, então, uma síntese das descrições e discute-se o resultado.

6

Esta descrição de um quadro imaginário, pintado por um pintor imaginário, nos é apresentada pelo narrador de *À Sombra das Raparigas em Flor*, de Marcel Proust.
Quais são os elementos postos em destaque e com que objetivo?
Quais os elementos omitidos? Qual a impressão de conjunto que esta descrição dá ao leitor?

No primeiro plano da praia, o pintor soubera habituar os olhos a não reconhecerem fronteira fixa, demarcação absoluta, entre a terra e o oceano. Homens que lançavam barcos ao mar corriam tanto nas ondas como sobre a areia, a qual, molhada, refletia já os cascos, como se fosse água. Nem o próprio mar subia regularmente, mas seguia os acidentes da costa, que a perspectiva chanfrava ainda mais, tanto que um navio em alto mar, meio oculto pelas obras avançadas do arsenal, parecia vogar no meio da cidade; mulheres que apanhavam mariscos nas rochas, como estavam cercadas de água devido à depressão que, após a barreira circular das rochas afundava a praia (dos dois lados mais próximos das terras) até o nível do mar, pareciam estar numa gruta marinha encimada de barcos e vagas, aberta e protegida no meio das ondas miraculosamente afastadas. Se todo o quadro dava essa impressão de portos em que o mar entra na terra, em que a terra é já marinha e a população anfíbia, em tudo se mostrava a força do elemento marinho; e perto dos rochedos, à entrada do molhe, onde o mar estava agitado, sentia-se, pelo esforço dos marinheiros e pela obliquidade dos barcos inclinados em ângulo agudo, diante da calma verticalidade do entreposto da igreja, das casas da cidade, aonde uns voltavam e donde outros partiam para a pesca, que trotavam rudemente sobre a água como sobre um animal fogoso e rápido cujos corcovos, não fora a sua habilidade, os teria lançado por terra. Um grupo de passeantes saía alegremente num barco sacolejante como uma carriola; um marinheiro alegre, mas também atento, governava-a como que com rédeas, e dirigia a vela fogosa; cada qual se segurava bem no seu lugar para não fazer muito peso de um lado e não virar; e assim corriam pelos campos ensolarados, pelos sítios umbrosos, despenhando-se pelas ladeiras. Era uma bela manhã, apesar da tempestade que caíra. Sentiam-se ainda as potentes forças que tinham a neutralizá-las, o belo equilíbrio dos barcos imóveis, gozando do sol e da frescura, nas partes em que o mar era tão calmo que os reflexos quase tinham mais solidez e realidade que os cascos vaporizados por um efeito de sol e confundidos pela perspectiva. Ou melhor, não se deveria dizer outras partes do mar. Pois entre essas partes havia tanta diferença como entre uma delas e a igreja a sair das águas, e os barcos atrás da cidade. A inteligência fazia em seguida um mesmo elemento de que aqui era escuro por efeito da tempestade, mais longe de uma só cor com o céu e tão lustroso quanto ele, e acolá tão branco de sol, de névoa e de espuma, tão compacto, tão térreo, tão cercado de casas, que se pensava nalgum caminho de pedras ou num campo de neve, no qual a gente se assustava de ver um navio elevar-se em íngreme subida e a seco, como um carro a esforçar-se na saída de uma vau, mas que ao fim de um momento, vendo barcos titubeantes sobre a extensão alta e desigual do planalto sólido, se compreendia ser ainda o mar, idêntico em todos esses aspectos diversos.

>Trad. de Mário Quintana. Porto Alegre, Globo, 1973. pp. 327-8.

b. O desenho humorístico e a história em quadrinhos

1

Estude em cada um dos desenhos abaixo (e em outros de sua escolha) o relacionamento entre a mensagem icônica e a mensagem linguística.

A figura mostra a eterna luta entre o Bem e o Mal. Estamos no 7.323.844.506.725.014º *round* e os contendores não fazem mais do que se apoiar um no outro. Enfurecida, a plateia grita: MARMELADA!!!

De Reinaldo e Juska. *Antologia brasileira de humor 2.* pp. 178 e 18, respectivamente.

A EXPRESSÃO VERBAL E SUAS RELAÇÕES [...]

2

Estude as relações entre a mensagem icônica e a mensagem linguística em algumas páginas de história em quadrinhos (maior ou menor riqueza das mensagens, relação entre as informações veiculadas pela imagem e as veiculadas pelo texto, convenções do diálogo etc.).

3

Nas passagens reproduzidas abaixo, estude os meios expressivos empregados e os códigos (balões, apêndices, caracteres tipográficos, símbolos etc.).

Luiz Gê. *Antologia brasileira de humor 2*. p. 66.

Paulo Caruso, *Ibidem*, p. 154.

4.3. LINGUAGEM E FOTOGRAFIA

Não se tratará aqui das técnicas específicas da fotografia, mas sim dos tipos de relacionamento que se instituem entre a fotografia e a linguagem escrita ou falada.

4.3.1. As palavras e a imagem

Uma fotografia remete a um referente real: objeto, pessoa. Ela veicula uma mensagem denotativa (deixar-se-á de lado aqui o caso das fotografias não figurativas).

Como acontece com o desenho humorístico e com a história em quadrinhos, a esta mensagem icônica junta-se frequentemente uma mensagem linguística: legenda, textos diversos, diálogos, comentários.

Ora, a mensagem icônica é analógica: a fotografia de um objeto assemelha-se a esse objeto, é *figurativa*. Já a mensagem linguística é *simbólica*: a palavra que designa um objeto não se assemelha a esse objeto (cf. 1.3.1). As duas linguagens são então totalmente diferentes. Serão irreconciliáveis? A imagem exclui a palavra? (Um cineasta francês – Alexandre Astruct – chegou mesmo a dizer: "A câmera não mente [...] O cinema exige, afirma, postula, demonstra antes de tudo o respeito pela aparência real [...]; a linguagem humana, as palavras (são o) lugar privilegiado do erro e da mentira".) Chegou-se, então, a uma espécie de imperialismo da imagem, instituído em nome da "verdade" e da "eficácia". Uma civilização da imagem impor-se-ia em detrimento da linguagem verbal.

Tal atitude exige alguns comentários:

– a fotografia não veicula apenas uma mensagem referencial; sua preparação (enquadramento, proporções respectivas dos objetos, luminosidade, cores etc.), sua montagem (sua relação eventual com outras fotografias que a seguem ou precedem) "carregam-na" de conotações (cf. 1.3.1) múltiplas e complexas. Assim é que a fotografia publicitária de um belo automóvel branco correndo por uma praia deserta ao pôr do sol não tem a mesma significação de uma fotografia amadorística sobre o mesmo assunto. Lembre-se, também, dos dois primeiros planos do filme *Tempos modernos*, de Charles Chaplin:

1º plano: um rebanho de carneiros passa em filas compactas: Valor denotativo? Filme sobre a criação de carneiros?
2º plano: operários entram numa fábrica em filas compactas. Este segundo plano modifica o sentido do primeiro; a justaposição dos dois planos forma uma verdadeira comparação cinematográfica.

A imagem não deve ser confundida com o objeto. A imagem não é o objeto e sim a imagem desse objeto, constituindo ela mesma um outro objeto. E isto sem falar das trucagens...
– será que a "verdade" de uma imagem é imutável? Não; ela varia no tempo e no espaço. Por exemplo, as descobertas relacionadas à perspectiva modificaram em seu tempo a percepção do espaço e a ideia de "verossimilhança". Entretanto, a perspectiva é apenas uma convenção, pois é apenas um meio de criar a ilusão de terceira dimensão sobre um espaço bidimensional.

Por outro lado, culturas diferentes têm diferentes concepções de verossimilhança: consideremos "verossimilhança" a fotografia ampliada de uma mosca; a mesma fotografia seria rejeitada por um povo não familiarizado com as convenções da imagem fotográfica: não existe uma mosca tão grande...
– que dizer, então, da "verdade" das imagens de objetos que não existem?... A partir de um certo número de dados (fonte de iluminação, leis da perspectiva), um computador pode criar "fotografias"!
– a imagem geralmente se faz acompanhar de palavras escritas ou faladas. Tais mensagens, ditas "visuais", são na verdade "mistas" (televisão, fotografias de imprensa etc.). Às imagens dos filmes mudos correspondem sempre um pequeno texto e um acompanhamento musical;
– a imagem "bruta" ou "pura" também remete a palavras; ela leva ao comentário, à interpretação, à produção de uma metalinguagem (cf. 4.2.1.). Uma exposição de fotografias dará lugar a comentários falados e escritos.

Consequentemente, o discurso icônico e o discurso verbal não se opõem nem se excluem. Eles interagem, superpõem-se, combinam-se. Estabelece-se uma verdadeira *dialética* da imagem e da palavra.

4.3.2. A imagem fixa isolada: cartaz, fotografia de jornais etc.

A relação texto-imagem varia segundo a proeminência atribuída a um ou outro.

1º caso: o texto é autossuficiente; a fotografia aparece como ornamento ou ilustração;

– *como ornamento:* trata-se apenas de uma espécie de descanso para os olhos (alguns periódicos enfeitam seus textos com fotografias que tem por única função "iluminar" a página);

– *como ilustração:* neste caso a fotografia é redundante em relação ao texto; não traz nenhuma informação suplementar, mas em todo o caso autentica com sua "verdade" os fatos relatados.

2º caso: fotografia e texto transmitem informações complementares. Neste caso estabelece-se um vaivém entre o texto e a imagem; suas informações juntam-se e completam-se.

3º caso: o texto subordina-se à fotografia:
– *título* (cf. 4.2.1.);
– *descrição* ou *explicação* dos elementos. Observe-se aqui que o texto pode "informar" a fotografia, ou seja, dar-lhe uma significação que ela sozinha não poderia veicular com clareza. Cabe lembrar a esse respeito as experiências de um cineasta soviético com a montagem: a uma tomada do rosto de um ator fez seguir imagens de uma criança; a expressão do rosto do ator parecia ser de ternura. A mesma tomada seguida da imagem de uma mulher morta parecia a expressão da tristeza. Seguida de um prato de sopa, parecia expressar apetite... Essa experiência foi feita por sequências de imagens, não com uma imagem isolada, mas é possível realizá-la a partir de uma imagem e textos diferentes. Ela demonstra que a noção de "verdade da imagem" é relativa e que com um

pouco de habilidade se pode dar significados bem diversos a uma fotografia;
– *comentários*, interpretação;
– *juízos de valor* (apresentação ou qualificação).

4º caso: texto e fotografia completam-se e valorizam-se mutuamente; é o caso geral da imagem publicitária e do texto que a acompanha, destinado a informar e persuadir.

5º caso: texto e fotografia separam-se, transmitindo informações paralelas ou contraditórias; aqui se passa do domínio da utilidade e da eficácia para o domínio da arte ou da paródia.

4.3.3. As imagens fixas sucessivas: montagens e fotonovelas

A *montagem* das imagens influi, como já foi dito, na sua significação. Além disso, a adjunção de um texto também modifica a informação fornecida. As relações entre texto e montagem fotográfica variam segundo o objetivo visado. Considerem-se alguns exemplos:

Montagem de diapositivos, sonorizada:
Faz-se com uma aparelhagem relativamente simples que permite sincronizar a sequência de fotografias e uma gravação em fita magnética. É claro que se pode recorrer a comentários não gravados, mas as possibilidades e efeitos serão diferentes.

As relações entre texto e imagens são determinantes:
– o texto *comenta* as imagens, prolonga suas significações (relatório de viagem: detalhes geográficos ou sociológicos, casos etc.). A função do texto é, neste caso, referencial;
– o texto *explica* as imagens: descrição, explicação (comunicação científica). Sua função é metalinguística;
– o texto *dialoga* com a imagem, de maneira lírica, satírica etc. Texto e imagem fundem-se para constituir um objeto novo, com predominância da função poética, no sentido lato do termo.

O essencial é "fazer passar" a mensagem dupla – icônica e linguística – sem privilegiar uma em detrimento da outra. A técnica de montagem de diapositivos pode ser utilizada numa conferência, assim como num espetáculo. O contraponto texto-imagem (e, eventualmente, música ou efeitos sonoros diversos) é um meio de enriquecer a mensagem.

Fotonovela:

É uma técnica narrativa que se apoia na superposição de uma mensagem icônica e de uma mensagem linguística, que pode ser narrativa e/ou dialogada. Esta técnica tem alguns pontos em comum com a da história em quadrinhos, entretanto, o caráter "realista" da fotografia restringe o recurso àqueles meios de expressão especiais, tais como os símbolos ou as onomatopeias (ver 4.2.3.). A fotonovela compreende três aspectos:
– as *fotografias* e sua montagem;
– o *texto narrativo*, inscrito abaixo ou ao lado das fotos;
– o *diálogo*, inscrito numa "bolha" – muitas vezes retangular – e indicado por apêndices.

Vigoram, na fotonovela, as convenções de diálogo inerentes à narrativa e à história em quadrinhos (ver 1.4.5 e 4.2.3). Vale acrescentar que as fotonovelas publicadas no Brasil são geralmente traduzidas do italiano – a Itália é um centro produtor dessa forma de arte – e são, por isso, ricas em "italianismos".

Até agora as fotonovelas fazem parte de uma subliteratura (ou paraliteratura), preocupada exclusivamente com o consumo. Em outras palavras, mostra-se muito codificada e carregada de estereótipos.

Observe-se que essa técnica é às vezes empregada em publicidade e em sátiras ou paródias.

4.3.4. As imagens em movimento: o cinema

A *cinematografia* é uma arte visual. Entretanto, suas relações com a linguagem verbal são múltiplas e articuladas em diversos níveis:

Publicidade: o filme chega ao conhecimento do público verbalmente:

• por seu *título*. O primeiro contato do público com o filme faz-se através do título. Geralmente esse título é escolhido em função do impacto a ser causado na clientela. Os problemas

colocados pelo título de um quadro ou de um romance (ver 4.2.1.) reaparecem aqui, complicando-se devido à natureza eminentemente comercial do cinema. Podem ser observadas as "modas": a dos títulos longos, a dos títulos curtos, a do emprego de certos torneios sintáticos (exemplo: *O homem de...*), de termos estrangeiros etc. De modo geral, a função poética tem papel preponderante nos títulos dos filmes (ritmo, sonoridade, jogos de palavras, palavras ricas em conotações etc.);
• pelos *anúncios* publicitários (cartazes, divulgação pela imprensa);
• pela *crítica*.

Concepção: um filme é primeiramente concebido em forma verbal:
• a *sinopse* é um resumo da ação;
• o *roteiro* e os *diálogos* desenvolvem a sinopse sem levar em conta o aspecto técnico;
• a *decupagem* (*découpage*) divide o roteiro em sequências, especifica o número e a natureza dos planos, os movimentos da câmera etc.

Comunicação: um filme é uma mensagem mista:
• *visual* (imagens, montagem);
• *sonora* (música, ruídos);
• *verbal* (textos falados, textos escritos).
Os cineastas de talento sabem tirar partido dos infinitos recursos da dialética imagem/palavra:
– emprego de intertítulos, de comentários, de vozes exteriores à cena, de diálogos;
– harmonia, descompasso ou dissonância entre a mensagem icônica e a mensagem verbal (o texto às vezes "diz" o contrário daquilo que é "dito" pela imagem).
Nos exercícios encontram-se algumas propostas de estudo sobre esse assunto.

4.3.5. A televisão

À primeira vista, pareceria possível repetir para a televisão tudo o que se disse sobre o cinema. Na verdade, a televisão faz do "registro direto" um uso muito mais importante do que o cinema. A linguagem verbal da televisão é, então, fortemente marcada pelos componentes do direto; é menos elaborada e muitas vezes improvisada e influenciada pelas circunstâncias. O texto, no cinema, é escrito previamente, planejado, organizado, trabalhado, da mesma forma que um texto literário (estamos deixando de lado o "cinema depoimento" e o documentário direto, cujos textos são mais ou menos improvisados e, portanto, marcados pelas mesmas influências que apontamos para a televisão). O texto de televisão é igualmente planejado para as emissões do tipo "novela" e algumas outras, mas muitas vezes há improvisação em torno de um tema (debates, jogos etc.), e que requer um outro tipo de habilidade do locutor-narrador.

4.3.6. Exercícios

1

Examinar em vários periódicos (jornais e revistas ilustrados) as funções da fotografia. Qual a importância quantitativa (número, formato, tamanho) das fotos? Quais suas relações com o texto?

2

Estudas as funções da fotografia nos anúncios publicitários, distinguindo domínios diferentes. Por exemplo:
 – relacionamento entre texto e imagem na publicidade de produtos alimentícios;
 – relacionamento entre texto e imagem na publicidade de automóveis;
 – relacionamento entre texto e imagem na publicidade de materiais para escritório;
 – roupas para mulheres, roupas para homens, calçados etc.

3

O mesmo exercício pode ser feito sobre livros escolares, distinguindo-se as disciplinas: geografia, história, literatura etc.

4

Certos jornais especializam-se em "fazer falar" as fotografias, segundo seus objetivos. Pode-se estudar sob essa ótica a utilização da fotografia em, por exemplo, *O Pasquim*.

5

Fazer uma montagem de diapositivos sobre um assunto de sua escolha. Este exercício pode ser feito em equipe. O grupo determina um tema (entrevista, documentário, descrição). As equipes fazem as fotografias. A escolha das imagens e a montagem são decididas pelo grupo. Colocam-se então duas possibilidades:
– o grupo maior elabora em conjunto um texto;
– as várias equipes redigem textos diferentes (descritivos, satíricos, narrativos etc.) para acompanhar uma mesma montagem.

6

Conceber e realizar uma fotonovela.
O grupo determina a "sinopse" da fotonovela (estória inspirada no cotidiano, adaptação de um texto literário, paródia etc.). A partir dessa sinopse escreve-se um roteiro detalhado (episódios, lugar, tempo, diálogos). Faz-se a divisão em sequências e planos (detalhando para cada plano o enquadramento, o ângulo de tomada, a posição de cada personagem, o texto – descrição e diálogo). Esse documento deve ser muito claro e preciso. Os planos devem ser numerados.
Organizar equipes: atores, fotógrafos, roteiro etc. Depois de revelados os filmes, escolhem-se as fotografias e faz-se a montagem. A montagem final pode diferir do projeto inicial em função de imprevistos ocorridos durante os trabalhos, da qualidade das imagens etc. O texto é encaixado sob ou entre (descrições) e sobre (diálogos) as fotografias.
A realização de uma fotonovela deve ser precedida de estudo analítico de alguns exemplos da imprensa especializada.

7

Conceber e, se possível, realizar um filme.
O processo é mais ou menos o mesmo da fotonovela: sinopse, roteiro, divisão em sequências, filmagem e montagem. É, porém, necessário distinguir:
– por um lado:
• o filme narrativo, que segue as convenções da narrativa;
• o filme documentário;
• o filme "poético";
– e por outro:
• o filme mudo;
• o filme sonoro;
• o filme falado.
O filme mudo pode combinar-se com legendas, que devem ser previstas no roteiro (texto e colocação exatos). O filme falado requer a elaboração de diálogos (também previstos no roteiro) e uma operação de mixagem (harmonização do som, dos diálogos e da imagem).

8

A partir da página de "espetáculos" de um jornal comum ou de uma publicação especializada, analise os títulos dos filmes da semana. Depreenda os procedimentos gerais (estruturas sintáticas, ritmo, sonoridade, vocabulário) empregados em sua elaboração. Há relação entre o gênero do filme e a forma de seu título?

9

Estude os cartazes ou os anúncios publicitários de cinema. Que tipo de informações fornecem? Como se apresentam? Quais as relações entre texto e imagens? Que ideia do filme pode fazer o público a partir dos cartazes e anúncios?

5. *Os sistemas de significação*

5.1. EXPRESSÃO, COMUNICAÇÃO E SOCIEDADE

5.1.0.

A linguagem é o modo privilegiado de comunicação da sociedade. É o próprio fundamento das relações sociais. Talvez esteja na própria origem das sociedades. Os indivíduos de um determinado grupo social comunicam-se pela parte comum de seus respectivos códigos (ver 1.1 e 1.3). Isso implica que uma mensagem que procura atingir o maior número possível de indivíduos compõem-se dos elementos comuns à maioria deles. Tal mensagem só pode ser pobre de conteúdo e de forma. A base comum nunca é completa entre dois indivíduos e se estreita à medida que se leva em conta um maior número de pessoas.

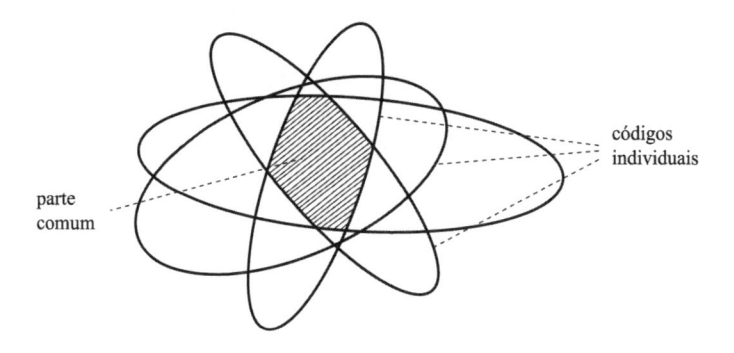

parte comum

códigos individuais

Quanto mais densa e original for a mensagem, mais dificuldade se terá em recebê-la. Diz muita coisa a pouca gente (ver 1.2).

Quanto mais pobre e banal for a mensagem, mais facilmente será recebida. Diz pouca coisa a muita gente.

Esse problema se coloca para todos os redatores que devem definir seu público: tal jornal, tal anúncio publicitário, tal discurso político são conformes a extensão que eles se propõem alcançar.

Num extremo, encontra-se a mensagem totalmente vazia, que só manifesta o desejo de comunicar, de estabelecer um contato social (função fática): considerações sobre "o tempo que está fazendo" etc. No outro extremo, as mensagens cifradas, clandestinas, intencionalmente fechadas à compreensão da maioria (códigos secretos, gírias, jargões etc.).

5.1.1. Os *mass media*

Esse termo designa os suportes materiais das mensagens de grande difusão, de caráter coletivo. A imprensa, o rádio, a televisão, o cinema são *mass media,* são *meios de comunicação de massa.*

Os *mass media* constituem-se em sistemas cujos elementos são função:
– do conteúdo da mensagem;
– do objetivo almejado;
– do "alvo" visado (entenda-se por "alvo" o destinatário coletivo virtual, pensado e definido segundo certos critérios).

Assim, os *mass media* políticos são impressos (livros, jornais, cartazes, panfletos) e eletrônicos (rádio, televisão, cinema).

Os *mass media* criam um *ambiente* cultural no qual os indivíduos são mergulhados, quer queiram quer não. Disso resulta uma nova forma de cultura que Abraham Moles chama de "cultura de mosaico", caracterizada pelo disparate, pela heterogeneidade, pelo fragmentário, pelo associacionismo fortuito. O indivíduo será mais ou menos "culto" conforme:
– suas capacidades de absorção e de memorização;

– suas aptidões para estabelecer liames, conexões, sínteses entre os fragmentos de cultura que lhe são dispensados, em avalanche, pelos *mass media*.

De modo geral, o "saber" assim distribuído permanece inconsciente para a maioria das pessoas. Constitui uma espécie de saber comum, um conjunto de fatos, de ideias, de valores que, numa determinada época, cada um incorpora ou é suposto incorporar.

Não é preciso dizer que os *mass media*, na medida em que procuram determinar a conduta dos indivíduos (política, publicidade), recorrem abundantemente às motivações conscientes ou inconscientes destes.

Mencionemos aqui a existência de mensagens "subliminares" que exploram a capacidade do organismo humano de ser influenciado sem que tome consciência disso: abaixo de um certo limiar de sensibilidade, os fenômenos deixam de ser percebidos, mas, apesar de tudo, penetram o espírito. Assim, não se percebe uma imagem cinematográfica excessivamente fugaz; se ela se repetir, ela pode permanecer "desconhecida" do receptor e, ao mesmo tempo, influenciar seu comportamento. Essa técnica foi experimentada por publicitários, mas seu uso tornou-se proibido.

Os *mass media*, em princípio, levam à despersonalização das mensagens e à uniformização da cultura: todo mundo lê as mesmas novelas e assiste aos mesmos espetáculos (a televisão simboliza bem essa situação). Na verdade, as mensagens são mais diferenciadas do que se poderia pensar; elas procuram, quase sempre, satisfazer a maioria dos indivíduos, mas são obrigadas a se dobrar às exigências particulares, diferentes segundo as idades, os sexos, as profissões, os níveis escolares ou universitários etc. Temos então uma situação paradoxal: os *mass media*, quase sempre decididos a influenciar o maior número de pessoas possível, logo, a reduzir as divergências de opiniões, desejam, simultaneamente, atingir a todas as camadas sociais e culturais; devem para isso se adaptar às características dos destinatários; mas como essas características são diferentes, os *mass media* não fazem, afinal de contas, senão cultivar as diferenças e, portanto, vão numa direção contrária à do projeto inicial. É assim que se criam sistemas de difusão especializados: livrarias especializadas, jornais de circulação restrita, jornais de grande tiragem, estação de rádio cultural e estação "popular", cinemas comerciais e cinemas de arte etc.

Apesar disso, os *mass media* possuem uma notável faculdade de absorver, de recuperar e de transformar. Cada vez mais, os *mass media* apropriam-se das ideias originais, das criações – comunicáveis por um pequeno número de pessoas a um outro pequeno número de indivíduos –, redifundindo-as, transformadas segundo critérios de simplificação e de sedução. Note-se como característico, por exemplo, que a pintura cubista continua rejeitada pelo grande público, aproximadamente 65 anos após seu surgimento (referimo-nos às telas expostas e entendemos por público a grande massa da população e não, evidentemente, os frequentadores das exposições!), ao passo que um bom número de cartazes publicitários integram elementos cubistas sem que a ninguém ocorra protestar. Igualmente, certas camadas sociais "superiores" são utilizadas pelos *mass media* como "passagem" para as camadas inferiores. Sabe-se, por exemplo, como Hitler utilizava o canal das artes e letras para difundir sua ideologia para os intelectuais, e, a partir daí, para o povo alemão.

Os *mass media* veiculam as ideias já consagradas, mas também as ideias que se pretendem incutir. Os valores políticos, religiosos, nacionais são transmitidos pelos *mass media* de maneira direta (propaganda, discursos, debates etc.) ou indireta (uma mensagem estética pode servir para "fazer passar" uma mensagem política).

Hoje, os *mass media* tem seus teóricos, seus partidários, até mesmo seus fanáticos e seus detratores. Constituem um fato do qual é urgente se tomar consciência em todas as suas implicações (cf. exercícios). Mas sua contribuição essencial reside no fato de que, através deles, a linguagem oral finalmente liberou-se da linguagem escrita e encontrou meios próprios de conservação e de transmissão à distância, meios superiores à escrita:

– porque são de emprego *rápido*;
– porque operam uma grande difusão *simultânea*;
– porque restituem os elementos expressivos ou significantes não transmissíveis pela escrita (a televisão restitui até os gestos e as mímicas).

Todavia, os *mass media* instituíram também uma separação social entre os emissores (aqueles que falam, que criam) e os receptores (os consumidores de imagens e de sons). Para que a palavra seja verdadeiramente liberada, é preciso ainda que seja bem distribuída, isto é, que cada um possa tomá-la!

5.1.2. Os códigos sociais

Os *mass media* ajudaram a imobilizar os *códigos sociais*. Se a difusão da mensagem é grande, isso significa que esta é de fácil decodificação, que seu código é conhecido, que ela é banal. Certas formas de arte (canção, quadrinhos, fotonovela, romances policiais, filme de faroeste etc.), certos modos de expressão (cartas oficiais, relatórios, discursos etc.) são codificados de maneira rápida e relativamente simples. Aliás, a arte moderna tende a desestruturar esses códigos pela paródia ou pela destruição (assim a arte abstrata destrói os códigos da arte figurativa, a bossa nova os códigos da música popular brasileira tradicional etc.).

Os códigos sociais refletem os valores e as hierarquias de uma sociedade. Eles são:
– *não linguísticos* (uniformes, cerimônias, protocolos);
– *linguisticos* (fórmulas de cortesia)
São por outro lado:
– *explícitos,* isto é, evidentes, manifestos, conscientemente utilizados e recebidos;
– *implícitos* ou *latentes,* isto é, utilizados ou recebidos de maneira indireta ou inconsciente.

Contribuem para instalar o indivíduo em seu papel social (assim o nome de uma pessoa, seu título, indicam sua inserção no grupo e seu lugar na organização econômica, profissional, política; a esse respeito, pode-se ler *O Falecido Matias Pascal*, romance de Pirandello, no qual o herói pensa adquirir a liberdade, fazendo-se passar por morto; porém, privado de identidade, vê na impossibilidade de participar da vida social: um homem sem nome é um homem socialmente morto).

Assim, na vida cotidiana, estamos cercados de signos que não percebemos como tais, mas que recebemos e interpretamos (tabuletas, insígnias, maquiagens, saudações, roupas etc.). Na verdade, *tudo é signo*, tudo contém alguma significação (a disposição de um apartamento, móveis, quadros, livros, informam sobre os moradores, sua personalidade, sua profissão, sua classe social; o consumo da comida é significativo: o aperitivo, o banquete, o lanche, o café, são *rituais* com funções definidas).

5.1.3. Códigos sociais e ideologias

Os códigos sociais se assemelham aos códigos estéticos pela importância determinante de suas *conotações*. São quase sempre simbólicos ou metafóricos e, por isso, dificilmente "legíveis". No entanto, pode-se considerar esses códigos como sistemas de signos, com linguagens coletivas altamente figuradas que se podem decifrar. Para certos linguistas, deve ser esta a tarefa da *semiologia*, ciência dos sistemas de signos na vida social. Já foram realizados alguns trabalhos nesse sentido, nos quais se procura extrair de certos aspectos da vida cotidiana (moda, publicidade, cinema, imprensa etc.) significações *ideológicas*; as mensagens difundidas pelos *mass media* no corpo social são portadoras de significações difusas, conotadas, mas ideologicamente marcadas; Roland Barthes sustenta que essas mensagens servem de suporte à mitologia de nosso tempo, cujos heróis são as vedetes (do mundo do espetáculo, do esporte, da política), cujo espaço é a vida cotidiana embelecida (publicidade) e cujos valores a serem atingidos são o automóvel ou a televisão a cores; elas são o reflexo da organização social e de uma visão do mundo.

Cabe, portanto, examinar a linguagem falada pela sociedade, extrair dessa linguagem as significações e os mitos latentes, descobrir por baixo de sua aparência *natural e normal* o que ela pretende realmente *dizer*. Os anúncios publicitários, os artigos da imprensa, as mensagens radiodifundidas e televisionadas podem servir de base para uma análise semiológica na medida em que, neles, os objetos e os valores de nossa civilização são "falados". Praticamente, poder-se-á, no nível mais simples da análise determinar o objetivo visado nessas mensagens (pela determinação das *funções dominantes*), os principais valores ou ideologias a que elas recorrem (pelo estudo dos *campos lexicais* e das *conotações*), o efeito produzido (pela colocação em evidência da estrutura de conjunto e dos procedimentos de apresentação: afetividade, *dramatização* etc.). Acreditamos que os instrumentos de análise distribuídos na presente obra são suficientes para tentar uma primeira abordagem dos códigos sociais e das mitologias edificadas por eles. Trata-se de tomar consciência das determinações exteriores que orientam nossos gestos, nossas paixões, nossas opiniões, nossa concepção do mundo. Não percebemos objetos reais, mas imagens ou símbolos de objetos: o mesmo se dá em relação às pessoas, que fabricam delas mesmas uma "imagem vendável" que nos ilude. A semiologia é requisitada para dissipar aparências e fazer com que se tomem os signos por aquilo que são. Precisamos: a linguagem estudada pela semiologia é uma linguagem "segunda", que significa sob a linguagem primeira.

5.1.4. Exercícios

1

Gostaria de lembrar que a audiência das comunicações coletivas é composta de pessoas. Pessoas que vivem com outras pessoas dentro de instituições sociais. Cada uma dessas pessoas sofre e continua a sofrer numerosas influências além das comunicações coletivas. Com exceção das criancinhas, todas frequentaram escolas e igrejas; ouviram professores, pregadores, amigos e colegas, e falaram com eles. Leram livros e revistas. Todas, inclusive as criancinhas, pertencem a um grupo de família. Tais influências condicionaram a formação de suas opiniões sobre numerosos assuntos e a constituição de um conjunto de apreços e de tendências de comportamento. Essas predisposições são parte das pessoas e elas as conservam quando integram uma audiência de comunicações coletivas. Quem ouve uma mensagem radiofônica aconselhando a votar em tal candidato provavelmente já tinha opinião política antes de ligar o aparelho. A dona de casa que casualmente liga o rádio e ouve o locutor anunciar certo programa de música clássica naturalmente já sabe se gosta ou não desse tipo de música. O homem que assiste a uma peça policial pela televisão, é certo que antes já sabia se apreciava histórias de crime.

É óbvio que um simples filme, ou programa de rádio ou televisão, não basta para mudar as opiniões dos assistentes, principalmente se elas estão relativamente firmadas. O que não é tão evidente é que essas atitudes, essas predisposições, atuam antes e continuam atuando durante a exposição às comunicações coletivas e que são elas que realmente determinam as comunicações que as pessoas recebem, o que elas lembram das mensagens, como elas as interpretam e o efeito que as comunicações coletivas lhe causam.

A pesquisa de comunicações descobriu, por exemplo, que as pessoas tendem a ler, ouvir ou ver comunicações que apresentem pontos de vista do seu agrado e a evitar as demais. Durante as campanhas pré-eleitorais nos Estados Unidos, por exemplo, verificou-se que os republicanos ouviam, caracteristicamente, os discursos dos republicanos e evitavam os dos democratas. Os democratas, naturalmente, faziam o oposto. Comprovou-se que os fumantes são menos inclinados à leitura dos artigos de jornais sobre fumo e câncer do que os não fumantes. Dúzias de outras pesquisas revelam que as pessoas submetem-se às comunicações coletivas seletivamente. Escolhem o material que combina com seus pontos de vista e interesses e evitam, amplamente, o que os contraria.

A pesquisa também mostra que as pessoas "lembram" mais do material que apoia suas ideias do que daquele que as ataca. Portanto, a retenção, como a submissão, é largamente seletiva. Finalmente, e sob certos aspectos de maneira relevante, também é seletiva a percepção ou interpretação. Por exemplo, os fumantes que leram artigos sobre fumo e câncer preocuparam-se menos que os não fumantes com a possibilidade de o fumo realmente provocar o câncer.

Portanto, é óbvio que se as pessoas procuram evitar as comunicações coletivas que contrariam seus pontos de vista e interesse; se tendem a esquecer as que recebem; e se, finalmente, alteram aquelas de que conseguem lembrar-se, não é provável que as comunicações coletivas possam lhes causar mudança de pontos de vista. Serão muito mais eficientes para apoiá-las e reforçá-las. [...]

Mas isso não significa que as comunicações coletivas "nunca" possam produzir mudanças nas ideias, gostos, valores ou comportamentos da audiência. Em primeiro lugar, [...] os fatores que produzem efeito de reforço não atuam com cem por cento de eficiência. Em segundo lugar, e com maior importância, esses mesmos fatores às

OS SISTEMAS DE SIGNIFICAÇÃO

vezes acentuam a tendência das comunicações coletivas no sentido da mudança. Isso ocorre quando o membro da audiência está "predisposto" à mudança. Por exemplo, uma pessoa pode achar, por qualquer razão, que suas crenças, atitudes e seu modo de agir não mais a satisfazem psicologicamente. Pode, por exemplo, desiludir-se do seu partido político, sua igreja, ou – em outro nível – pode cansar-se do tipo de música que costuma ouvir. Essa pessoa provavelmente buscará novas crenças ou outras espécies de música. Tornou-se "predisposta à mudança". E assim como suas antigas preferências protegiam-na eficientemente contra comunicações coletivas contrárias, suas novas predisposições torná-la-ão agora sensível às comunicações que antes rejeitava.

> KLAPPER, Joseph. "Os efeitos sociais da comunicação coletiva." In: *Panorama da comunicação coletiva.* São Paulo-Lisboa, Editora Fundo de Cultura, 1964. pp. 64-7.

Qual a posição do autor do texto acima com relação ao papel social dos *mass media?* Promova, a partir desse texto, um debate sobre a utilização e os efeitos sociais possíveis dos meios de comunicação de massa em geral e da televisão em particular.

2
Procure exemplos precisos de recuperação, transformação, integração de criações originais (literatura, pintura, música, cinema) nos e pelos *mass media*. Analise cuidadosamente o processo de "vulgarização".

3
Analise o código social constituído pela roupa (distinga os diferentes signos e precise suas significações; separe os signos "estáveis" dos signos determinados pela moda).

4
Mesmo exercício, mas a partir do exame de uma revista de moda, na qual se estudarão as imagens e os comentários que as acompanham.

5

Faça a análise de um texto e tente extrair dele os valores ideológicos latentes (sobretudo a partir do estudo do vocabulário).
Sugestões:
– artigos esportivos (*Placar, Gazeta Esportiva*);
– artigos de moda (*Elle, Cláudia*);
– Textos publicitários (*Veja, Visão, Pop*).

6

Mesmo exercício a partir do texto publicitário abaixo.

Agora, em vez de ficar falando em justiça social, você vai fazer justiça social.

A fusão do PIS com o PASEP trouxe grandes benefícios para todos os trabalhadores.

O PIS/PASEP se transformou no maior fundo financeiro-social do mundo.

Depois, com um maior aporte financeiro, unindo as duas arrecadações, pôde ampliar o seu campo de ação, com mais vantagens, promovendo uma distribuição da renda mais justa e mais humana.

Neste aspecto, uma das medidas adotadas pelo PIS/PASEP é de grande alcance social.

E veio favorecer as classes de menor renda.

A partir deste ano, todo trabalhador com 5 anos de cadastramento e que perceba até 5 salários-mínimos, terá direito a um abono salarial equivalente a um salário-mínimo regional.

Esse é mais um direito conquistado.

Para que isso fosse possível, as classes de maior renda estão colaborando de forma decisiva, retirando apenas os juros relativos às quotas de participação.

É esta a forma de todo brasileiro bem sucedido fazer sua própria justiça social.

Colaborando com quem ganha menos.

E é este o propósito principal do PIS/PASEP.

Tornar-se um verdadeiro instrumento de integração social, onde todos colaboram.

De forma justa, equitativa.

Beneficiando o País, as empresas, e, sobretudo, o trabalhador.

Porque o Governo sabe que é impossível desenvolver sem plena justiça social.

Uma justiça que agora você ajuda a fazer.

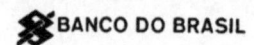

PIS/PASEP
Somar para dividir melhor.

BANCO DO BRASIL   **CAIXA ECONÔMICA FEDERAL**

7

O mesmo exercício poderá ser realizado a partir dos textos distribuídos na presente obra.

8

Estude, numa revista de grande divulgação, o modo de apresentação dos personagens célebres, vivos ou mortos (biografia, entrevista). Como é apresentada sua vida? Como seu sucesso é explicado? Como é descrito seu trabalho? Ver, por exemplo, neste livro o artigo sobre Paul Éluard (2.3.4).
Que imagem é construída do personagem? A que ideologia ela corresponde?
Que valores morais ele representa?

9

Compare as primeiras páginas de diferentes jornais. Que imagens elas dão do Brasil e do mundo? No que essas imagens se diferenciam entre si? Por quê?
Quais os sistemas de valores a que elas remetem?

10

A partir de anúncios publicitários, estude a imagem que é feita:
– de uma marca precisa, à sua escolha;
– de um produto (exemplo: o *automóvel*, o *sabonete*, os *cigarros*).
Estude com cuidado as mensagens icônicas (modo de apresentação do produto, cenário, cores etc.) e as mensagens linguísticas (vocabulário, conotações). Tente deduzir a partir disso as motivações conscientes ou inconscientes a que recorrem os publicitários para provocar o interesse e a compra.

11

Estude a imagem que os partidos políticos brasileiros desejam dar de si próprios ao público, a partir dos discursos, das declarações públicas, dos artigos, das entrevistas.
Trata-se, em primeiro lugar, de reunir uma documentação própria e suficiente e, em seguida, de analisar esse material segundo os métodos acima propostos.

12
Pode-se, igualmente, analisar a partir de uma documentação séria a imagem que fornece de si mesmo:
– um jornal (diário ou mensal);
– um canal de televisão;
– uma instituição;
– uma empresa;
– um personagem célebre (cantor popular, político, escritor etc.).

5.2. EXPRESSÃO E PERSONALIDADE

5.2.0.

Pela linguagem o indivíduo exprime sua existência, seus sentimentos, suas opiniões, sua maneira de estar no mundo. Expressão e comunicação verbais praticamente não são dissociáveis: falo e escrevo para comunicar alguma coisa a alguém, mesmo que seja apenas minha existência como "ser falante". Falar é se afirmar perante os outros. É também manifestar seu domínio sobre as coisas pela sua nomeação. É a fala que permite organizar o universo pela distinção e pela classificação de seus elementos. Ela fixa o saber na memória e o torna maneável e utilizável.

5.2.1. Obstáculos

A atividade da linguagem comporta três tempos, excluída a fase de aquisição:
– condução das mensagens sensoriais das vias auditivas ao cérebro (atividade de ordem fisiológica);
– codificação e identificação dos símbolos (atividade de ordem intelectual);
– expressão vocal ou gráfica (atividade física – utilização do aparelho fonador e dos membros – e intelectual).

Os obstáculos à expressão pessoal são de três tipos:
– fisiológicos: surdez, mudez, defeitos de pronúncia provocados por uma má conformação física, dificuldades de emissão etc.;
– psicológicos: timidez, bloqueios, distúrbios mentais mais profundos;
– linguísticos: aprendizagem insuficiente, pobreza de vocabulário, sintaxe deficiente.

Às vezes é difícil determinar as verdadeiras causas dos distúrbios da fala; certas formas de demência, por exemplo, provocam transformações de entonação e de pronúncia. Os es-tudos sobre a *afasia* confirmam a existência de um vínculo estreito entre a linguagem e a personalidade. A afasia motora priva o sujeito da fala mas não lhe retira a capacidade de compreensão ou mesmo de leitura: ele é receptor mas não pode ser emissor. A afasia sensorial torna a fala incompreensível, a leitura impossível, a emissão defeituosa. A afasia sensorial torna a fala incompreensível, a leitura impossível, a emissão defeituosa. A afasia corresponde a um distúrbio de ordem intelectual; os sujeitos não dominam as – ou perdem o domínio de – faculdades de simbolização inerentes à utilização da linguagem. Existem no cérebro "zonas de linguagem" cuja destruição resulta na desorganização da função linguística.

Os obstáculos físicos e psicopatológicos são evidentemente difíceis de se superar e são da alçada da medicina.

Os obstáculos psicológicos, em compensação, podem ser dissipados num clima de harmonia e de intercâmbio no seio do grupo. Todavia, é preciso levar em conta o fato de que num diá-logo o discurso do locutor se desenvolve em função:
– da ideia que ele tem da situação ou do assunto da conversa;
– da ideia (ou da imagem) que ele tem de si próprio;
– da imagem que ele tem do interlocutor;
– da ideia que ele tem:
 • da imagem que o interlocutor tem da situação;
 • da imagem que o interlocutor tem de si próprio;
 • da imagem que o interlocutor tem do locutor.

É óbvio que a essas ideias e imagens se acrescentam àquelas do interlocutor. O bom funcionamento da expressão e da comunicação depende das relações que se instituem entre essas imagens e da eficácia do *feedback* (cf. 3.1.2).

O contato se desenvolve e se harmoniza e os bloqueios se dissipam mediante correções e ajustes progressivos. A tomada de consciência desses problemas é a condição essencial da expressão pessoal satisfatória no seio do grupo.

Enfim, os obstáculos linguísticos são determinados por fatores socioculturais, e só se reduzem na prática e na aquisição metódica da linguagem.

5.2.2. Linguagem e pensamento

Admitindo-se que os obstáculos à expressão do eu sejam suprimidos, resta ainda uma questão a ser colocada: as palavras que constituem a mensagem emitida exprimem perfeitamente o pensamento? Conforme La Bruyère: "Entre todas as diferentes expressões que podem traduzir um de nossos pensamentos, apenas uma é a correta. Não é sempre que a encontramos, quando falamos ou escrevemos; no entanto, é certo que ela existe [...]" (*Os caracteres* I, 17).

Haveria, assim, possibilidade de perfeita adequação entre o pensamento e a linguagem. Nessas condições, cabe perguntar por que existem várias línguas. Essa opinião implica que a linguagem foi criada para exprimir da melhor forma possível o pensamento. Certos linguistas e filósofos consideram a questão de modo totalmente diverso. Segundo eles, o pensamento sem linguagem permaneceria no estado de massa amorfa e confusa. A linguagem permitiria distinguir os objetos, as noções, as ideias, nomear as coisas e, assim, dar-lhes forma. Ela realiza e transmite o pensamento. Isso implica que o pensamento depende de fato da linguagem e que suas categorias são determinadas pelas categorias da linguagem na qual ele se informa. É a linguagem que modela o universo que pensamos, reconstrói o real, organiza-o segundo suas leis e não segundo leis naturais impostas do exterior. Em outros termos, a realidade se encontra reproduzida num sistema de signos. A concepção que se tem do mundo, dos outros e de si mesmo emana da linguagem. Assim, as diferentes línguas remetem a diferentes sistemas de pensamento, a visões do mundo, filosofias, morais, metafísicas diferentes. Noções que nos parecem evidentes ou indispensáveis e que se exprimem em palavras são, na verdade, desconhecidas de outros povos; outras apresentam características totalmente diversas (Claude Levi-Strauss relata, nos *Tristes trópicos*, que o povo Nambikwara tem apenas uma palavra para dizer *bonito* e *jovem* e uma outra para dizer *feio* e *velho*...). Imaginam-se os problemas colocados pela tradução de uma língua para outra...

No entanto, existe uma faculdade simbólica fora da linguagem. Os surdos-mudos possuem um pensamento simbolizante, uma inteligência, por certo muito dependente do concreto, mas independente da linguagem. Notemos, todavia, que seu desenvolvimento intelectual é freado pela impossibilidade de conceber signos arbitrários; sua linguagem é toda de ação e em relação direta com a situação vivida (gestos, mímicas que manifestam a proximidade do significante e do significado). Inversamente, a linguagem não exprime todos os pensamentos nem todos os sentimentos; os indivíduos devem recorrer a signos não verbais para exprimir nuances "indizíveis"; pode até ocorrer que uma língua estrangeira exprima melhor que a nossa aquilo que queremos dizer.

A teoria do determinismo linguístico é discutida em outros planos. As formas de pensamento não seriam determinadas por outros fatores que não a linguagem: o modo de vida, a geografia, o clima por exemplo? Assim, se os árabes possuem aproximadamente seis mil palavras para designar o camelo, suas variedades, suas qualidades, empregos etc., não seria porque esse animal é excepcionalmente importante na sua sociedade? Por outro lado, o fato de que ainda assim seja possível operar traduções não indicaria a existência de um conjunto de pontos comuns às diferentes línguas e, por conseguinte, de um "pensamento universal"?

Não nos cabe responder categoricamente a essas questões. Os linguistas, no entanto, estão de acordo quanto ao fato de que a linguagem impele a percepção do mundo e o pensamento em certas direções e cria estereótipos de pensamento e de comportamento.

5.2.3. Livre expressão?

Se o funcionamento do pensamento é amplamente dependente da linguagem, o que se passa com a própria linguagem? O indivíduo é livre na sua expressão? Essa liberdade é muito relativa. A construção de um enunciado supõe que os elementos da língua se combinem entre si. Ora, esses elementos são pouco numerosos:

– *no nível fonológico* (*ou dos fonemas*), o português utiliza aproximadamente 30 fonemas;

– *no nível semântico*, a escolha se faz entre as palavras do dicionário (ou melhor, do léxico individual, que sempre pode, é verdade, se estender);

– *no nível sintático*, a frase é composta segundo regras;

– *no nível do enunciado* completo, a liberdade é maior; teoricamente, o número de enunciados realizáveis a partir dos meios oferecidos por uma língua é infinito; mas existem determinações inconscientes no arranjo do discurso; as frases se encadeiam segundo associações verbais inconscientes (sonoras, gramaticais, sinonímicas, lógicas etc.) e segundo certos clichês (é a partir de observações desse gênero que Ionesco elaborou os diálogos de sua peça *A cantora careca*); vimos que a forma de certas questões podia pré-determinar a reposta; falamos também da estatística linguística e do problema da probabilidade de ocorrência das palavras e das categorias gramaticais (ver 1.2, 1.3, 1.4, 3.2.2).

Portanto, a personalidade linguística se desenvolve num quadro relativamente estreito. Oralmente, a originalidade da expressão é determinada pela pronúncia, pala entonação, pela melodia e pelo timbre da voz, pela acentuação; graficamente, ela se manifesta na forma da escrita e no estilo. Mas essa originalidade não pode ultrapassar certos limites sem que o discurso caia no hermetismo (certos doentes mentais têm, assim, um comportamento verbal delirante e desenvolvem um discurso que só eles compreendem; cf. o problema da originalidade em literatura e os limites da criação poética).

Contudo, é possível escapar da linguagem estereotipada. Mas o problema se coloca essencialmente em termos de relação. A uma dada situação, a um ou mais interlocutores determinados, a um ou mais objetivos determinados, correspondem tipos precisos de mensagens. É deslocando ou deformando esse tipo de mensagem esperada que o locutor dará provas de originalidade; em outras palavras, suprimindo a adequação da mensagem à situação, seja pela sobrecarga, seja pela litotes etc. O estilo, então, poderia se definir como a superação de uma espécie de grau zero da fala, reduzida à pura eficácia. A expressão do eu conduz a esses desvios linguísticos; eu me afirmo afastando-me da linguagem corrente.

As técnicas de expressão nada mais são do que a definição de formas linguísticas adaptadas a situações categorizadas e caracterizadas. Elas excluem, em princípio, a expressão do eu, pois tendem a reduzir a distância entre a mensagem e o objetivo visado. A expressão do eu inscreve-se, portanto, na transgressão dessas "regras" e, de um modo geral, de qualquer regra estrita. Mas como o desejo de comunicação permanece preponderante, poderemos definir a expressão pessoal, que chamamos mais acima de estilo, como uma atitude de tensão entre a regra e a liberdade, como uma dialética entre, de um lado, os modelos linguísticos, os estereótipos, e de outro lado, a mensagem individual, original, irredutível a normas.

5.2.4. A linguagem do inconsciente

Aquilo que a sociedade nos impede de exprimir, aquilo que a linguagem tem de vivo e de pessoal e que é sufocado pelos estereótipos e pelos lugares-comuns, encontra no inconsciente um caminho aberto. Freud mostrou que o inconsciente faz com que sua voz seja ouvida em todas as mensagens que escapam ao nosso controle: lapsos, atos falhos, sonhos, loucura. Aquilo que desejamos e que foi encoberto pelas convenções sociais se exprime numa nova linguagem, obscura, simbólica, dificilmente decifrável, mas profundamente *verdadeira*. Essa linguagem é também um sistema de signos que Freud e seus continuadores, os psicanalistas, esforçam-se por esclarecer. Do inconsciente brota uma fala que não controlo, que procede de um eu que me é estranho, mas que me determina mais seguramente do que o eu que penso conhecer. Nem é preciso dizer que não existem Técnicas de Expressão do inconsciente...

5.2.5. Exercícios

Proporemos, neste final de capítulo, não exatamente exercícios, mas alguns temas de reflexão e de discussão.

1

"O pensamento nada tem de interior; não existe fora do mundo e das palavras" (Merleau-Ponty).

2

Durante um diálogo, as ideias são criadas ou simplesmente comunicadas? (ver 3.2.1).

3

Por que uma ideia original é difícil de ser expressa?

4

A comparação entre o português e uma língua estrangeira que você eventualmente conheça permite apreender diferenças nos modos de pensamento das duas nações?

5

Que problemas a mentira coloca para a linguagem?

6

Experiência para colocar em evidência os clichês da linguagem.
Reúne-se um grupo de quinze a vinte pessoas. Dita-se uma ou várias séries de palavras; após cada palavra os partici-

pantes devem escrever num papel, o mais rápido possível, quatro adjetivos ou quatro verbos que se associem, em seu espírito, ao termo proposto. Em seguida, examina-se o material, eliminando-se as respostas fantasiosas ou excessivamente originais: ver-se-á configurado o estereótipo de cada palavra. Poder-se-á, em seguida, discutir a origem desse estereótipo (cultura, história, atualidade, moda, publicidade etc.).

Exemplos:
• série de profissões: engenheiro, padre, açougueiro, professor;
• série de nacionalidades: italiano, alemão, turco, norte-americano;
• série de objetos: panelas, caneta, relógio;
• série de homens célebres etc.

7
Trecho de um artigo crítico sobre os *Escritos* de Lacan.

Freud mostrou que há "doenças que falam" e nos fez escutar a verdade daquilo que dizem. o inconsciente não é a sede dos instintos, mas o lugar privilegiado da fala. Lacan compara Freud a Champollion. Antes de 1822, os hieróglifos designavam uma língua ao mesmo tempo presente e perdida, uma linguagem que fala, mas que ninguém pode ouvir. Champollion decifra esses hieróglifos comparando-os, aprendendo suas relações e suas articulações. Freud, analogamente, mostra que o inconsciente fala em toda parte e nos ensina a decifrar sua linguagem: no sonho, que é um rébus; nas neuroses, em que o sintoma é o significante de um significado recalcado da consciência; na loucura, essa fala que renunciou a se fazer conhecida, esse discurso sem sujeito, isto é, em que o sujeito é mais falado do que falante. Freud é um "linguista" e todo o esforço de Lacan consiste em lê-lo através de um filtro linguístico que só foi encontrado por Saussure depois de Freud, mas que este já pressentia e utilizava de maneira geral. Descobrir na linguagem a verdade do inconsciente é compreender que esta não consiste numa pretensa relação a uma realidade interior, mas naquele sistema de leis estudado pela linguística moderna. Daí a recusa da ideia da pessoa autônoma, dona de sua fala: não sou eu que fala, mas *isso fala*. O recalque não é recalque de alguma coisa, mas de um discurso estruturado que funciona sem a intervenção do sujeito consciente. "Penso ali onde não estou, estou ali onde não penso."

Jean Lacroix. *Le Monde*. 24-12-66.

8

Leitura, resenha e discussão da primeira parte das *Conferências introdutórias à psicanálise* de Freud. Essa parte se refere aos "atos falhos".

9

Leitura, resenha e discussão da segunda parte da *Conferências introdutórias à psicanálise* (5 a 12: o sonho, interpretação, conteúdo, censura, simbolismo).

10

Eis, como conclusão, um trecho do diálogo de *Viver a vida*, filme em 12 quadros "pensado, dialogado, rodado, montado... em suma: dirigido" por Jean-Luc Godard (1962).
Os personagens dessa cena são *Nana,* uma prostituta, e um personagem encontrado num bar, denominado *O Filósofo,* e que na verdade é Brice Parain, autor de obras de reflexão sobre a linguagem.

NANA. É curioso, de repente não sei o que dizer. Isso me acontece frequentemente. Sei o que quero dizer, penso antes de dizê-lo... puf! não sou mais capaz de dizer.
O FILÓSOFO, *off.* Evidente. Escuta, você já leu *Os três mosqueteiros*?
NANA. Não, mas vi o filme. Por quê?
O FILÓSOFO. Porque... Veja, ali tem o Portos. Aliás, não é nos *Três mosqueteiros* mas no *Vinte anos depois*. Portos, o grande, o forte... um pouco estúpido, nunca, na sua vida, pensou, entende? Aí, um dia, ele tem que pôr uma bomba numa galeria subterrânea para fazê-la explodir. Ele faz, coloca sua bomba, acende a mecha, depois foge... naturalmente. E, de repente, correndo começa a pensar... Em quê? Ele se pergunta como é possível que ele possa pôr um pé na frente do outro. Isso, com certeza, já deve ter te acontecido, não é? Aí, ele para de... correr, de andar; ele não consegue mais, não consegue continuar... Explode tudo, a galeria subterrânea cai em cima dele, ele a segura com os ombros, ele é bastante forte... mas, finalmente, depois

de um dia, dois, sei lá, ele é esmagado, morre. *(Em off)* Em suma, a primeira vez que ele pensou, morreu.
NANA. Por que você me conta histórias assim?
O FILÓSOFO. Por nada... um... para falar.
NANA. Mas por que é preciso falar sempre? Eu acho que muitas vezes a gente deveria se calar, viver em silêncio. Quanto mais a gente fala, mais as palavras perdem significação...
O FILÓSOFO, *off.* Talvez, mas... é possível?
NANA, *sacode os ombros.* Sei lá eu.
O FILÓSOFO. Isso sempre me impressionou, que não se possa viver sem falar.
NANA, *off.* No entanto, seria agradável viver sem falar.
O FILÓSOFO. Sim, seria bonito, hein... Seria bonito, enfim... é como se a gente não mais se amasse... Só que não é possível. Nunca se conseguiu isso.
NANA. Mas por quê? As palavras deveriam exprimir exatamente o que a gente quer dizer. Elas nos traem?
O FILÓSOFO. Tem isso... mas nós as traímos também. Deve ser possível conseguir dizer o que se tem a dizer, pois a gente consegue escrever bem... Enfim, de qualquer modo, é extraordinário que um... que um sujeito como Platão, ainda se possa apesar de tudo ent... é verdade que a gente o entende, pode entendê-lo. E, no entanto, ele escreveu, em grego, há dois mil e quinhentos anos atrás. Enfim, ninguém mais sabe a língua daquela época, ou melhor, não se sabe mais exatamente. Entretanto, ele passa alguma coisa. Portanto, é possível a gente conseguir se exprimir direito... E é necessário.
NANA. E por que é necessário se exprimir? Para se compreender?
O FILÓSOFO. É preciso que a gente pense. Para pensar é preciso falar. Não se pensa de outra maneira. E para comunicar é preciso falar, é a vida humana.
NANA. Sim, mas, ao mesmo tempo, é muito difícil. Acho que a vida deveria, ao contrário, ser fácil. Você vê, a tua história dos *Três mosqueteiros* talvez seja muito bonita, mas é terrível.
O FILÓSOFO, *começa off.* É terrível, sim, mas é uma indicação. *(Plano sobre ele)* Acho que só se consegue falar bem quando se renunciou à vida por algum tempo. É quase a... o preço...
NANA. Mas, então, falar é mortal?
O FILÓSOFO. Sim, mas é uma... Falar é quase uma ressurreição em relação à vida; nesse sentido que, quando a gente fala, é uma vida diferente daquela de quando a gente não fala... entende?... E, então, para viver falando, é preciso ter passado pela morte da vida sem falar. Veja se, isto... não sei se me explico bem, mas, uum... Em suma, há uma espécie de ascese que faz com que só seja possível falar bem quando se encara a vida com desapego.

NANA, *off.* Entretanto, a vida de todo dia, não podemos vivê-la com... uumm... Sei lá... com...
O FILÓSOFO... Com desapego... Certo, mas então, justamente, a gente oscila. É por isso que a gente vai do silêncio à palavra. A gente oscila entre os dois porque é um... é o movimento da vida que é que... a gente está na vida cotidiana e depois a gente se eleva para uma vida... digamos, superior, não é bobagem dizer isso porque é a vida com o pensamento, afinal. Mas essa vida com o pensamento supõe que se tenha matado a vida demasiado cotidiana, por demais elementar.
NANA, *off.* Sim, mas pensar e falar são a mesma coisa?
O FILÓSOFO. Eu acho! Eu acho... Já dizia Platão. Veja, é uma velha ideia. *(Um tempo)* Mas acho que não se pode distinguir no pensamento o que seria o pensamento e as palavras para exprimi-lo. *(Fim off)* Analise a consciência, você não conseguirá apreender um momento de pensamento senão por palavras.
NANA. Falar, então? É um pouco correr o risco de mentir?
O FILÓSOFO, *off.* Sim, porque a mentira, acho eu, é um dos meios de chegar a ela. *(Um tempo)* Existe pouca diferença entre a mentira e o erro. *(Plano sobre ele)* Naturalmente, não falemos da mentira crua, ordinária que... que faz com que eu diga "estarei aqui amanhã às 5 horas", e depois não venha porque não quis vir amanhã às 5 horas, entende?, isso não... são truques. Mas a mentira sutil é, frequentemente, muito pouco distinta de um erro. Algo, a gente procura, e depois não acha a palavra justa. E é o que você dizia há pouco, é por isso que te ocorre não saber mais o que dizer. É porque naquele momento, você tinha medo de não saber a palavra certa. Acho que é isso.
NANA. Sim, mas como ter certeza de ter achado a palavra certa?
O FILÓSOFO, *off.* Bem, é preciso um certo trabalho. Isso só vem dep... isso só vem com o esforço... Dizer o que é preciso, de uma maneira que seja justa, uum... justa *(Nana parece fixar a tela)*, isto é, que não fira, que diga o que é preciso dizer, que faça aquilo que é preciso que ela faça *(plano sobre ele)*, sem ferir, sem mortificar.
NANA, *começa off.* Sim, no fundo, devemos tentar ser de boa fé.

L'Avant-Scène du Cinèma. nº 19, 15 de outubro de 1962.

Apêndice

Os textos e as sugestões de atividades que compõem este Apêndice devem ser entendidos como um instrumento complementar na utilização deste livro. Falando particularmente dos textos (a que, na falta de melhor denominação, chamamos Notas), é de se notar que todos eles têm, em maior ou menor grau, um caráter ensaístico, menos didático e, sobretudo, explicitamente comprometido com algum ponto de vista mais preciso. Sob esse aspecto, distanciam-se eles da atitude imparcial que, pelo menos aparentemente, têm os textos didáticos. Com isso se visa a ampliar, dentro dos limites deste livro, o espaço necessário para a problematização e a crítica, como decorrência normal do espírito que norteou sua confecção original.

Haquira Osakabe
Paulo de Tarso Jardim

NOTAS SOBRE OS CAPÍTULOS

Capítulo 1

Neste primeiro capítulo em particular, o autor privilegia de maneira bastante clara a função comunicativa da linguagem. Tanto assim que os itens 1.3, 1.4, 1.5. estão centrados nessa perspectiva em que a linguagem é vista como instrumento de comunicação, e, para tanto articulam elementos conceituais que se encontram expostos nos dois primeiros itens (1.1. Teoria da comunicação e 1.2 Teoria da informação). E é essa mesma visão da linguagem que parece justificar a retórica como um dos pontos de chegada do desenvolvimento do capítulo: é que a retórica sempre se constituiu no domínio privilegiado da dimensão comunicativa da linguagem. Embora seja importante admitir-se que as finalidades práticas mais imediatas do livro justificam a prioridade atribuída à função comunicativa, deve-se alertar, por outro lado, que essa função apenas fornece uma das múltiplas dimensões pelas quais se pode pensar o fato linguístico.

Assim sendo, é somente a parte final do capítulo (1.6) que abre a possibilidade para uma discussão sobre outros papéis que a linguagem pode desempenhar no interior das atividades humanas. Essa possibilidade, no entanto, acha-se marcada pelo fato de que o próprio esquema jakobsoniano se baseia na teoria da comunicação. O que em outras palavras significa dizer que aquele esquema, assumido pelo autor, não só gira em torno da função comunicativa, como de certa forma acaba sempre levando a pensar a linguagem de um prisma exterior à própria linguagem. Desse modo, qualquer que seja a função, a linguagem, segundo aquele esquema, estaria sempre a serviço de algo alheio a ela mesma, inclusive na própria função poética que *serviria* para "colocar em evidência o lado palpável dos signos".

Essa visão instrumentalista, embora útil para certos fins didáticos, deve ser vista com bastante cuidado a fim de que não se tenha da linguagem uma perspectiva excessivamente reduzida. Basta que se altere o ângulo de visão sobre o fenômeno linguístico, para que se observem outras funções que não cabem no esquema jakobsoniano. Se não, vejamos.

M. A. K. Halliday, por exemplo, tem desenvolvido seu trabalho também dentro de uma perspectiva funcionalista, supondo três funções básicas que a linguagem desempenharia: a ideacional, a interpessoal, e a textual.* Pela primeira função, a linguagem cumpriria seu papel de organizador da experiência do sujeito ("Ao desempenhar tal função, a linguagem também estrutura a experiência e ajuda a determinar nossa maneira de ver as coisas [...]"). A segunda função é aquela pela qual a linguagem estabelece e permite manter relações sociais que, segundo o autor, "incluem papéis comunicativos criados pela própria linguagem" (como seria o caso do perguntador e do respondente; do orador e do auditório; dos componentes de um diálogo informal; do escritor e do leitor etc.). Finalmente, pela terceira função, a linguagem cumpriria seu papel de possibilitar "o estabelecimento de vínculos com ela própria e com as características da situação em que é usada". Isto é, através dessa função, a linguagem se faria possível e real enquanto texto, consistente na situação de sua produção. Segundo o

---

* HALLIDAY, M. A. K. "Estrutura e função da linguagem". In: John Lyons (ed.). *Novos horizontes da linguística*. São Paulo, Cultrix/Edusp, 1976.

autor, todas essas funções estariam realizando dispositivos da própria língua. Assim, certas relações (como agente-ação; alvo-ação; beneficiário-ação etc.) permitiram à língua o cumprimento da primeira função, ao passo que certas categorias como o *modo* (pergunta, resposta, ordem, exclamação etc.) possibilitariam a realização da segunda função, e, finalmente, certos elementos ligados à *ordenação* (como tema e rema) ou à *coesão*, permitiriam a realização da função textual.

Este breve resumo das ideias de Halliday, no tocante à questão das funções, permite observar que, embora situado como Jakobson em um ponto de vista funcionalista, as funções que ele estabelece têm a ver basicamente com a relação entre estrutura da língua e as funções que ela realiza. Já o esquema de Jakobson se origina das preocupações do autor em estabelecer um jogo simétrico entre o esquema comunicativo e o quadro das funções. De qualquer modo, é importante observar que as duas posições não se recobrem inteiramente e que, mesmo as funções que poderiam ser consideradas similares (veja-se o caso da função referencial e da função textual; ou ainda o da função conativa e da função interpessoal) não podem ser analisadas da mesma forma na medida em que os próprios pressupostos teóricos acabam por exigir abordagens distintas. Isso, de certa maneira, leva à conclusão de que a similaridade no caso não autoriza o estabelecimento de uma correspondência neutralizadora das diferenças entre as duas propostas.

Se uma simples alteração de enfoque em um mesmo ponto de vista funcional possibilita, como se acabou de ver, uma outra visão da linguagem com a percepção de fenômenos distintos, a adoção de um ponto de vista menos marcado permite que se possa ter da linguagem uma outra concepção; e essa parece ser a tática mais enriquecedora para se compreendê-la: indagá-la sempre e não forçá-la a responder por esquemas prévios. Estes podem ser um modo eficaz de organização da reflexão, mas devem ser sempre checados no confronto com as múltiplas manifestações com que a linguagem se apresenta cotidianamente. Para justificar essas afirmações, nada melhor do que a enumeração de alguns fatos.

O primeiro deles vem para contrariar um dos lugares-comuns que se afirmam sobre a linguagem: que está sempre a serviço de algo fora dela. A prática dos haicais, como se sabe, é uma prática entranhada na cultura japonesa e que persiste ainda hoje, apesar da chamada modernização do Japão. Inúmeras associações se incumbem de difundir esse tipo de prática, através do intercâmbio das experiências. Isso, no entanto, não elimina o caráter extremamente solitário desse exercício de linguagem em que, ao contrário das aparências, o sujeito não reproduz na poesia uma simples experiência sensorial. Ao contrário, o exercício do haicai é um processo de experiência da linguagem que culmina no momento em que o sujeito tenha conseguido chegar a uma espécie de fulguração original que lhe permita considerar a própria experiência como profundamente vivenciada. Se perguntado por que faz isso, seguramente o indivíduo não terá outra resposta senão a de se espantar com esse tipo de pergunta. É que nessa instância e nessa prática, a linguagem amortece seu caráter finalista e ganha a densidade da própria experiência, um dado de existência que só se coloca uma exigência: "ser vivido".

O segundo fato é narrado por Pierre Clastres* e vem relativizar um outro lugar-comum que passa sobre a linguagem: que ela serve para comunicar e que sua base é necessariamente o diálogo. O autor conta que os gnayakis formam uma comunidade fundada sobretudo numa concepção coletivista de produção que rege a totalidade das atividades dos homens da tribo durante o dia todo. Ao anoitecer, porém, sentam-se todos em círculo e começam a entoar um canto que só de longe aparenta ser um canto coletivo. Na verdade, cada membro canta suas qualidades, sem dar ouvidos ao que é dito pelos outros. Ao contrário do diálogo, o canto aqui se diz para si mesmo, numa afirmação plena de individualidade, uma espécie de contraponto equilibrador com sua face coletiva diurna. Qualquer perspectiva comunicativa ou dialógica para se tentar explicar esse tipo de

---

* CLASTRES, P. *La Societé contre L'Etat*. Paris, Ed. Minuit, 1974.

fenômeno teria de alterar em muito o teor do que se entende por comunicação ou diálogo, para se chegar a uma análise convincente desse fato.

Um terceiro e último fato é narrado por Guimarães Rosa em "Uns índios, sua fala*, em que o autor, falando de sua curiosidade sobre a língua dos terenos constata um fenômeno que vem contrariar um outro lugar-comum sobre a linguagem: o de que os significados de uma língua se montam sobre uma previsibilidade calcada numa lógica implacável. Através de um procedimento em tudo semelhante ao da análise linguística clássica, ele vai formulando hipóteses, cada vez mais elaboradas, sobre o significado de certas sequências que submete à consideração de alguns falantes. Essas hipóteses vão sendo rigorosamente montadas a partir de um confronto de fatos até o momento em que ele se vê autorizado a formular a hipótese mais abrangente. A resposta dada pelos interlocutores é decepcionante e desconcertante. Eis o que diz o autor ao final do texto: "Sim, sim, claro: o elemento *i'ti* devia significar 'cor' – um substantivo que se sufixara; daí, *a-ra-ra-i'ti* seria 'cor de arara'; e assim por diante. Então gastei horas, na cidade, querendo averiguar. Valia. Toda língua são rastros de velho mistério. Fui buscando os terenos moradores em Aquidauana: uma cozinheira, um vagabundo, um pedreiro, outra cozinheira – que me sussurraram longas coisas, em sua fala abafada, de tanto finco. Mas *i'ti* não era aquilo.

Isto é, era não era. *I'ti* queria dizer apenas 'sangue'. Ainda mais vero e belo. Porque, logo fui imaginando, *vermelho* seria 'sangue de arara'; verde, 'sangue de folha', por exemplo; *azul*, 'sangue do céu'; *amarelo*, 'sangue do sol' etc. Daí, meu afã de poder saber exato o sentido de *hó-no-nó*, *hó-pô*, *há-há* e *hê-yá*.

Porém não achei. Nenhum – diziam-me – significava mais coisa nenhuma, fugida pelos fundos da lógica. Zero nada, zero. E eu não podia deixar lá minha cabeça, sozinha especulando. *Na-kó i-kó?* Uma tristeza."

Os três fatos citados apresentam uma peculiaridade em comum: são fatos vistos por um estranhamento de quem está

---

* ROSA, Guimarães. *Ave palavra*. Rio, José Olympio, 1970.

fora da cultura em que eles ocorrem. E o incômodo que nos provocam tem a ver com isso. Não é que eles necessariamente estejam fora de nossas atividades linguísticas diárias; simplesmente nossa maneira habitual de ver a linguagem ou nossos esquemas de análise é que fazem deles fatos extraordinários. E se eles têm vigor suficiente para provocar nosso espanto, é importante que se dê consistência a esse espanto, possibilitando que nossa própria visão sobre a linguagem se altere e se complexifique.

Sugestões de exercícios complementares

1

Selecionar algumas anedotas e tentar explicar, do ponto de vista da comunicação e/ou informação, a razão de sua eficácia ou de seu fracasso.

2

Baseando-se na discussão de 1.3, tentar discutir a afirmação: "O fato de os jovens de nossos dias não terem o mesmo tipo de desempenho verbal da juventude escolarizada de há vinte anos atrás, é um indício de uma grave crise da linguagem".

3

Discutir as razões pelas quais um orador político dos nossos dias tem de se valer necessariamente de recursos verbais distintos dos de um orador político de fins do século passado.

4

Levantar alguns fatos em que não se veem claramente manifestadas as funções da linguagem tais como são propostas por R. Jakobson.

5

Tente levantar e discutir as razões pelas quais se pode afirmar que é no domínio da poesia que a linguagem mais se rebela contra a dimensão instrumentalista segundo a qual ela necessariamente está sempre a serviço de algo fora dela mesma.

6

Tente enumerar fatos que, segundo sua própria intuição de linguagem, se aproximam dos fatos citados no comentário do capítulo 1.

Capítulos 2 e 3

De uma certa forma, este comentário resulta da interseção dos assuntos tratados nos capítulos 2 e 3. De fato, se por um lado é certo que os problemas específicos daquilo que o autor chamou de expressão e comunicação escrita e expressão e comunicação oral estão expostos ali com clareza suficiente, por outro lado as dúvidas surgidas a partir do encontro dessas duas modalidades, a escrita e a oral, permanecem talvez como fatores de inibição na prática da linguagem. Esta, portanto, é uma abordagem que se restringe ao problema do contrato entre a escrita e a oralidade e que, por conseguinte, não pretende de modo algum esgotar a discussão das questões levantadas nos dois capítulos.

Há diversas maneiras de se iniciar a discussão dos problemas levantados nos capítulos que tratam da expressão e comunicação oral e escrita, e pode-se dizer que já no modo como penetramos o assunto está presente de alguma forma o desenrolar de todo o trabalho. Por motivos que se esclarecerão mais à frente, será tomada a relação indivíduo/linguagem como o ponto de partida dessa discussão. Essa escolha não implica necessariamente uma abordagem de natureza psicolinguística ou mesmo sociolinguística, como à primeira vista pode sugerir este tipo de aproximação, tampouco pede uma leitura dirigida nesse sentido. Na verdade, a relação indivíduo/linguagem, tal como será examinada aqui, representa um espaço *ideal* anterior àquele de que tratam os enfoques psicolinguísticos e sociolinguísticos e que poderia ser definido como uma prática *ética* da linguagem, calcada numa base ontológica.

Interessa-nos, inicialmente, examinar o processo pelo qual indivíduo e linguagem se aproximam. Essa relação é de natureza interativa, isto é, as partes relacionadas (se é que se pode aqui falar em *partes*) só podem ser compreendidas como sendo, uma e outra, simultânea e alternadamente, agentes e pacientes do processo linguístico. Essa relação é, por isso mesmo, dinâmica, ou seja, ela se movimenta em função do movimento de suas "partes". É como se a linguagem ganhasse vida e agisse sobre o indivíduo na mesma medida em que este age sobre ela. Mas a ação do indivíduo, é óbvio, nos diz respeito mais de perto e nos é particularmente problemática. Sempre que uma comunicação, qualquer que seja ela, se estabelece entre dois ou mais indivíduos, estes, conscientemente ou não, se colocam um problema: de que maneira "empregar" a linguagem? Esta questão, na verdade, possui um interesse que vai além do meramente estilístico, pois a linguagem parece sempre querer revelar a nossa identidade mais secreta, aquela que procuramos inutilmente esconder detrás desta mesma linguagem, Esta associação interdependente entre indivíduo e linguagem é de tal ordem, que se torna arriscado até mesmo falar em *emprego* ou *utilização* desta por aquele. Uma vez que, nos termos colocados acima, é a linguagem que aparece como *desveladora* da identidade do indivíduo, não seria de todo descabido apontá-la como o elemento ativo por excelência dessa relação, ou seja, como o elemento *constituidor* da identidade com que ela se relaciona. Seja ou não procedente, esta aproximação acaba por determinar naquele que escreve uma procura no sentido de estabelecer para si mesmo um espaço possível de expressão e, consequentemente, um espaço de existência. Este seria, em outras palavras, o espaço dentro do qual as variações da linguagem não chegariam ao ponto de descaracterizar o indivíduo e, por extensão, a identidade do seu discurso.

Esta natureza *existencial* da linguagem (ou natureza linguística do indivíduo) está presente de alguma forma em todas as suas expressões. Ela tem na expressão verbal, no entanto, o seu espaço privilegiado, pela razão, talvez, de que as outras linguagens são por ela irremediavelmente atravessadas. Por isso, porque ela implica acima de tudo uma questão de natureza *existencial*, quando nos defrontamos com os problemas que a expressão verbal levanta, a impressão que temos é a de que a nossa identidade não pode deixar de estar condicionada por ela. Nas situações em que, por qualquer imposição de natureza não linguística, somos constrangidos a alterar o nosso *modo de dizer*, sentimos que, com esta violação, acabamos por perder também a *Raison d'être* inicial do nosso discurso, pois este se altera inevitavelmente sempre que alteramos o modo pelo qual ele é veiculado. Neste aspecto as palavras aparecem como índices dos mais sensíveis para a avaliação da *sinceridade* do nosso discurso. Mais do que qualquer parâmetro exterior a este discurso, são elas, as próprias palavras que o constituem, que podem dizer desta *sinceridade* para aquele que as "emprega".

(O termo *sinceridade* é aqui tomado para significar a identidade entre o indivíduo e a linguagem do indivíduo. Um discurso será considerado tanto mais sincero na medida em que for capaz de cada vez mais *mostrar* o indivíduo através da sua linguagem. Não se quer dizer com isso, é claro, que se deva transportar este indivíduo para um espaço ideal a ser ocupado também pela linguagem, mas sim, inversamente, de aproximar esta linguagem do indivíduo até que ele possa ser *lido* nela, numa dimensão que irá além do mero reconhecimento estilístico, mas que se afirme na empatia entre uma linguagem do corpo e o corpo de uma linguagem.)

Mas se o problema da *sinceridade* adquire contornos mais significativos do que em qualquer outra forma de expressão quando é examinado em função das modalidades escrita e oral, é porque aí a proximidade existente torna muito mais importantes e consideráveis as diferenças eventuais entre ambas. E se estas diferenças não chegam a ser evidentes e profundas (afinal, a língua é elemento comum às duas), elas são, pelo menos, exemplares, e ignorá-las é correr o risco de misturar o que é específico a cada uma e que, "utilizado" inadequadamente, descaracteriza qualquer discurso.

Ocorre no entanto que, ao se procurar estabelecer as diferenças entre oralidade e escrita, acaba-se normalmente valorizando uma em detrimento da outra. Este procedimento é com alguma frequência encontrado em trabalhos de linguistas que se dedicam ao assunto, mas esse erro de abordagem não pode, certamente, ser apenas a eles imputado. Na verdade, muito antes do aparecimento da linguística o homem já convivia em sua prática diária da linguagem com os problemas decorrentes da dicotomização das expressões escrita e oral. Talvez se pudesse escrever uma *História do conhecimento* apenas em função da visão que cada época teve do problema. Assim, dividindo esta história em dois períodos, um em que a escrita é a privilegiada e outro no qual este privilégio recairia sobre a oralidade, com os dois se alternando, teríamos uma carga tal de informações que estão veladas num primeiro momento ou nível de interpretação, que com elas poderíamos talvez determinar aspectos significativos da visão do mundo de cada época. Para ilustrar isto, tomemos um diálogo travado entre Pepino, filho de Carlos Magno, e Alcuíno, o sábio de sua corte, diálogo que é reproduzido por Huizinga em *Homo Ludens*:

"O que é a escrita?", pergunta o primeiro. "É a guardiã da ciência", responde Alcuíno.

"O que é a palavra?". "A traição do pensamento". "Onde se originou a palavra?". "Na língua". "O que é a língua?". "Um chicote no ar". "O que é o ar?". "É o guardião da vida". "O que é a vida?". "A alegria dos felizes, a dor dos infelizes, a espera pela morte". "O que é o homem?". "O escravo da morte, o hóspede de um só lugar, o viajante que passa."

Alguns talvez encontrem aí apenas o jogo verbal (é neste sentido, aliás, que Huizinga utiliza o exemplo) e provavelmente desdenharão qualquer análise que pretenda, ultrapassando o lúcido, atribuir o estatuto de "marcas de época" dos conceitos expressos no diálogo. Mas não há como ignorar a importância de alguns aspectos específicos ali presentes. Por que, então, a primeira pergunta formulada por Pepino refere-se justamente à natureza da escrita? Esta questão inicial torna-se ainda mais intrigante se observarmos que, partindo da escrita, o fio condutor do diálogo passa sucessivamente pela palavra, pelo pensamento, pela língua, pelo ar, pela vida, pelo homem e pela morte. Assim, a escrita ganha precedência não só sobre a palavra e a língua, o que talvez bastasse para se desenhar um panorama de época, mas ainda sobre o mundo como totalidade. Ou seja, para Pepino e Alcuíno, só se chega ao Homem, à vida e à morte, se antes se passar pelos labirintos da escrita. Mas esta primazia da escrita não está ali afirmada arbitrariamente, pelo contrário, há toda uma argumentação "*lógica*" a sustentá-la. Alcuíno denomina a escrita "a guardiã da ciência" e nesta associação parece haver algo mais do que a já vulgarizada visão da escrita como instrumento de conservação do conhecimento. Significativamente, Alcuíno define em seguida o ar com sendo "o guardião da vida", isto é, aquilo que, ao mesmo tempo que protege, *torna possível* a vida. Da mesma forma, o que está subentendido no diálogo é que a escrita, mais do que um instrumento da ciência, seria a própria condição de existência desta. Entretanto, essa ideia não é hoje tão anacrônica como a distância que nos separa dela no tempo poderia fazer pensar. Não raro nos deparamos com depoimentos de escritos dando conta de que as melhores soluções surgem no momento em que se escreve, ao *correr da pena*, como se ela, a escrita, as engendrasse e não as necessidades do pensamento, que nos acostumamos a ver como um elemento apriorístico do discurso. Esta noção é importante, pois vem valorizar o aspecto de *trabalho* que caracteriza a escrita e que costuma ser ignorado por muitos dos que lidam com o assunto. Mas ela acaba, por outro lado, minimizando a importância da *experiência* que antecede o ato da escrita e que com ela se integra. Em outras palavras, escrita gera escrita apenas na medida em que, por detrás deste mecanismo aparentemente espontâneo, colocamos a *experiência* da linguagem enquanto estrutura e criação como elemento fundamental do processo. Estrutura e criação, desta maneira, são atualizadas (ou rescritas) por esta mesma escrita que antes se tornara possível graças a elas. Por *experiência* não se pretende significar aqui o saber adquirido e praticado que antecede a escrita, como o uso mais comum do termo poderia sugerir. Não seria possível sequer falar em *prática anterior* à escrita, já que esta é aqui entendida como a própria prática da linguagem. *Experiência* é para nós, então, o fator que caracteriza a natureza interativa da linguagem, ou seja, uma espécie de *saber em progresso* constituidor desta.

Mas a valorização da escrita tem ainda outras causas importantes e, destas, a religiosa é talvez a mais antiga. Ela remontaria, de acordo com a tradição ocidental, ao *Pentateuco*, conjunto dos cinco primeiros livros da *Bíblia*, e sua importância está muito ligada aos estudos da mística judaica. Partindo do princípio de que num livro sagrado, escrito por um ser perfeito, tudo, cada palavra, cada sílaba, cada letra, deve ter uma razão para estar onde está, a cabala judaica acabou por conferir à escrita, mais até do que às mensagens a ela vinculadas, o dom de conter em *si* a perfeição. Os estudos cabalísticos levam em conta o número de palavras e letras de cada página, as relações entre os vocábulos, as repetições, a posição das palavras e muitas outras características específicas da folha escrita, as quais acabam por configurar algo que se assemelharia a uma sintaxe mística. Mas a cabala nos interessa, sobretudo, porque ilustra perfeitamente a *atitude religiosa* perante a escrita, ou, dizendo de outro modo, a atitude que transforma a escrita em religião. Esta atitude religiosa – que, é claro, não precisa necessariamente ser praticada por religiosos para que o seja – possui um movimento rotineiro que consiste em retirar totalmente a significação do seu espaço *normal*, transferindo-a para a escrita enquanto tal. Escrever tornar-se-ia, assim, curiosamente, uma atividade que independe do que se escreve. É como se ela, a escrita, fosse soberana e que, fora do seu universo, nada fosse inteligível.

Ainda que não se refira nominalmente a essa tradição religiosa, Saussure parece tê-la em mente ao enumerar as causas do prestígio da escrita que de acordo com ele seriam as seguintes: *a*) a escrita nos impressiona como um objeto permanente e sólido, mais adequado que o som para constituir a unidade da língua através dos tempos; *b*) a língua literária reforça ainda mais "A importância imerecida da escrita" (são palavras de Saussure); *c*) nos indivíduos as impressões visuais são mais fortes do que as auditivas; e *d*) nos desacordos entre a língua e a ortografia, nunca o linguista é chamado a opinar, "prevalecendo assim a forma escrita" (novamente palavras do próprio Saussure).

Talvez se possa resumir as quatro causas propostas em uma única. A escrita adquire uma "importância imerecida" (Saussure fala ainda na "tirania da letra" e no "equívoco da escrita") graças ao poder que ela tem de se perpetuar. A oralidade, por sua vez, é desprezada justamente pelo que possui de fugaz e passageiro, atributos que, vistos deste ângulo, acabariam por caracterizá-la negativamente. Esta ideia, aliás, já está expressa nos termos escolhidos por Saussure para descrever a escrita: *objeto sólido e permanente*. A estes aspectos da escrita ele contrapõe a noção de língua como *coisa viva* e móvel, ou melhor, como uma coisa que tem nessa modalidade a sua vida. Assim, o que antes parecia fraqueza é retomado como força, e a fugacidade da língua falada se transforma em crítica da perenidade da língua escrita. No que se refere à ortografia, por exemplo, Saussure afirma que a importância da fonologia está justamente em fazer com que tomemos algumas precauções com relação à forma escrita. "O testemunho da escrita, diz ele, só tem valor com a condição de ser interpretado." Desta maneira, a importância da escrita estaria relativizada pela oralidade, sem que esta, necessariamente, se sobrepusesse àquela.

Mas Saussure, certamente porque centrava sua revalorização da oralidade numa crítica da escrita, cometia e permitia que se cometessem novos exageros que apesar de parecerem opostos aos primeiros acabariam por repeti-los. Com isso, entretanto, ele não fazia mais do que sistematizar um conflito que, com certeza, existe desde o aparecimento da linguagem e que não cessa de nos intrigar: O que faz com que sejamos diferentes ao falar, do que somos ao escrever? O que caracteriza e especifica a língua escrita e a língua falada? Por que a escrita não pode ser simplesmente uma transposição da fala, e vice-versa? Estas são algumas das questões que, ao mesmo tempo, estão presentes nas formulações de Saussure, pois, se apenas em função delas estas formulações se tornam possíveis, por outro lado, a unilateralidade do enfoque é por elas totalmente inviabilizada.

Há, entretanto, nas próprias questões um mecanismo de contradições que permite que elas sejam reduzidas a um denominador comum, ou seja, à ideia de que escrita e oralidade só podem ser definidas a partir da comparação de ambas. Mas o mecanismo da comparação é por si mesmo contraditório, pois ele é empregado em objetos semelhantes, procurando, a partir dessas semelhanças, estabelecer diferenças. Em outras palavras, na comparação a diferença está dentro da igualdade e só existe em função dela. Assim, no cotejo entre escrita e oralidade, ao tentarmos estabelecer o espaço de cada uma, somos levados equivocamente a optar por uma ou outra, pois nos parece impossível a igualdade, uma vez que de início são reconhecidas as diferenças. Mas sempre que falamos ou escrevemos estamos realizando, de algum modo, esta síntese de contrários aparentemente irreconciliáveis. O *falar* e o *escrever* só se tornam possíveis quando se reconhece a partir da igualdade original, as especificidades de cada um deles.

Estas especificidades refletem-se, por exemplo, em nível ideológico. Numa sociedade em que, *grosso modo*, o analfabetismo está identificado com o proletariado e com o campesinato e que o "dom" da escrita se vincula ao poder das elites, a ascensão social parece estar claramente mediada pela alfabetização, ou seja, a escrita, que a princípio seria uma mera etapa, transforma-se em fim e se têm satisfeitas as esperanças de ascensão na escala social através da posse pura e simples de um dos meios que parecem conduzir a ela. Irremediavelmente identificada com o prestígio das elites, a escrita, mais do que a alfabetização simplesmente, é um *meio* que é um *fim*. Esta situação ganha uma luz especial se pensarmos numa certa literatura que pode ser resumida e definida em uma frase: "Mas escrevo". Nela o escrever transforma-se em símbolo e revolta, mas esta se transforma, simultaneamente, no conformismo que ela supõe exorcizar. Esta é uma astúcia da escrita que nem sempre a ideologia consegue encobrir: ela *diz*, de repente, o contrário do que *escreve*.

No entanto, como de certa forma já foi sugerido acima, os equívocos mais comuns no trato com a escrita e com a oralidade são aqueles que, ou reduzem uma à outra ou, então, as isolam totalmente. São, na falta de termos melhores, o *mito da identidade* e o *mito da exclusividade*. Enquanto *mitos* eles têm na linguagem o seu espaço privilegiado, ainda que esta mesma linguagem seja sempre a esperança transferida de destruí-los.

O *mito da identidade* procura identificar escrita e oralidade sem reconhecer qualquer particularidade em nenhuma das duas, isto é, ele faz pensar que é possível *escrever como se fala* (ou vice-versa), sem que haja perda alguma nesta transposição de contextos de uma forma de linguagem para outra. Existe, na verdade, uma complexa rede de implicações por detrás disto. Acredita-se que a escrita ao seguir o padrão da oralidade se tornaria mais *natural*, uma vez que esta comparação parte do pressuposto de que a *fala* é mais *natural* do que a escrita. Esta última, por sua vez, é imediatamente identificada ao estilo grandiloquente e afetado. Mas por que quando se pensa em escrita se pensa em estilização e quando se pensa em fala se pensa em naturalidade? No terreno da literatura, por exemplo, o Modernismo brasileiro contribuiu para a confusão existente em torno disto, valorizando a *oralidade* na escrita porque esta retratava a *língua verdadeira* do país, aquela falada pelas camadas populares. Mário de Andrade pensou até mesmo em escrever uma *Gramatiquinha da fala brasileira*, que entre outras coisas, procuraria estabelecer um sistema ortográfico mais próximo da pronúncia *real* das palavras. Mário, que escreveu seus livros segundo os preceitos que pensara em formular na *Gramatiquinha*, não fazia mais do que retomar uma questão que existia no Brasil desde o Romantismo de Alencar e de suas disputas com os acadêmicos portugueses que não aceitavam as modificações que ele procurava introduzir no português. Há, assim, toda uma motivação histórica por detrás do *mito da identidade*. Na verdade, porém, ele acaba realizando o movimento inverso daquele representado pela escrita enquanto possibilidade de ascensão social. Nele, porque a língua falada é patrimônio de todos (e a escrita não o é), ela é a valorizada.

Mas, se a identidade reduz escrita e oralidade a uma só coisa, o *mito da exclusividade* vai se caracterizar exatamente pelo oposto disto. Nele o universo de uma é totalmente distinto do da outra e não parece haver entre elas qualquer possibilidade de aproximação. Este *mito* se faz notar de maneira curiosa, por exemplo, na escrita mais acadêmica ou retórica. Aí, o estilo rebuscado, normalmente constituído de um vocabulário próprio e de uma sintaxe bastante diferente daquela que é usada coloquialmente, acaba se caracterizando quase que como uma *outra língua*, ou seja, um outro sistema ao qual se chegaria por intermédio de uma tradução do sistema da oralidade. É claro que existem por detrás disso motivações de natureza sociolinguística e seria perigoso tentar desprezá-las, mas a causa principal destes equívocos parece ser justamente a má compreensão da natureza *não fechada* dos sistemas da escrita e da oralidade. A consequência disto é que a escrita passa a ser vista como uma espécie de *prática da insinceridade*. Tomada como resultado de cálculo, de frieza e da estilização da oralidade, a escrita transforma-se num meio "falso" (*não natural*) que é utilizado para veicular a *sinceridade* (ou o *natural*). Em suma, o engano a que este meio leva é o de atribuir à escrita a faculdade de *exprimir com clareza* (mas sem sinceridade) o *pensamento*, e à oralidade a capacidade de *transmitir* ou *transpor* linearmente o *pensamento*, como se não existisse a mediação do discurso.

O *mito da identidade* e o *mito da exclusividade* são, no entanto, tematizações de um falso problema. A questão da sinceridade e da naturalidade não se coloca, necessariamente, num tempo anterior à expressão, como um enigma a ser por esta resolvido. Quando a *sinceridade* é apontada como condição necessária a todo discurso (ou condição fundadora de), costuma-se esquecer ou menosprezar o seu aspecto de *exercício* ou de *experimento*, nos termos em que este último foi definido mais acima. O *experimento*, contudo, não se opõe à *sinceridade* no que diz respeito à existência de uma "ética do discurso", isto é, com relação àquilo que permanece irredutivelmente *sujeito* no discurso. A diferença está, sim, no fato de que a ética do *experimento* se situa em outro nível – ou, talvez, numa outra instância – de linguagem. Aí, a questão da *sinceridade* se resolve a cada passo, para então imediatamente se reproblematizar, sempre que se instaura a *práxis* discursiva. Aí, quando já se está *dentro* e não mais *antes* da linguagem, os discursos escrito e oral ainda vão se cruzar muitas vezes. Mas essa já é outra história.

Sugestões de exercícios complementares

1

Procure estabelecer as diferenças fundamentais entre uma fala "improvisada" e um discurso oficial de algum político. Tente determinar de que maneira as características do discurso escrito persistem no "improviso". Se você achar interessante, compare ainda os discursos de dois ou mais políticos pertencentes a diferentes partidos. Que conclusões você tiraria das diferenças que cada um revela no trato com a escrita e com a oralidade?

2

Na sua opinião, em que situação é mais fácil de se esconder aquilo que se pretende deixar fora do discurso, quando se escreve ou quando se fala? E, de modo contrário, em qual das duas situações é mais fácil expressar aquilo que se quer dizer? Você acha que é possível estabelecer estas diferenças?

3

Você se lembra de "Evocação do Recife" de Manuel Bandeira? Nesse poema, Bandeira se refere à "língua errada do povo/língua certa do povo", expressando aí uma das propostas básicas do Modernismo e também da sua própria poética: a incorporação pela literatura dos aspectos orais e das formas populares da língua. Tente explicitar esses elementos orais numa obra literária de sua preferência. Indicamos, à guisa de sugestão, além do poema de Manuel Bandeira, as crônicas de Antônio Alcântara Machado, como exemplo de aproveitamento da fala urbana, e algum romance regionalista, que você mesmo pode escolher, ilustrando o aproveitamento da fala rural.

4

Apesar das observações feitas pelo autor em 2.3.3, modernamente ainda se escrevem cartas de amor. Que razões justificam a persistência desse gênero em nossos dias? Tendo isso em mente, o que você teria a dizer sobre o seguinte poema de Álvaro de Campos (heterônimo de Fernando Pessoa)?

Todas as cartas de amor são
Ridículas.
Não seriam cartas de amor se não fossem
Ridículas.

Também escrevi em meu tempo cartas de amor,
Como as outras,
Ridículas.
As cartas de amor, se há amor,
Têm de ser
Ridículas.

Mas, afinal,
Só as criaturas que nunca escreveram
Cartas de amor
É que são
Ridículas.

Quem me dera no tempo em que escrevia
Sem dar por isso
Cartas de amor
Ridículas.

A verdade é que hoje
As minhas memórias
Dessas cartas de amor
É que são
Ridículas.

(Todas as palavras esdrúxulas,
Como os sentimentos esdrúxulos,
São naturalmente
Ridículos.)

5

Levantar hipóteses que possam justificar as declarações de amor que saem publicadas nos jornais. Analisar os procedimentos verbais e sua relação com o veículo utilizado (no caso, o próprio jornal).

6
    Comparar as estruturas narrativas de qualquer das versões do Chapeuzinho Vermelho e o conto "Fita Verde no Cabelo" de Guimarães Rosa (publicado em, *Ave, palavra*).

Capítulo 4

    Ao relacionar a expressão verbal com os outros meios de expressão, Francis Vanoye opta claramente por uma *leitura*, ou seja, dentro do contexto didático que caracteriza o livro, ele se propõe a ensinar a "ler" uma canção, um filme, uma *charge* humorística etc. É evidente a importância desse tipo de abordagem, já que é justamente a análise da expressão verbal nas suas diversas facetas a razão de ser do livro. Mas talvez seja interessante também, e é isso que pretendem estas notas, relativizar tal perspectiva a partir de uma inversão dessa *leitura*, isto é, a partir do reconhecimento de que "os outros meios de expressão" não recebem passivamente a expressão verbal, mas que eles também a transformam e a enriquecem.

    Portanto para se compreender bem a natureza das relações entre a expressão verbal e os demais meios de expressão, tal como o assunto é tratado no livro, é preciso que essas relações sejam tomadas sobretudo como um processo interativo e assimilatório entre fenômenos de natureza verbal e não verbal. Em outras palavras, é preciso ter em conta que a linguagem verbal, ao atravessar as outras linguagens, estabelece com elas uma complexa troca de informações – no sentido mais amplo da expressão – que acaba alterando inteiramente as características isoladas das partes que se combinam. Dessa maneira, pode-se dizer que constitui um equívoco perigoso o atribuir-se à palavra qualidades apenas ilustrativas no seu contato com as outras linguagens. Nos quadrinhos, na música, no cinema, ou em qualquer outro veículo em que se faça presente, a palavra, se empregada adequadamente, não deve se sobrepor às outras linguagens, pretendendo com seu poder de *logos* torná-las mais claras, mas sim, integrar-se a elas, confundindo-se até desaparecer como palavra e se mostrar como parte constitutiva de um outro todo expressivo.

Apesar disso, há uma característica de que a palavra não abre mão, por irrelevante que seja sua presença no meio de expressão de que participa: ela, a palavra, exige uma leitura e esta leitura acaba se espalhando para além dos domínios convencionalmente aceitos como seus, penetrando o espaço ocupado pelo elemento de natureza pictórica, musical, fotográfica etc. A palavra, na verdade, nos impressiona mais do que os outros elementos com que se combina e parece reiterar sempre a sua especificidade, fechando-se na sua solidão de linguagem. Essa resistência da palavra, que se manifesta também na mobilidade e na adaptabilidade que ela demonstra ter com relação aos outros meios de expressão, se deve em grande parte a uma resistência nossa em deixar esta mesma palavra fora de qualquer atividade que envolva, falando em termos gerais, conhecimento e comunicação. Por operar em si mesma uma espécie de introjeção das outras linguagens e por ter um estatuto privilegiado na configuração das várias culturas, a linguagem verbal, embora a que talvez tenha conhecido as diferenciações mais profundas no tempo e no espaço, acaba se dispondo como a *linguagem por excelência*.

Mas essas características todas não são por si mesmas negativas. O prejuízo eventual que trazem para os outros meios de expressão decorre muito mais do seu aproveitamento equívoco do que de qualquer espécie de *vírus verbal* – atribuição tão em moda nos dias de hoje – disseminado pelo poder intimidador da palavra. Pelo contrário, quando a tentativa de conciliar a linguagem verbal às outras linguagens é bem-sucedida, ela acaba lançando uma nova luz sobre os elementos exclusivamente não verbais que as compõem.

Esse ajustamento entre as linguagens empregadas pode aparecer de modo bastante claro, por exemplo, numa boa *charge* humorística. Francis Vanoye observa com acerto que, fundamentalmente, "o desenho contém elementos neutros e um elemento dissonante que cria o humor" (p. 243). Mas o que se percebe nos exemplos que ele nos dá para ilustrar esta ideia é que os elementos neutros e o elemento dissonante que provocam o humor (a combinação dos dois e não apenas o segundo) são, na realidade, o elemento verbal e o elemento pictórico que se revezam nas situações de neutralidade e de dissonância. Isto é, geralmente uma situação "normal" ou visualmente verossímil é ilustrada por uma legenda absurda naquelas circunstâncias. Ou então, de forma inversa, uma legenda "normal" (quase sempre uma fala estereotipada) ilustra um desenho em que haja dissonância evidente. Nos outros casos enumerados por Vanoye, com exceção, é claro, do desenho sem legenda, a parte verbal acaba limitando o efeito humorístico, ao tentar realizar *interiormente* a dissonância necessária, transformando assim a parte do desenho propriamente dito em mera redundância e reiteração daquilo que a legenda expressa.

Já nas histórias em quadrinhos, a utilização da palavra passa por toda uma complexa elaboração e só chega ao leitor se este dominar de antemão o intrincado código visual que se sobrepõe ao sistema verbal. O resultado disso é que as palavras deixam de ser simplesmente objetos de leitura, para se transformarem também em componentes visuais importantes na veiculação da informação. Esse tipo de recurso inclui desde o grifo dado à parte que deve ser enfatizada até a estilização das letras, a fim de que estas reiterem o sentido expresso na legenda. Deste modo, a palavra, assumindo uma função que a projeta para além do simples domínio do verbal, relativiza também o componente gráfico dos quadrinhos, já que este deixa de se constituir um todo fechado às outras linguagens, para se transformar em uma das partes de um novo todo produzido pela dinâmica das linguagens em contato.

Talvez seja na fotografia, contudo, que a palavra atue mais radicalmente como transformadora da nossa percepção imediata dos elementos não verbais. Mas aí, além de transformar este que constituiria um primeiro nível de significação, a palavra se impõe como a ponte que torna possível o nosso contato, quase sempre ilusório e deturpador, com aquilo que a fotografia presentifica ao representar. Na verdade, uma fotografia desamparada da legenda ou da sustentação verbal que normalmente a acompanha, guarda consigo um mistério que, mais do que intrigante, é sempre um pouco perturbador, para quem, desprovido da cômoda ferramenta do verbo, procura se acercar de um universo onde os signos estão como que emudecidos. Mas, se comparamos a fotografia com os quadrinhos ou qualquer outro dos "meios de expressão" estudados no capítulo 4, vemos que a sua situação é, simultaneamente, outra e a mesma, e as diferenças e identidades são igualmente significativas. A situação é *outra*, porque, como acontece de uma certa forma também na *charge* humorística, a palavra estabelece com a fotografia uma relação contrapontística e a ela se integra apenas como complemento de significação, nunca como reiteração de um significado já existente. Mas, assim como nos quadrinhos, também na fotografia a palavra relativiza o elemento de natureza visual, que nela é forte ao ponto de, sozinho, parecer dar conta, em termos de representação objetiva – isto é, alheia a qualquer subjetividade –, da *coisa* fotografada, como se esta estivesse presente na foto sem qualquer mediação. Deste modo, a linguagem verbal, enquanto *legenda* da fotografia, trabalha no sentido de problematizar a ilusão de realidade que ela instaura, *situando* o fato fotografado através da menção àquilo que necessariamente escapa a ela (um nome, uma data, um local etc.). Além disso, a finalidade específica de cada tipo de fotografia impõe diferenças em nível de sua produção e sobretudo de sua leitura. Uma fotografia de publicidade, por exemplo, usa a palavra de modo diferente daquele de uma fotografia jornalística, mesmo se levarmos em consideração o fato de que a função mais evidente da legenda em ambas é a de informação complementar. Na publicidade, porém, a função principal da legenda é a persuasão, pois o que ela procura é convencer o leitor de que ele está vendo aquilo que está escrito, sobrepondo à informação veiculada pelo componente visual, um discurso que parece remeter a ele, mas que ao mesmo tempo em que o extrapola sutilmente com uma informação excessiva que na sua ambiguidade acaba sendo aceita como continuação natural daquilo que a imagem transmite (na lógica da publicidade, é este *excesso* que seduz o leitor).

É a partir desta *interpenetração de linguagens* que se faz necessária uma *leitura*, entendida como uma abordagem das várias linguagens desde a perspectiva da palavra, dos elementos não verbais que a compõem. Este problema é ilustrado de maneira, digamos, exemplar na relação entre música e letra. Esta relação costuma ser reduzida a discussões em torno de sonoridade, rima, aliterações, paronomásias etc., como se estas características bastassem para atestar a identidade entre o poema e a letra de música. No entanto, as diferenças persistem, pois se aceitássemos a identificação entre ambas, estaríamos negando à letra de música qualquer particularidade que a distinguisse de um poema, que envolve, concretamente, imposições semelhantes em nível de construção. Quando a discussão chega a esse ponto, o uso mais comum é atribuir-se a diferença – evidente demais para ser explicitada – a uma categoria qualquer do *inefável*. Mas se pensarmos a questão a partir da ideia da interpenetração de linguagem musical atravessando a verbal e vice-versa, talvez a confusão se desfaça. Quando a palavra é cantada, ela deixa de ser apenas palavra ou canto. Ou melhor, a palavra-cantada não é nem palavra nem canto, pois a existência da linguagem enquanto fato isolado – solidão esta que a caracteriza – é permanentemente subvertida pelas informações provenientes das outras linguagens que com ela se cruzam.

Esses exemplos todos, suscitados pela presença transformadora da palavra em domínios que não lhe são característicos ou dos quais ela parece se afastar, são, na verdade, ilustrações parciais e recorrentes de um mesmo fenômeno. Em todos os casos examinados procurou-se evidenciar a maneira pela qual as linguagens convivem sem que, necessariamente, uma se sobreponha às outras. A parcialidade deliberada deste enfoque, que procura entender esta convivência a partir de uma perspectiva exclusivamente verbal, não deve ser vista, portanto, como um constrangimento metodológico que pode acabar determinando uma simplificação imperdoável do problema: nesta convivência, como num diálogo, cada uma das partes espelha a essência da outra e é por ela espelhada. A parte, ao se mostrar como parte, pode finalmente sugerir, entremostrando, o todo que ela compõe.

Sugestões de exercícios complementares

1

Procure observar numa novela de televisão de que modo se dá o encontro entre a imagem e a palavra. No seu modo de entender, existe de fato alguma combinação entre as duas linguagens, isto é, uma não funciona sem a outra, ou o que existe entre elas é apenas um contato superficial, em que uma reitera – ou repete – aquilo que a outra de alguma forma já havia expressado?

2

Você já observou que muitas vezes o título de uma pintura não tem, aparentemente, nada que ver com aquilo que ela representa? Como você explica isto? Você poderia analisar, por exemplo, os trabalhos de Marcel Duchamp e René Magritte e depois compará-los, digamos, com Portinari e com o modo como este combina a pintura propriamente dita e o título do quadro. O que você teria a dizer dessas diferenças?

3

Música e poesia, de alguma forma, sempre caminharam juntas e não é muito difícil de se imaginar uma origem comum para as duas. Em função disso, como você vê a relação entre música e letra na chamada música popular? Você poderia tomar como exemplo para a sua análise, além dos que já são sugeridos no livro, o poema "Canção Amiga" de Carlos Drummond de Andrade, musicado por Milton Nascimento. Leia antes o poema e tente imaginá-lo em forma de música; depois, ouça a música e diga em que medida ela confirma a sua expectativa e em que medida a nega.

Capítulo 5

O capítulo 5 difere dos demais na medida em que constitui, apesar da aparência didática, uma abertura para a discussão de questões delicadas, dificilmente esgotáveis e que abarcam domínios cujo modo de compatibilização vem determinar múltiplas direções teóricas. Esses domínios se configuram a partir de duas ordens (a do social e a do psicológico) com as quais a linguagem se articula, mantendo sempre uma relação necessária de autonomia e dependência. Pareceu-nos que a melhor forma de discutir as implicações do capítulo todo seria extrair dele um tema que pela sua abrangência permitisse tangenciar não apenas as questões relativas às duas ordens referidas, mas sobretudo tocar em problemas de linguagens que decorreriam de certos impasses a que têm chegado os debates contemporâneos sobre o trinômio linguagem-sociedade-indivíduo. Esse tema, que poderia ser resumido num título como "Linguagem-Liberdade-Cultura de Massa", foi extraído dos itens 5.1, 5.1.2, mas remete necessariamente às informações do item 5.2.1.

Comecemos por afirmar que o equilíbrio entre o igual e o diferente confere ao que se tem chamado objeto de consumo um modo de existência arriscado: se, de um lado, pender para o idêntico a si representa "não existir", de outro, a diferença excessiva vai fazer dele coisa indeglutível, quando não, absurda. Um xampu, um detergente ou uma aspirina só têm, desse modo, uma "existência" digna se se oferecem a qualquer um de nós como algo diferente, superior, ou de uso vantajoso: tornam incomparáveis nossos cabelos, impecáveis pias e panelas, realizam a extraordinária tarefa de consubstanciar em alegria as enxaquecas semanais. Fixam, portanto, a expectativa de uma mutação súbita no cotidiano de tal modo que beleza e saúde, por exemplo, deixem de ser projetos longos e penosos e venham a se inserir nos limites do que é possível todos os dias. Por isso, mesmo, é que se pode perguntar quem iria comprar um xampu que se parecesse com um detergente ou uma aspirina com gosto de xampu, para citar apenas casos menos drásticos. Ou melhor, quem, mesmo em nome do milagre prometido, ousaria sacrificar seu cotidiano formado de semelhanças e dessemelhanças tão familiares? Ao contrário dos objetos mágicos dos mitos antigos obtidos quase sempre à custa de tarefas impossíveis aos homens, o milagre do consumo é uma promessa de alteração no cotidiano e não apesar dele: "sem esforço", "sem gastar energia", o impossível passa a ser viável e é justamente isto que dá à sua fisionomia aquela espécie de cintilação mágica que coloca em xeque a arcaica relação entre prêmio e sacrifício. É como se o objeto convertesse a célebre frase dos evangelhos em algo como: "vim para resolver e não para equivocar". Assim, se o formato novo é levemente angulado, a cor ligeiramente adensada e o cheiro menos abstruso é só porque a diferença o obriga. E é em nome desta que ele, objeto, se justifica. Não é por acaso que "precisão", "eficácia" sejam os lemas indiscutíveis da sua produção e circulação, consagrando a espécie de equilíbrio extremamente precário que parece tecer a trama de sua existência. A própria rapidez com que um produto atinge sua glória e seu declínio indicia essa precariedade que está na raiz do vigor, da mobilidade e da aparente diversidade que caracterizam o que se convencionou chamar "sociedade" de consumo. Nós mesmos acabamos por ser medidos pela exatidão com que alteramos o nosso consumo, isso através de julgamentos assentados sobre categorizações implacáveis: "antiquados", "quadrados", ou mesmo "idiotas", incapazes de sair ilesos dos problemas diários, porque insensíveis à convocação da magia. Retomando a comparação com os mitos, a sanção aqui, sutil, é inevitável. Ninguém pode livrar-se dos julgamentos de precisão de consumo do mesmo modo como ninguém deixa de incorporá-los na classificação das pessoas que se movimentam em seu mundo.

Resumindo, todos acabam por ser o valor daquilo que consomem ou deixam de consumir. Estar "*in*" ou "por fora" são expressões que têm muito a ver com tudo isso. E, se esse processo não é tão novo na história, comparece ele singularmente nos dias de hoje mobilizado por uma agilidade espantosa. Assim, ele se insidia no nosso comportamento diário e, de alguma forma, nos constitui a partir daí. O consumo do objeto se formula, desse modo, não só como uma forma de sustentação dos mecanismos produtores mas como condição quase determinante de um ritmo de existência, comandado pela exigência da multiplicidade e da variedade. Talvez esteja aí o lugar fundante do que Abraham Moles chamou "cultura de mosaico". De fato, é possível entender-se que a produção cultural contemporânea tenha necessariamente esse modo de estruturação ágil, múltiplo e desconectado, painel exuberante de ofertas e solicitações que comportam gêneros musicais distintos, instrumentos heterodoxamente articulados, novelas, publicidades, horóscopos, roteiros de viagens, objetos eróticos etc. Os próprios livros tradicionais organizados, catalogados e incorporados às antigas estantes, hoje passam por um processo de dessacralização; cada vez mais numerosas, as bancas de revistas rapidamente substituem as livrarias, e não é raro hoje verem-se lado a lado obras de Shakespeare, Forno e Fogão, diálogos de Platão, Posições Eróticas, tudo numa rearticulação surpreendente de ofertas. Locais por onde se passa e não aonde se vai, as bancas refletem as fulgurações de um aparente enigma estonteante e desarticulado que forçosamente se define por uma outra lógica: aquela que traça entre os objetos desiguais a rubrica da equivalência, condição *sine qua non* da maior possibilidade de escolha. Assinale-se aqui um curioso paradoxo: se, por um lado, a tendência da produção e da circulação é, como se assinalou anteriormente, a de elidir a semelhança entre objetos semelhantes para ressaltar a *necessária* diferença, por outro, entre objetos díspares, é preciso dissolver a diferença para fazer sobressair a semelhança como lastro da maior oferta para maior consumo. Isto converte as tradicionais hierarquias entre objetos (mais ou menos requintados, mais ou menos artísticos, mais ou menos nobres) em fileiras de equivalentes.

Até aqui, ficamos na fisionomia do múltiplo e até é possível admitir-se com A. Moles o fascínio dessa cultura. No entanto, tal como um corpo vivo, nem nós nem nossa cultura nos definimos só pela fisionomia, que, se por um lado nos transparece, por outro obscurece certas regiões mais recônditas cujos sinais emergentes não remetem ao rosto mas a outras instâncias não menos reveladoras. E a metáfora do corpo vivo parece muito bem servir à compreensão do outro lado do múltiplo e da variedade dos produtos culturais contemporâneos. Um corpo, organismo vivo, repetimos, não palpita apenas na fisionomia:

o princípio que lhe confere existência não só se confirma em todas as suas partes, mas sobretudo lhe confere uma dupla e complementar possibilidade de agir: uma pelo deslocamento no espaço e outra pela sua inserção no tempo. A transformação, isto é, a capacidade de mudança substancial e não apenas aparente é ponto comum dessa duplicidade exigente, mas necessária, cuja explicação está na condição básica da própria existência: a de *querer* sobreviver e a de *gostar* de sobreviver. Em outros termos, a possibilidade do duplo deslocamento se assenta sobre um princípio de desejo e um princípio de prazer que se articulam em harmonia. De onde não se poder pensar numa segmentação do corpo sem uma amputação dos suportes desses dois princípios. E ainda mais, de onde não se poder pensar numa redução do corpo a um de seus membros, cristalizando os demais. Ora, se se toma radical e monoliticamente a cultura de consumo como um possível corpo não é possível admiti-lo vivo por razões que sobram: ela escamoteia o igual (o outro lado do corpo) e faz circular a face múltipla; ela elide o diferente (novamente seu outro lado) e faz circular a face equivalente; ela se manifesta *una* em culturas diferentes e persiste idêntica a si mesma apesar do tempo, não se deslocando e nem se transformando, portanto. Só o ilusório lhe confere o estatuto da mobilidade. Em outras palavras, só o ilusório da mobilidade lhe confere um aparente estatuto vital; o processo é sempre aquilo que não se admite nunca: tudo é idêntico, tudo é similar, tudo se neutraliza. Observe-se, para tirar a dúvida, que, sob a capa do diferente, está uma imensa produção substancialmente idêntica e acidentalmente diferente: músicas, novelas, romances, produtos de beleza ou de limpeza, medicamentos em geral.

Que vida resiste a tamanha redução? Que desejo ou que prazer subsiste nesse corpo reduzido a sinais equívocos que escamoteiam inclusive sua segmentação e sua amputação?

A chamada cultura de consumo é alheia e, por isso mesmo, inibidora desses princípios vitais. O prazer se objetualiza na própria forma do consumo e do descartável em que um perfume é capaz de dizer "sou irresistível", ou uma lâmina de barbear assume a palavra para dizer algo como: "eu sou a loira dos teus sonhos"; quando não é toda uma fabricação de erotismo que, confinando-o aos órgãos genitais, maceram a sensualidade do corpo e renegam a vitalidade do próprio prazer. Porém, se este se ilude nas formas do objeto, o desejo se reduz, nesse caso, à forma extrema do seu reverso: o tédio. Ao contrário da solidão, que se define essencialmente por um sentimento de ausência e que se pode converter numa busca, o tédio é o mais poderoso antídoto contra o desejo: é a negação da mobilidade, a corrosão mais feroz daquilo que mobiliza a vida. E ele só ocorre aqui pela inoculação dessa coisa que é o sentimento do mesmo que, apesar da fisionomia múltipla, imobiliza o corpo todo. Por essa razão é que hoje se fazem tantos discursos "inventando" diferenças, "forjando" paixões e convulsões, com o escopo sorrateiro de driblar o tédio e restaurar uma diferença que se neutraliza a cada ato. Dizendo de outra forma, e levando adiante a provocação, em vez do discurso do diferente, o que hoje se faz é o discurso idêntico sobre o diferente, como uma forma de se iludir sobre a igualdade. O que, em vez de redimir o desejo, elimina-o mais uma vez. Assim, quem consome a cultura, esse corpo apenas fisionômico, se constitui parcimoniosamente também como corpo apenas fisionômico. Daí não se poder falar hoje nem mesmo na ameaça de uma catástrofe humana porque toda catástrofe é violenta e o tédio, ao contrário, é sobretudo amenidade e conformação.

Dentro desse panorama cultural maciço mas não monolítico, uma das poucas coisas que parecem lhe infiltrar vida têm sido os movimentos artísticos. O movimento *pop* – nos anos 1960 e 1970 –, por exemplo, produziu memoráveis momentos de corrosão da "massa" cultural e deixou marcas profundas nos que viveram sua intensidade. A razão é simples: é que sua virulência não residiu numa reivindicação estética, mas num duplo movimento de contestação; em primeiro lugar, radicalizando ao extremo o princípio da diferença ilusória a ponto de torná-la real; em segundo lugar, instaurando dentro da própria indústria cultural o princípio do desejo e do prazer. Ou seja, incorporando nas próprias condições do consumo o profundo sentimento de *gostar* da vida, à luz do qual cada produto se revela de espantoso *nonsense*. E parece que é essa a única subversão viável a isso que, mais que uma Sociedade, se afigura como Estado de Consumo – cuja resposta a esse processo tem sido de uma virulência também atordoante. Se a resposta ao de fato diferente é sua redução ao idêntico, a resposta àquele processo de contestação (forma radical do diferente) tem sido a forma máxima da redução: sua banalização.

Sugestões de exercícios complementares

1

Examine textos de publicidade de dois produtos concorrentes e tente verificar os mecanismos pelos quais as semelhanças são apagadas e as diferenças são ressaltadas. Verifique a consistência desses mecanismos no plano da recepção, isto é, verifique quais as razões que levam o receptor a aceitar não só os produtos como os discursos.

2

Na nota sobre o capítulo 5, fala-se de uma profunda homogeneidade entre produtos culturais distintos. Procure atestar essa constatação no terreno da música popular brasileira, verificando quais os casos em que essa homogeneidade é rompida, as razões e consequências desse rompimento.

3

Analise as consequências da seguinte afirmação, muito corrente em nossos dias: a dissolução dos limites entre a obra artística e o produto de consumo tem pelo menos um efeito salutar: o de fazer com que o estético, o contemplativo e o imaginário invadam o nosso cotidiano.

4

Jimmy Hendrix e Janis Joplin são sempre citados como grandes representantes do movimento *pop* na música não só pela qualidade artística do que fizeram, mas também pela crítica que acabariam por exercer à própria "cultura de consumo". Tente analisar sua importância revendo alguns momentos de sua obra. Verifique a existência ou não de um fenômeno (ou fenômenos) equivalente a eles no Brasil.

5
Considere dois fenômenos de "comunicação" polarizados: um texto inteiramente estereotipado e um texto inteiramente livre. Discuta as implicações resultantes desses dois fenômenos no tocante às relações entre linguagem e pensamento.

Bibliografia

1. Teoria da comunicação e teoria da informação

MOLES, Abraham. *Théorie de l'information et perception esthétique*. Paris, 1957.

PIGNATARI, Décio. *Informação, linguagem, comunicação.* São Paulo, Perspectiva, 1971.

SHANNON, Claude. *The mathematical theory of comunication.* Urbana, University of Illinois Press, 1952.

2. Questões de linguística geral

BENVENISTE, Émile. *Problemas de linguística geral.* São Paulo, Editora Nacional, 1977.

FRANCHI, Carlos. "Linguagem – atividade constitutiva." In: *Almanaque: cadernos de literatura e ensaio*, n°. 5 (número especial: Teoria da linguagem), São Paulo, Brasiliense, 1977.

LOPES, Edward. *Fundamentos da linguística contemporânea.* São Paulo, Cultrix, 1976.

LYONS, John. *As ideias de Chomsky.* São Paulo, Cultrix/Edusp, 1973.

LYONS, John. *Introduction to theoretical linguístics.* Londres e Nova Iorque, Cambridge University Press, 1968 (tradução brasileira no prelo).

MARTINET, André. *Elementos de linguística geral.* 5ª. ed. Lisboa, Ed. Sá da Costa, 1973.

RUWET, Nicolas. *Introdução à gramática gerativa.* São Paulo, Perspectiva, 1975.

SAUSSURE, Ferdinard de. *Curso de linguística geral.* São Paulo, Cultrix, 1969.

3. Sobre níveis de linguagem

FONSECA, Maria Stella V. e NEVES, Moema F. (eds.). *Sociolinguística.* Rio de Janeiro, Eldorado, 1971.

HALLIDAY, M. A. K. Usos e usuários da linguagem. In: _____, Mc INTOSH, A. e STREVENS, P. *As ciências linguísticas e o ensino das línguas.* Petrópolis, Vozes, 1974.

4. Sobre o léxico

GUIRAUD, Pierre. *Problèmes et méthodes de la statistique linguistique.* Paris, P. U. F., 1960.

5. Sobre a retórica clássica e suas utilizações atuais

DUBOIS, Jean e outros. *Retórica geral.* São Paulo, Cultrix/Edusp, 1974.

FONTANIER, Pierre. *Les figures du discours.* Paris, Flammarion, 1968 (com introdução de Gérard Genette).

OSAKABE, Haquira. "A argumentação no discurso político." In: *Almanaque: cadernos de literatura e ensaio* n°. 5 (número especial: Teoria da linguagem), São Paulo, Brasiliense, 1977.

PERELMAN, Ch. e OLBRECHTS-TYTECA, L. *Traité de l'argumentation.* 2ª. ed. Bruxelas, Editions de l'Institut de Sociologie, 1970.

6. Funções da linguagem

HALLIDAY, M. A. K. "Estrutura de funções da linguagem." In: LYONS, J. (ed.). *Novos horizontes em linguística.* São Paulo, Cultrix/Edusp, 1976.

JAKOBSON, Roman. *Linguística e comunicação*. São Paulo, Cultrix, 1971.

7. Sobre a escrita

COHEN, Marcel. *L'escriture*. Paris, Editions Sociales, 1953.
GELB, I. J. *A study of writing*. Chigado, The University of Chicago Press, 1952.

8. Questões de redação

GARCIA, Othon M. *Comunicação em prosa moderna*. 4.a ed. Rio, Ed. Fundação Getúlio Vargas, 1976.
MESERANI, Samir Curi. *Redação escolar: criatividade*. (Colégio I.) São Paulo, Ed. Discubra, 1973.
Cadernos de pesquisa, n°. 19/1976 e n°. sobre redação, no prelo. Revista da Fundação Carlos Chagas, São Paulo.

9. Sobre o livro, seus leitores, seus autores

BUTOR, Michel. *Repertório*. São Paulo, Perspectiva, 1974.
ESCARPIT, Robert (ed.). *Le littéraire et le social*. Paris, Flammarion, 1970.

10. Sobre a poética

COHEN, J. *Structure du langage poétique*. Paris, Flammarion, 1970.
JAKOBSON, Roman. *Linguística e comunicação*. São Paulo, Cultrix, 1971.

11. Sobre a narrativa

BARTHES, Roland e outros. *Análise estrutural da narrativa*. Petrópolis, Vozes, 1972.
GREIMAS, J. A. *Semântica estrutural*. São Paulo, Cultrix, 1973.
PROPP, Vladimir. *Morphologie du conte*. Paris, Seuil (coleção: Points), 1970.

12. Sobre música popular

CAMPOS, Augusto de. *Balanço da bossa e outras bossas.* 2ª ed. São Paulo, Perspectiva, 1974.

JAMBEIRO, Othon. *Canção de massa – as condições da produção.* São Paulo, Pioneira, 1975.

13. Sobre quadrinhos

CAGNIM, Antonio L. *Os quadrinhos.* São Paulo, Ática, 1976.

COUPERIE, Pierre e outros. *História em quadrinhos e comunicação de massa,* publicação do Museu de Arte de São Paulo, 1968.

CYRNE, Moacy. *A linguagem dos quadrinhos.* Petrópolis, Vozes, 1973.

MOYA, Álvaro de. *Shazam!* São Paulo, Perspectiva, 1970.

14. Sobre cinema

METZ, Christian. *Essais sur la signification au cinéma.* Paris, Klinckzieck, 1968. 1972. vol. 1 e 2.

METZ, Christian. *Langage et cinéma.* Paris, Larousse, 1971.

15. Sobre semiologia, *mass media*, códigos sociais e ideologia

BARTHES, Roland. *Elementos de semiologia.* 3ª ed. São Paulo, Cultrix, 1974.

BARTHES, Roland. *Mitologias.* São Paulo, Difusão Europeia do Livro, 1972.

COHN, Gabriel. *Sociologia da comunicação* (Teoria e Ideologia). São Paulo, Pioneira, 1973.

ECO, Umberto. *A estrutura ausente.* São Paulo, Perspectiva/Edusp, 1971.

ECO, Umberto. *Apocalípticos e integrados.* São Paulo, Perspectiva, 1970.

LAHUD, Michel. A semiologia segundo Granger. In: *Discurso* nº. 6, revista do departamento de Filosofia da FFLCH da Universidade de São Paulo, São Paulo, 1975.

MCLUHAM, Marshall. *Os meios de comunicação como extensão do homem*. São Paulo, Cultrix, 1969.
OSGOOD, Ch. e outros. *Panorama da comunicação coletiva*. Rio de Janeiro/Lisboa, Editora Fundo de Cultura, 1964.

16. Sobre linguagem e inconsciente

FREUD, Sigmund. Lecciones introductorias al psicoanálisis. In: _____. *Obras completas*. Editorial Biblioteca Nueva. Madri, 1973.
LACAN, Jacques. *Escritos*. São Paulo, Perspectiva.
LUGAR, revista do Colégio Freudiano do Rio de Janeiro, Rio de Janeiro, Ed. Rio.

Índice de palavras e técnicas

A

Anacoluto, 1.5.2.
Alfabeto, 2.1.3.
Aliteração, 1.5.2.
Análise, 2.3.5.
Antífrase, 1.5.2.
Afasia, 5.2.1.
Argumentação, 1.5.1.; 2.3.4.; 3.5.1.

B

Brainstorming, 3.3.2.; 3.5.5.

C

Canal, 1.1.2.
Campo Lexical, 1.3.4.
Campo Semântico, 1.3.4.
Canção, 4.1.2.; 4.1.3.
Cinema, 4.3.4.
Código, 1.1.2.; 1.3.2.
Códigos Sociais, 5.1.3.
Comentário Detalhado, 2.3.5.
Comentário Corrido, 2.3.5.
Comunicação Escrita, 2
Comunicação Oral, 3
Comunicação (teoria), 1.1.
Comparação, 1.5.2.
Conativa (função), 1.6.1.
Conativa (mensagem), 2.3.4.; 2.4.5.
Conotação, 1.3.1.; 2.4.3.; 5.1.3.
Contato, 1.1.2.; 3.1.3.
Crítica, 2.3.3.
Carta, 2.3.3.
Codificação, 1.1.2.

D

Decodificação, 1.1.2.
Definições, 2.3.5.
Denotação, 1.3.1.
Descrição, 2.3.1.
Desenho Humorístico, 4.2.2.
Destinatário, 1.1.
Destinador, 1.1.
Diálogo, 2.4.9.; 3.2.1.; 3.5.3.; 4.2.3.
Difusão, 1.1.3.; 3.4.1.
Disputatio, 1.5.1.
Dissertação, 2.3.3.

E

Escrita (língua), 1.4.
Elipse, 1.5.2.
Empatia, 3.2.1.
Emissor, 1.1.2.
Entrevista, 3.2.2.; 3.5.3.
Explicação de Texto, 2.3.5.

Exposição, 3.4.1.; 3.4.2.; 3.4.3.; 3.4.6.
Exposição-participação, 3.3.4.; 3.5.6.
Expressiva (função), 1.6.1.; 2.3.3.; 2.4.5.
Expressividade, 1.4.5.

F

Ficha de Leitura, 2.3.1.
Feedback, 3.1.2.; 3.5.2.
Ficção, 2.4.8.
Figuras de Retórica, 1.5.1.; 1.5.2.
Funções da Linguagem, 1.6.1.; 2.4.5.
Falada (língua), 1.4.
Fática (função), 1.6.1.; 2.3.2.; 2.4.5.
Fonemas, 1.4.1.
Fotografia, 4.3.2.; 4.3.3.
Fotonovela, 4.3.3.

G

Grafemas, 1.4.1.

H

Hipérbole, 1.5.2.

I

Icônico, 4.2.3.
Ideograma, 2.1.3.
Imagens, 2.3.6.; 4.3.; 4.3.5.
Inconsciente (e linguagem), 5.2.4.
Intercâmbio, 1.1.3.; 3.2.
Informática, 1.2.3.
Informação (teoria), 1.2.

L

Língua, 1.3.1.
Linguagem e Comunicação, 1.3.
Litotes, 1.5.2.
Lexicografia, 2.3.5.

Lexicologia, 1.3.3.
Léxico, 1.3.3.; 1.3.4.
Legibilidade, 2.3.2.
Literatura, 2.4.
Livro, 2.4.1.

M

Marcas (sintáticas), 1.4.2.; 1.4.3.
Mass media, 5.1.1.
Mensagem, 1.1.1.
Mensagem escrita, 2.2. a 2.4.11.
Metalinguagem, 2.3.5.
Metalinguística (função), 1.6.1.
Metalinguística (mensagem), 2.3.5.; 2.4.5.
Metáfora, 1.5.2.
Método de Casos, 3.3.3.
Metonímia, 1.5.2.

N

Narração, 2.4.8.
Níveis de Linguagem, 1.3.2.
Narrativa, 2.3.4.; 2.4.8.; 4.2.3.

O

Ortografia, 1.4.7.

P

Paronomásia, 1.5.2.
Pintura e Palavras, 4.2.1.
Pensamento e Linguagem, 5.2.2.
Perífrase, 1.5.2.
Plano, 2.3.4.; 3.4.3.
Poemas, 2.4.6.
Poética (função), 1.6.1.
Poética (mensagem), 2.3.6.
Polissemia, 2.3.2.
Pontuação, 1.4.5.

Q

Questionário, 3.2.2.; 3.5.3.
Quadrinhos, 4.2.3.

ÍNDICE DE PALAVRAS E TÉCNICAS

R

Relatório, 2.3.3.
Receptor, 1.1.2.
Redundância, 1.1.3.; 1.2.2.
Referente, 1.1.2.; 2.3.1.; 2.4.2.
Referencial (função), 1.6.1.; 2.2.1.; 2.3.1.; 2.4.5.
Reformulação, 3.2.1.; 3.5.3.
Ruído, 1.1.3.; 3.1.1.
Resenha, 2.3.1.
Resumo, 2.3.1.
Reunião-discussão, 3.3.1.; 3.5.4.
Retórica, 1.5.
Ritmo, 2.3.6.

S

Semiologia, 5.1.3.
Signo, 1.3.1.
Significante, 1.3.1.
Significação, 1.3.1.
Significado, 1.3.1.
Situação, 1.4.3.
Sonoridade, 2.3.6.
Subliminar, 5.1.1.

T

Telégrafo, 1.1.4.; 1.2.3.
Telefone, 1.1.4.
Televisão, 4.3.5.

V

Versificação, 2.4.6.

14ª edição abril de 2018 | **Fonte** TimesNewRomanPS
Papel Offset 75 g/m² | **Impressão e acabamento** Orgrafic